JN071302

令和4年10月～12月　第129集

# 裁決事例集

一般財団法人 大蔵財務協会

# は　じ　め　に

　現在、国税不服審判所における審査請求事件の裁決については、法令
の解釈、運用上先例となり、他の参考となる重要な判断を含んだもの、
また、事実認定に関し他の参考となる判断を含んだもの等が公表されて
います。

　本書は、国税不服審判所より公表された裁決を、多くの税理士、公認
会計士、弁護士、行政法学者等の方々の便に資するため四半期ごとに取
りまとめて「裁決事例集」として発行しているものです。

　今版は、「裁決事例集（第129集）」として、令和4年10月から令和4
年12月分までの間に公表された裁決を収録しておりますが、今後公表さ
れる裁決についても逐次刊行していく予定です。

　本書が、日頃の税務上の取扱いの判断の参考となり税務事務の一助と
なれば幸いです。

　なお、収録されている裁決が、その後の国税に関する処分の取消訴訟
において、その処分の全部又は一部が取り消されている場合があります
ので、本書のご利用に際してはご注意ください。

令和5年8月

目　　次

〈令和 4 年10月分から12月分〉

一　国税通則法関係

（不服審査　調査審理の範囲　立法政策）

1　法律の規定に不備がある旨の主張は採用できないとした事例（平成28年分から
　　平成30年分までの所得税及び復興特別所得税の各決定処分及び無申告加算税の各
　　賦課決定処分・棄却・令和 4 年11月 2 日裁決)……………………………………… 3

二　所得税法関係

（事業所得　事業の意義）

2　太陽光発電に係る取組が事業所得を生ずべき事業には該当しないとされた事例
　　（①平成28年分から平成30年分までの所得税及び復興特別所得税の各更正処分及
　　び過少申告加算税の各賦課決定処分（平成30年分については、いずれも再調査決
　　定による一部取消し後のもの)、②令和元年分の所得税及び復興特別所得税の更
　　正処分及び過少申告加算税の賦課決定処分・①棄却、②一部取消し・令和 4 年12
　　月14日裁決)………………………………………………………………………………… 13

（不動産所得　必要経費　減価償却費）

3　一括して売買された土地及び建物の購入の対価は、合理的な基準によりあん分
　　して算定すべきであるとされた事例（①平成28年分及び平成29年分の所得税及び
　　復興特別所得税の各更正処分及び過少申告加算税の各賦課決定処分、②平成30年
　　分の所得税及び復興特別所得税の更正処分及び過少申告加算税の賦課決定処分・
　　①棄却、②一部取消し・令和 4 年11月 8 日裁決)………………………………… 33

三　法人税法関係

（その他の経費の支払事実の有無）

4　請求人が支払った客引きに対する報酬について原処分庁の認定額を超えると判断した事例（①平成29年6月1日から平成30年5月31日までの事業年度以後の法人税の青色申告の承認の取消処分、②平成29年6月1日から平成30年5月31日までの事業年度の法人税の更正処分並びに過少申告加算税及び重加算税の各賦課決定処分、③平成29年6月1日から平成30年5月31日までの課税事業年度の地方法人税の更正処分並びに過少申告加算税及び重加算税の各賦課決定処分、④平成29年6月1日から平成30年5月31日までの課税期間の消費税及び地方消費税の更正処分並びに過少申告加算税及び重加算税の各賦課決定処分、⑤平成30年6月1日から令和元年5月31日までの事業年度の法人税の更正処分、⑥平成30年6月1日から令和元年5月31日までの課税事業年度の地方法人税の更正処分、⑦平成30年6月1日から令和元年5月31日までの課税期間の消費税及び地方消費税の更正処分及び無申告加算税の変更決定処分・①④棄却、②③一部取消し、⑤⑥⑦却下・令和4年12月21日裁決）……………………………………………………………………　63

四　消費税法関係

（免税取引　輸出免税）

5　請求人が輸出者として輸出免税の適用を受けることができるとした事例（①平成29年1月○日から平成29年12月31日までの事業年度以後の法人税の青色申告の承認の取消処分、②平成29年1月○日から平成29年12月31日まで及び平成30年1月1日から平成30年12月31日までの各事業年度の法人税の各更正処分、③平成29年1月○日から平成29年12月31日まで及び平成30年1月1日から平成30年12月31日までの各課税事業年度の地方法人税の各更正処分、④平成30年1月1日から平成30年12月31日まで及び平成31年1月1日から令和元年12月31日までの各事業年度の法人税の更正の請求に対してされた更正をすべき理由がない旨の各通知処分、⑤令和2年1月1日から令和2年12月31日までの事業年度の欠損金の繰戻しによる平成31年1月1日から令和元年12月31日までの事業年度の法人税の還付請求に理由がない旨の通知処分、⑥平成29年1月○日から令和元年5月31日までの各課税期間の消費税及び地方消費税の各更正処分並びに過少申告加算税及び重加算税の各賦課決定処分、⑦平成30年1月1日から平成30年12月31日まで及び平成31年1月1日から令和元年12月31日までの各課税事業年度の地方法人税の更正の請求に対する更正をすべき理由がない旨の各通知処分・①④⑤⑦棄却、②③却下、⑥一部取消し、棄却・令和4年10月25日裁決）･･････････････････････････････ 117

（課税標準　課税資産の譲渡等の対価の額）

6　売上先において課税仕入れの過大計上額と認定した金額を、請求人における課税売上額の過大計上額と認定した事例（①平成28年4月1日から平成29年3月31日までの事業年度以後の法人税の青色申告の承認の取消処分、②平成28年4月1日から平成29年3月31日まで及び平成29年4月1日から平成30年3月31日までの各事業年度の法人税の各更正処分、③平成28年4月1日から平成28年6月30日まで、平成28年7月1日から平成28年9月30日まで、平成28年10月1日から平成28年12月31日まで、平成29年1月1日から平成29年3月31日まで、平成29年4月1日から平成29年6月30日まで、平成29年7月1日から平成29年9月30日まで、平成29年10月1日から平成29年12月31日まで及び平成30年1月1日から平成30年3月31日までの各課税期間の消費税及び地方消費税の各更正処分及び過少申告加算税の各賦課決定処分・①棄却、②却下、③全部取消し、一部取消し、棄却・令和4年10月25日裁決）‥‥‥‥‥‥‥‥‥‥‥‥‥‥‥‥‥‥‥‥‥‥‥‥‥‥‥‥‥‥‥‥　154

（仕入税額控除　仕入税額控除の不適用　帳簿等の不提示）

7　帳簿及び請求書等の保存要件を充足するとして消費税の仕入税額控除の適用を
　認めた事例（①平成26年分以後の所得税の青色申告の承認の取消処分、②平成26
　年分から平成29年分及び令和元年分の所得税及び復興特別所得税の各更正処分並
　びに過少申告加算税及び重加算税の各賦課決定処分、③平成30年分の所得税及び
　復興特別所得税の更正処分並びに重加算税の賦課決定処分、④平成26年分及び令
　和元年分の所得税及び復興特別所得税の各再更正処分、⑤平成29年分及び平成30
　年分の所得税及び復興特別所得税の各再更正処分並びに過少申告加算税の各賦課
　決定処分、⑥平成27年分及び平成28年分の所得税及び復興特別所得税の各再更正
　処分並びに過少申告加算税及び重加算税の各変更決定処分、⑦平成26年1月1日
　から平成28年12月31日までの各課税期間の消費税及び地方消費税の各更正処分並
　びに過少申告加算税及び重加算税の各賦課決定処分、⑧平成29年1月1日から平
　成30年12月31日までの各課税期間の消費税及び地方消費税の各更正処分並びに重
　加算税の各賦課決定処分、⑨平成26年1月から令和元年6月までの各期間の源泉
　徴収に係る所得税及び復興特別所得税の各納税告知処分並びに重加算税の各賦課
　決定処分・①③⑧棄却、②一部取消し、棄却、却下、④⑤⑦一部取消し、棄却、
　⑥却下、⑨一部取消し・令和4年11月9日裁決）………………………………… 174


五　国税徴収法関係

（換価の猶予）

8　請求人には国税を一時に納付することにより、その事業の継続を困難にするお
　それがあるとは認められないとした事例（換価の猶予不許可処分・棄却・令和4
　年12月9日裁決）……………………………………………………………………… 239

# 一　国税通則法関係

〈令和 4 年10月〜12月分〉

事例1（不服審査　調査審理の範囲　立法政策）

---

**法律の規定に不備がある旨の主張は採用できないとした事例**（平成28年分から平成30年分までの所得税及び復興特別所得税の各決定処分及び無申告加算税の各賦課決定処分・棄却・令和4年11月2日裁決）

《ポイント》

　本事例は、先物取引等の全取引期間における損益の通算を認めないなどの現行の法律の規定には不備がある旨の請求人の主張は採用できないとしたものである。

---

《要旨》

　請求人は、原処分について、国税に関する法律に基づいて実施された処分であることを認める一方、先物取引や株式の譲渡取引の各損益が、各取引を実施した全ての期間の損益を通算してそれぞれ赤字となる場合には、先物取引の差金等決済に係る損失や上場株式等に係る譲渡損失の繰越控除が認められる3年を超える期間であっても通算をそれぞれ認めるべきであり、また、先物取引の損益と株式譲渡の損益の間でも通算を認めるべきであるから、このような取扱いのない現行の法律には不備がある旨主張する。

　しかしながら、審判所は、原処分庁が行った処分が違法又は不当なものであるか否かを判断する機関であって、その処分の基となった法令自体の適否又は合理性を判断することはその権限に属さないことであるので、請求人が主張する点については、当審判所の審理の限りではない。

（令和4年11月2日裁決）

《裁決書（抄）》

1 事　実

(1) 事案の概要

　　本件は、原処分庁が、審査請求人（以下「請求人」という。）は外国為替証拠金取引や株式等の譲渡取引によって生じた所得があったにもかかわらず確定申告をしなかったとして、所得税等の決定処分等をしたのに対し、請求人が、税法の不備を理由として、原処分の全部の取消しを求めた事案である。

(2) 関係法令

　　イ　租税特別措置法（以下「措置法」という。）第37条の11《上場株式等に係る譲渡所得等の課税の特例》第1項前段は、居住者が平成28年1月1日以後に上場株式等の譲渡をした場合には、当該上場株式等の譲渡による事業所得、譲渡所得及び雑所得（以下「上場株式等に係る譲渡所得等」という。）については、所得税法第22条《課税標準》及び第89条《税率》並びに第165条《総合課税に係る所得税の課税標準、税額等の計算》の規定にかかわらず、他の所得と区分し、その年中の当該上場株式等の譲渡に係る事業所得の金額、譲渡所得の金額及び雑所得の金額として政令で定めるところにより計算した金額（以下「上場株式等に係る譲渡所得等の金額」という。）に対し、上場株式等に係る課税譲渡所得等の金額（上場株式等に係る譲渡所得等の金額（措置法第37条の11第6項において準用する同法第37条の10《一般株式等に係る譲渡所得等の課税の特例》第6項第5号の規定により読み替えられた所得税法第72条《雑損控除》から第87条《所得控除の順序》までの規定の適用がある場合には、その適用後の金額）をいう。）の100分の15に相当する金額に相当する所得税を課する旨規定し、また、措置法第37条の11第1項後段は、この場合において、上場株式等に係る譲渡所得等の金額の計算上生じた損失の金額があるときは、所得税法その他所得税に関する法令の規定の適用については、当該損失の金額は生じなかったものとみなす旨規定している。

　　ロ　措置法第37条の12の2《上場株式等に係る譲渡損失の損益通算及び繰越控除》第5項は、確定申告書を提出する居住者が、その年の前年以前3年内の各年において生じた上場株式等に係る譲渡損失の金額（この項の規定の適用を受けて前年以前において控除されたものを除く。）を有する場合には、同法第37条の11第1

— 4 —

項後段の規定にかかわらず、当該上場株式等の譲渡損失の金額に相当する金額は、政令で定めるところにより、当該確定申告書に係る年分の同項に規定する上場株式等に係る譲渡所得等の金額及び同法第8条の4《上場株式等に係る配当所得等の課税の特例》第1項に規定する上場株式等に係る配当所得等の金額（同法第37条の12の2第1項の規定の適用がある場合にはその適用後の金額）を限度として、当該年分の当該上場株式等に係る譲渡所得等の金額及び上場株式等に係る配当所得等の金額の計算上控除する旨規定している（以下「上場株式等譲渡損失の繰越控除」という。）。

ハ　措置法第41条の14《先物取引に係る雑所得等の課税の特例》第1項（平成28年9月30日以前の取引については平成28年法律第15号による改正前のものをいい、同年10月1日から同年12月31日までの間の取引については平成29年法律第4号による改正前のものをいい、平成29年1月1日以後の取引については令和2年法律第8号による改正前のものをいう。以下、同項について同じ。）前段は、居住者が、同項各号に掲げる取引又は取得をし、かつ、当該各号に掲げる取引又は取得（以下「先物取引」という。）の区分に応じ当該各号に定める決済又は行使若しくは放棄若しくは譲渡（以下「差金等決済」という。）をした場合には、当該差金等決済に係る当該先物取引による事業所得、譲渡所得及び雑所得については、所得税法第22条及び第89条並びに第165条の規定にかかわらず、他の所得と区分し、その年中の当該先物取引による事業所得の金額、譲渡所得の金額及び雑所得の金額として政令で定めるところにより計算した金額（以下「先物取引に係る雑所得等の金額」という。）に対し、先物取引に係る課税雑所得等の金額（先物取引に係る雑所得等の金額（措置法第41条の14第2項第4号の規定により読み替えられた所得税法第72条から第87条までの規定の適用がある場合には、その適用後の金額）をいう。）の100分の15に相当する金額に相当する所得税を課する旨規定し、また、措置法第41条の14第1項後段は、この場合において、先物取引に係る雑所得等の金額の計算上生じた損失の金額があるときは、所得税法その他所得税に関する法令の規定の適用については、当該損失の金額は生じなかったものとみなす旨規定している。

ニ　措置法第41条の15《先物取引の差金等決済に係る損失の繰越控除》第1項は、確定申告書を提出する居住者が、その年の前年以前3年内の各年において生じた

先物取引の差金等決済に係る損失の金額（この項の規定の適用を受けて前年以前において控除されたものを除く。以下、先物取引の差金等決済に係る損失を「先物損失」といい、先物損失の金額を「先物損失金額」という。）を有する場合には、同法第41条の14第1項後段の規定にかかわらず、当該先物損失金額に相当する金額は、政令で定めるところにより、当該確定申告書に係る年分の同項に規定する先物取引に係る雑所得等の金額を限度として、当該年分の当該先物取引に係る雑所得等の金額の計算上控除する旨規定している（以下「先物損失の繰越控除」という。）。

ホ　措置法第41条の15第3項は、同条第1項の規定は、同項に規定する居住者が先物損失金額の生じた年分の所得税につき当該先物損失金額の計算に関する明細書その他の財務省令で定める書類の添付がある確定申告書を提出し、かつ、その後において連続して確定申告書を提出している場合であって、同項の確定申告書に同項の規定による控除を受ける金額の計算に関する明細書その他の財務省令で定める書類の添付がある場合に限り、適用する旨規定している。

(3)　基礎事実及び審査請求に至る経緯

当審判所の調査及び審理の結果によれば、以下の事実が認められる。

イ　請求人は、平成27年から平成30年の間において、D社から給与の支払を受ける給与所得者である。

ロ　請求人は、平成27年から平成30年の間において、E社（以下「本件証券会社」という。）にて店頭外国為替証拠金取引を行い、平成28年中に○○○○円、平成29年中に○○○○円の各利益を得るとともに、平成27年中に○○○○円、平成30年中に○○○○円の各損失を生じた。

ハ　請求人は、平成29年及び平成30年において、本件証券会社にて上場株式等の譲渡取引を行い、平成29年中に○○○○円、平成30年中に○○○○円の各利益を得た。

ニ　請求人は、平成28年分、平成29年分及び平成30年分（以下「本件各年分」という。）の所得税及び復興特別所得税（以下「所得税等」という。）の各確定申告書を、いずれも法定申告期限までに原処分庁に提出しなかった。

ホ　原処分庁は、令和2年11月16日付で、請求人に対し、「所得税及び復興特別所得税の調査について」と題する書面により、平成27年分から平成29年分までの所

得税等の調査を行う旨通知した。

ヘ　請求人は、令和２年12月25日、別表１の「確定申告」欄のとおり、平成27年分
の所得税等の確定申告書を原処分庁に提出した。

上記確定申告書には、平成27年中に生じた先物損失金額○○○○円が記載され、
「平成27年分の所得税及び復興特別所得税の確定申告書付表（先物取引に係る繰
越損失用）」が添付されていた。

ト　原処分庁は、令和３年10月19日付で、請求人に対し、「所得税（復興特別所得
税）の調査について」と題する書面により、本件各年分の所得税等の調査を行う
旨改めて通知した。

チ　原処分庁は、令和４年２月18日付で、請求人に対し、別表１の「決定処分等」
欄のとおり、本件各年分の所得税等の各決定処分（以下「本件各決定処分」とい
う。）及び無申告加算税の各賦課決定処分（以下「本件各賦課決定処分」とい
う。）をした。

なお、原処分庁は、本件各決定処分のうち平成28年分の先物取引に係る雑所得
等の金額の計算において、別表１のとおり、平成28年中に生じた先物取引による
利益の金額○○○○円から請求人が令和２年12月25日付で提出した平成27年分の
所得税等の確定申告書に記載された先物損失金額○○○○円（上記ヘ）を控除し
た上で、先物取引に係る課税雑所得等の金額を○○○○円（1,000円未満切捨て）
とした。

リ　請求人は、令和４年５月10日、本件各決定処分及び本件各賦課決定処分（原処
分）に不服があるとして、その全部の取消しを求めて審査請求をした。

２　当審判所の判断

（1）　請求人の主張について

請求人は、原処分について、国税に関する法律に基づいて実施された処分である
ことを認める一方、先物取引や株式の譲渡取引の各損益が、各取引を実施した全て
の期間の損益を通算してそれぞれ赤字となる場合には、先物損失の繰越控除や上場
株式等譲渡損失の繰越控除が認められる３年を超える期間であっても通算をそれぞ
れ認めるべきであり、また、先物取引の損益と株式の譲渡取引の損益の間でも通算
を認めるべきであるから、このような取扱いのない現行の法律には不備がある旨主
張している。

しかしながら、審判所は、原処分庁が行った処分が違法又は不当なものであるか否かを判断する機関であって、その処分の基となった法令自体の適否又は合理性を判断することはその権限に属さないことであるので、請求人が主張する法律に不備があるか否かについては、当審判所の審理の限りではない。

(2)　本件各決定処分の適法性について

　請求人は、上記1の(3)のイないしハのとおり、給与所得の金額のほか、店頭外国為替証拠金取引による利益又は損失である先物取引に係る雑所得等の金額及び上場株式等の譲渡取引による利益である上場株式等に係る譲渡所得等の金額を有するところ、同(3)のへのとおり、令和2年12月25日、「平成27年分の所得税及び復興特別所得税の確定申告書付表（先物取引に係る繰越損失用）」を添付した平成27年分の所得税等の確定申告書を原処分庁に提出した。原処分庁は、これを受け、同(3)のチのとおり、令和4年2月18日付の本件各決定処分のうち平成28年分の先物取引に係る雑所得等の金額の計算において、平成28年中に生じた先物取引による利益の金額○○○○円から平成27年分の先物損失金額○○○○円を控除した額を平成28年分の先物取引に係る雑所得等の金額としており、平成28年分の所得税等において先物損失の繰越控除の適用を認めている。

　しかしながら、上記1の(2)のホのとおり、先物損失の繰越控除の適用要件として、措置法第41条の15第3項には、①先物損失金額が生じた年分の所得税につきその先物損失金額の計算に関する明細書等の一定の書類の添付がある確定申告書を提出し、かつ、②その後において連続して確定申告書を提出し、③繰越控除を受けようとする年分の確定申告書に繰越控除を受ける金額に関する明細書等の一定の書類を添付する必要がある旨規定されているところ、請求人は、上記1の(3)のへのとおり、先物損失金額が生じた平成27年分の所得税等につきその先物損失金額の計算に関する明細書の添付がある確定申告書を提出しているものの、平成28年分の所得税等については、同(3)のニ及びチのとおり、原処分庁による決定処分しかなされておらず、請求人による確定申告書の提出はなされていない。したがって、先物損失の繰越控除の適用要件のうち上記②及び③の要件は満たされていない。そのため、請求人に係る平成28年分の所得税等において先物損失の繰越控除の適用は認められず、平成27年分の先物損失金額を平成28年分に繰り越して、当該損失に相当する金額を同年分の先物取引に係る雑所得等の金額の計算上控除することはできない。

以上に基づき、当審判所において、請求人の本件各年分の総所得金額、上場株式
等に係る譲渡所得等の金額、先物取引に係る雑所得等の金額及び所得税等の納付す
べき税額を計算すると、平成28年分の所得税等の納付すべき税額については、別表
２の「審判所認定額」欄のとおり、原処分の額を上回り、平成29年分及び平成30年
分の所得税等の納付すべき税額については、いずれも別表１の「決定処分等」欄に
記載の金額と同額となる。

　なお、本件各決定処分のその他の部分については、請求人は争わず、当審判所に
提出された証拠資料等によっても、これを不相当とする理由は認められない。

　したがって、本件各決定処分はいずれも適法である。

(3)　本件各賦課決定処分の適法性について

　上記(2)のとおり、本件各決定処分は適法であり、国税通則法第66条《無申告加算
税》第１項柱書、同項第１号及び同条第２項所定の要件を充足するところ、期限内
申告書の提出がなかったことについて、同条第１項ただし書に規定する「正当な理
由」があるとは認められない。そして、当審判所において、本件各年分の無申告加
算税の額を計算すると、いずれも別表１の「決定処分等」欄に記載の金額と同額と
なる。

　したがって、本件各賦課決定処分はいずれも適法である。

(4)　結論

　よって、審査請求は理由がないから、これを棄却することとする。

別表1　審査請求に至る経緯（省略）

別表2　所得税等の納付すべき税額の計算（原処分の額及び審判所認定額）（省略）

所得税法

# 二 所得税法関係

〈令和 4 年10月～12月分〉

事例2 （事業所得　事業の意義）

---

**太陽光発電に係る取組が事業所得を生ずべき事業には該当しないとされた事例**（①平成28年分から平成30年分までの所得税及び復興特別所得税の各更正処分及び過少申告加算税の各賦課決定処分（平成30年分については、いずれも再調査決定による一部取消し後のもの）、②令和元年分の所得税及び復興特別所得税の更正処分及び過少申告加算税の賦課決定処分・①棄却、②一部取消し・令和4年12月14日裁決）

《ポイント》

　本事例は、審査請求人が、太陽光発電への取組に係る損失の金額を事業所得の金額の計算上生じたものとして所得税等の確定申告をしたところ、当該取組は、自己の計算と危険において独立して営まれ、営利性、有償性を有し、かつ反復継続して遂行する意思と社会的地位とが客観的に認められる業務とはいえず、事業に該当しないとしたものである。

---

《要旨》

　請求人は、請求人が行った太陽光発電への取組については営利性、有償性及び反復継続性を有し、危険負担を負いつつ太陽光発電設備等の規格・規模の検討と選定を行っているなどの諸般の要素に照らし判断すると、所得税法第27条《事業所得》に規定する事業に該当する旨主張する。

　しかしながら、請求人は大規模な太陽光発電設備を取得しておらず、請求人の自宅屋根に設置した太陽光設備から生じる売電収入は減価償却費に満たない小規模なものであるから、同設備に係る業務は営利性及び物的設備に乏しく、加えて人的設備も存在しない。したがって、請求人の太陽光発電への取組は、自己の計算と危険において独立して営まれ、営利性、有償性を有し、かつ反復継続して遂行する意思と社会的地位とが客観的に認められる業務ということができないから、所得税法第27条に規定する事業に該当しない。

　なお、内国税の適正な課税の確保を図るための国外送金等に係る調書の提出等に関する法律（国送法）第6条の3《財産債務に係る過少申告加算税又は無申告加算税の特例》第1項の規定による過少申告加算税の軽減措置及び同条第2項の規定による過少申

告加算税の加重措置は、いずれも財産又は債務に関して生ずる所得で政令で定めるもの（国送法施行令第12条の3《財産債務に係る過少申告加算税又は無申告加算税の特例の対象となる所得の範囲等》第1項各号及び国送法施行規則第16条《財産債務に係る過少申告加算税又は無申告加算税の特例の対象となる所得の範囲》各号）に対する所得税等に関し更正があり、過少申告加算税が課される場合などに適用されるものであるところ、本件の各更正処分のうち、上記の財産又は債務に関して生ずる所得で同項で定めるものに対する所得税に関し更正があったといえるのは、請求人の不動産所得の金額の計算における青色申告特別控除額に係る更正がされた部分であり、それ以外の部分については、請求人の本件各年分の所得税等に係る各過少申告加算税の額の算定において、上記各措置は適用されない。

《参照条文等》

　国税通則法第65条第1項

　所得税法第27条第1項、第37条第1項、同法施行令第63条

内国税の適正な課税の確保を図るための国外送金等に係る調書の提出等に関する法律第5条第1項、第6条第1項及び第2項、第6条の2第1項第1号、第6条の3第1項及び第2項、同法施行令第12条の3第1項、同法施行規則第16条

（令和4年12月14日裁決）

《裁決書（抄）》

1 事　実

(1) 事案の概要

　　本件は、審査請求人（以下「請求人」という。）が、太陽光発電への取組に係る損失の金額を事業所得の金額の計算上生じたものとして所得税等の確定申告をしたところ、原処分庁が、当該損失の金額は雑所得の金額の計算上生じたものであるなどとして更正処分等をしたのに対し、請求人が原処分の一部の取消しを求めた事案である。

(2) 関係法令

　　関係法令の要旨は、別紙2のとおりである。なお、別紙2で定義した略語については、以下、本文でも使用する。

(3) 基礎事実

　　当審判所の調査及び審理の結果によれば、以下の事実が認められる。

イ　請求人は、平成28年1月1日から令和元年12月31日までの間、不動産の賃貸及びボウリング場の経営等を目的とするF社の取締役並びに不動産の管理等を目的とするG社の代表取締役をそれぞれ務めており、これらの2社を合わせた給与収入は、平成28年分が○○○○円、平成29年分が○○○○円、平成30年分が○○○○円及び令和元年分が○○○○円であった。

ロ　H社は、太陽光発電システム並びに省エネルギー装置及び機器の販売、設置、施工、管理及び保守等を目的として平成25年に設立された法人であり、請求人とH社は、以下の(イ)ないし(ハ)に掲げる内容が記載された各契約書を取り交わした。

　(イ)　平成27年5月31日付の「太陽光パネルパッケージ販売契約書－d案件に関するご契約－」及び同年8月5日付の「売電権利付土地売買契約書」と題する各契約書

　　　請求人は、H社から、e市f町○－○ないし○－○に所在する各土地（以下「本件e市土地」という。）、本件e市土地上に設置予定の太陽光発電設備（以下「e市設備」という。）及びe市設備に係る発電事業者としての地位等を代金176,000,000円（消費税及び地方消費税を含む。以下同じ。）で購入する。

　(ロ)　平成27年12月24日付の「太陽光発電所売買契約書」と題する契約書

請求人は、H社から、g市h町○-○及び○に所在する各土地（以下「本件
　g市土地」という。）、本件g市土地上に設置された太陽光発電設備（以下「g
　市設備」という。）及びg市設備に係る発電事業者としての地位を代金
　97,200,000円で購入する。

　㈵　作成日付不詳の「太陽光発電所譲渡契約書－ij案件－」と題する契約書
　　　請求人は、H社から、所在地が「k県m市n町（原文ママ）」、地番が「p
　○-○」、設備所在地が「i県j市p○-○（原文ママ）」である土地（以下
　「本件j市土地」といい、本件e市土地及び本件g市土地と併せて「本件各土
　地」という。）に設置された太陽光発電設備（以下「j市設備」という。）及び
　j市設備に係る発電事業者としての地位を80,000,000円で購入する（以下、上
　記㈭及び㈪の各契約書と併せて「本件各契約書」といい、本件各契約書に係る
　各契約を「本件各契約」という。）。

ハ　請求人は、e市設備に係るf太陽光発電所増設工事として46,600,000円（見積
　書No.○○○○）、54,000,000円（見積書No.○○○○）及びg市設備に係るh太
　陽光発電所増設工事として29,160,000円（見積書No.○○○○）、23,296,000円（見
　積書No.○○○○）と記載された平成29年11月21日付の各見積書をH社から受け
　取った（以下、e市設備、g市設備、e市設備に係るf太陽光発電所増設工事に
　よる設備、g市設備に係るh太陽光発電所増設工事による設備及びj市設備を併
　せて「本件各太陽光発電設備」といい、本件各太陽光発電設備に係る発電事業者
　としての地位等及び本件各土地と併せて「本件各太陽光発電設備等」という。）。

ニ　請求人は、平成27年6月30日、J銀行○○支店から「設備資金」として、年利
　○％、返済期間5年で88,000,000円の融資を受けた。

ホ　請求人は、H社に対し、平成27年5月29日から平成30年1月22日までの間に22
　回に分けて、合計423,098,160円を支払った。

ヘ　本件各太陽光発電設備等の状況は以下のとおりである。

　㈭　令和元年末日時点で本件e市土地及び本件g市土地に係る請求人名義への各
　所有権移転登記手続はいずれもされていない。

　㈪　i県j市には、上記ロの㈵の地番の土地は存在しない。

　㈸　令和2年12月7日時点で、e市設備は存在せず、g市設備については本件g
　市土地に太陽光発電設備は存在するが、平成29年11月21日付の見積書に記載さ

れたh太陽光発電所増設工事は行われていない。

㈡　資源エネルギー庁のホームページで公表されている令和2年8月31日時点での本件各太陽光発電設備の認定情報は次のとおりである。

　　A　e市設備の発電事業者はK社で、新規認定日は平成○年○月○日であり、e市設備は運転開始前（発電を開始している設備がない）の状況である。

　　B　g市設備の発電事業者はL社で、新規認定日は平成○年○月○日である。

　　C　j市設備は認定されていない。

㈭　g市設備に係る電力需給契約の契約者はL社で、系統連系（電力会社が維持運用する電力系統に太陽光発電設備を電気的に接続し、電力の供給が可能な状態とすることをいう。以下同じ。）日は平成○年○月○日であり、同日以後、同契約に関する地位の移転はない。

ト　a市の発電所について

㈡　請求人は、自宅の屋根に太陽光発電設備（以下、請求人の自宅の屋根に設置されている太陽光発電設備を「a市設備」という。）を設置しており、a市設備に係る「ecoソーラー申込書」と題する書面には、要旨、①（申込日として）平成29年9月27日、②（販売店として）M社N担当、③（金額として）7,626,560円との記載がある。

㈭　請求人は、平成29年12月27日、P社に対し、上記㈡の代金7,626,560円を支払った。

㈥　a市設備に係る電力需給契約の契約者は請求人、系統連系日は平成○年○月○日であり、同日以後、同契約に関する地位の移転はない。

㈢　請求人が平成30年分及び令和元年分の所得税及び復興特別所得税（以下「所得税等」という。）の各確定申告においてa市設備に係る売電（電力を電力会社に供給することをいう。以下同じ。）収入として計上した金額は別表1の「売電収入」欄の各金額であり、a市設備に係る減価償却費として計上した金額は同表の「減価償却費」欄の各金額である。

チ　H社の破産について

㈡　G社は、Q地方裁判所に対し、平成○年○月○日付で、H社について破産手続を開始する旨の決定を求める破産手続開始決定申立書を提出した。

㈭　Q地方裁判所は、平成○年○月○日付で、H社が支払不能の状態にあること

を認め、H社について破産手続を開始する旨の決定をした。

リ 〇〇及び〇〇について

(イ) 請求人は、令和〇年〇月〇日付で、〇〇に対し、〇〇した。

(ロ) 〇〇は、令和〇年〇月〇日、〇〇した。

(4) 審査請求に至る経緯

イ 請求人は、平成28年分、平成29年分、平成30年分及び令和元年分（以下、これ
らを併せて「本件各年分」という。）の所得税等について、青色の各確定申告書
に別表2の「確定申告」欄のとおり記載して、いずれも法定申告期限までに申告
した。

なお、請求人は、上記各確定申告に際し、請求人の太陽光発電に係る設備の設
置、発電及び電力の売電等の一連の取組（以下「本件取組」という。）に係る所
得を事業所得として申告し、本件取組に係る費用の額を事業所得の金額の計算上
必要経費に算入した。

ロ 請求人は、原処分庁に対し、国送法第6条の2第1項の規定に基づき、平成28
年12月31日分財産債務調書、平成29年12月31日分財産債務調書及び平成30年12月
31日分財産債務調書をそれぞれの提出期限（各年の翌年の3月15日）までに提出
したが、令和元年12月31日分財産債務調書はその提出期限までに提出しなかった。

ハ 原処分庁は、原処分庁所属の調査担当職員の実地の調査（以下「本件調査」と
いう。）に基づき、本件各年分の請求人の所得税等について、令和3年3月26日
付で、別表2の「更正処分等」欄のとおり、各更正処分及び過少申告加算税の各
賦課決定処分をした。

ニ 請求人は、上記ハの各処分を不服として、令和3年6月25日に再調査の請求を
した。

ホ 再調査審理庁は、令和3年12月1日付で、平成30年分の所得税等の更正処分及
び過少申告加算税の賦課決定処分については、別表2の「再調査決定」欄のとお
りその一部を取り消す再調査決定をし、その他の処分については、棄却の再調査
決定をした（以下、本件各年分の所得税等の各更正処分及び過少申告加算税の各
賦課決定処分（平成30年分についてはいずれも再調査決定によりその一部が取り
消された後のもの）をそれぞれ「本件各更正処分」及び「本件各賦課決定処分」
という。）。

なお、再調査決定における雑所得の金額は、別表1のとおりである。

　ヘ　請求人は、再調査決定を経た後の原処分に不服があるとして、令和3年12月29
　　日に審査請求をした。

　　　なお、請求人は、本審査請求において、次の各金額が、請求人の本件各年分の
　　事業所得の金額の計算上必要経費に算入されるべきである旨主張している。

　⑴　本件各太陽光発電設備の設置のための借入金利息（別表1の「利子割引料」
　　　欄の各金額）

　⑵　a市設備に係る減価償却費（別表1の「減価償却費」欄の各金額）

　⑶　H社の債務不履行に起因して生じたとされる未収入金に対する平成30年分の
　　　貸倒引当金繰入額66,001,167円（所得税法第52条《貸倒引当金》第1項の規定
　　　に基づくもの）

2　争　点

　　本件取組は、所得税法第27条第1項に規定する「事業」に該当するか否か。

3　争点についての主張

| 原処分庁 | 請求人 |
|---|---|
| 　次のイ及びロのことからすると、本件取組は、所得税法第27条第1項に規定する「事業」に該当しない。<br>イ　本件各太陽光発電設備について<br>　　本件調査が行われた時点において、本件各太陽光発電設備は存在しないか、他の者により管理・運営されていた。<br>　　また、請求人は、本件各太陽光発電設備から何ら収入を得ていなかった。<br>　　そもそも本件各土地はいずれも本件各契約書の作成時点で請求人が取得することは困難あるいは不可能な状況にあった。<br>　　そして、本件各契約については、H社 | 　次のイないしチの各要素に照らし判断すると、本件取組は、所得税法第27条第1項に規定する「事業」に該当する。<br>イ　営利性、有償性及び反復継続性<br>　　請求人が客観的シミュレーション（具体的には、金融機関から資金を調達し、本件各太陽光発電設備等及びa市設備を取得し、20年間で売電収入を759,000,000円、純利益を454,000,000円得ようとしたシミュレーション）に基づき計画し実行してきた本件取組は、その規模からみても事業に該当する経済的行為であり、有償性、営利性を有している。そして、本件取組なくして本件各太陽光発電設備等 |

の代表取締役であるRが請求人から金員を詐取することを企図して締結したものであったと推認される。

　したがって、本件取組のうち本件各太陽光発電設備の設置又は取得等については、事業とは認められない。

ロ　a市設備について

　a市設備は自宅の屋根に取り付けるという小規模かつ簡素なものであった。

　また、請求人は、a市設備を維持管理するために雇人も有していなかった。

　そして、a市設備から生じた売電収入は、平成30年に約○○○○円、令和元年（平成31年）に約○○○○円であり、いずれの年分においても、a市設備に係る減価償却費の額を下回る額にすぎない。

　一方で、請求人が、自らが役員を務めるF社及びG社から支払を受けた給与の額は、平成30年中において合計○○○○円、令和元年（平成31年）中において合計○○○○円に上る。

　したがって、a市設備に係る太陽光発電が開始した平成30年2月以後も、本件取組が事業としての社会的客観性を備えたとは認められない。

及びa市設備に係る事業は緒に就かないのであるから、本件取組は、その事業の一環をなし、かつその事業の遂行上必要欠くべからざるものである。

ロ　危険の負担

　本件各太陽光発電設備等及びa市設備は、自然災害によって損壊する危険、システムの故障のリスクがあり、請求人はその危険を負う。

ハ　企画遂行性

　請求人は、H社との間で本件各太陽光発電設備等の規格・規模の検討と選定を行い、追加・増設工事についても協議、

| | 決定を行っている。 |
|---|---|
| | ニ　人的設備の程度 |
| | 　請求人は、本件取組について、事務管理・メンテナンス等をH社に委託し、その対価を支払うこととしていたから、実質的に従業員を有していたといえる。 |
| | ホ　精神的及び肉体的労力の程度 |
| | 　上記ニの事情からすれば、実質的に請求人自らが事務管理・メンテナンス等を行っていたともいえる。 |
| | ヘ　職業、経歴、社会的地位及び生活状況 |
| | 　請求人が会社役員の地位に就いていても、本件取組の事業性は否定されない。 |
| | ト　相当程度の期間安定した収益を得られる可能性 |
| | 　本件取組においては、将来的にシミュレーションに基づく安定的な収益を得ることが十分に期待できた。 |
| | チ　なお、a市設備は、請求人が事業として計画し実行してきた本件取組の一環をなすものであるから、これを分離・区分して本件取組から生じた所得が事業所得に当たるかどうかを判定することは合理性に欠ける。 |

4　当審判所の判断

(1)　法令解釈

　　所得税法第27条第1項に規定する「事業」とは、所得税法施行令第63条第1号ないし第11号に掲げるもののほか、対価を得て継続的に行う事業（同条第12号）をいい、具体的には、自己の計算と危険において独立して営まれ、営利性、有償性を有

し、かつ反復継続して遂行する意思と社会的地位とが客観的に認められる業務をいうところ、一定の経済的行為がこれに該当するか否かは、当該経済的行為の営利性、有償性の有無、継続性、反復性の有無のほか、自己の計算と危険による企画遂行性の有無、当該経済的行為に費やした精神的、肉体的労力の程度、人的、物的設備の有無、当該経済的行為をなす資金の調達方法、その者の職業、経歴及び社会的地位、生活状況及び当該経済的活動をすることにより相当程度の期間安定した収益を得られる可能性が存するかどうか等の諸般の事情を総合的に検討し、社会通念に照らして判断すべきものと解される。

(2) 認定事実

　　請求人提出資料、原処分関係資料並びに当審判所の調査及び審理の結果によれば、請求人による太陽光発電設備の取得状況に関し、以下の事実が認められる。

　イ　e市設備については、上記1の(3)のへの(イ)、(ハ)及び(ニ)のAのとおり、その所在地である本件e市土地は存在するものの、請求人が所有権を有する旨の登記はされておらず、本件e市土地上に太陽光発電設備は存在せず、運転開始前の状態でe市設備の発電事業者として請求人以外の者が登録されていた。以上からすれば、請求人は、太陽光発電に係る業務を営むことのできるe市設備を取得していない。

　ロ　g市設備については、上記1の(3)のへの(イ)、(ハ)、(ニ)のB及び(ホ)のとおり、本件g市土地上に太陽光発電設備は存在するが、請求人以外の者がg市設備の発電事業者として登録され、系統連系をしている。以上からすれば、請求人は、太陽光発電に係る業務を営むことのできるg市設備を取得していない。

　ハ　j市設備については、上記1の(3)のへの(ロ)のとおり、その所在地であるとされている本件j市土地の地番が存在せず、j市設備も存在しないと認められる。以上からすれば、請求人は、太陽光発電に係る業務を営むことのできるj市設備を取得していない。

　ニ　a市設備については、上記1の(3)のトのとおり、請求人は自宅の屋根にa市設備を設置した上で、平成〇年に系統連系し、以降、a市設備による売電収入を得ていた。

(3) 検討

　イ　所得税法第27条第1項に規定する「事業」とは、上記(1)のとおり、自己の計算と危険において独立して営まれ、営利性、有償性を有し、かつ反復継続して遂行

する意思と社会的地位とが客観的に認められる業務をいうところ、上記(2)のイないしハのとおり、請求人が本件各契約により取得して太陽光発電に係る業務を営むこととされていた本件各太陽光発電設備については、客観的にはいずれも請求人に取得されておらず、本件各太陽光発電設備において請求人による太陽光発電に係る業務は営まれていなかった。

　他方で、上記(2)のニのとおり、請求人は、a市設備については、平成30年以降、a市設備において太陽光発電に係る業務を営んで売電収入を得ていた。

ロ　そうすると、平成28年分及び平成29年分における本件取組は、客観的には何らの業務も営まれていなかったものであるから、自己の計算と危険において独立して営まれ、営利性、有償性を有し、かつ反復継続して遂行する意思と社会的地位とが客観的に認められる業務とはいえず、所得税法第27条第1項に規定する「事業」に該当しない。

　他方で、平成30年分及び令和元年分における本件取組は、客観的にみると、本件各太陽光発電設備においては請求人により何らの業務も行われていなかったが、a市設備においては太陽光発電に係る業務（以下「本件業務」という。）が行われていた。

ハ　そこで、本件業務が上記「事業」に該当するか否かを検討するに、上記1の(3)のトのとおり、請求人は、代金7,626,560円を支払ってa市設備を取得し、平成30年2月以降、a市設備の稼働により継続的に売電収入を得ていたから、本件業務には、一応の有償性、継続性、反復性及び自己の計算と危険による企画遂行性があるといえる。

　しかしながら、a市設備の稼働による売電収入は、別表1のとおり、平成30年分及び令和元年分のいずれにおいても、年間○○○○円足らずであり、この金額は、a市設備の減価償却費（平成30年分は833,273円、令和元年分は734,947円）にも満たない額であり、利益が生じていないから、営利性は乏しい。また、a市設備に関し、請求人が特段の精神的及び肉体的労力を費やしていた事実を認めるに足りる証拠はない。そして、上記1の(3)のトの(イ)のとおり、a市設備は、自宅の屋根に設置された小規模な太陽光発電設備であることから、物的設備としては乏しく、人的設備というべきものの存在も認められない。

　加えて、請求人が本件各年分においてF社及びG社の役員を務め、年間約○○

○○円の給与収入を得ていたことからすれば、請求人の本業はＦ社及びＧ社の役員であり、当該給与収入により生活の資を得ていたと認められる。さらに、上記のとおり、ａ市設備の売電収入により利益は生じておらず、小規模で減価償却費相当額にも満たない売電収入しか得られないａ市設備によって利益が生じる見込みがあるとも言い難いことからすれば、請求人が本件業務によって相当程度の期間安定した収益を得られる可能性が存するとも言い難い。

以上の点を総合的に検討し、社会通念に照らして判断すると、本件業務は、自己の計算と危険において独立して営まれ、営利性、有償性を有し、かつ反復継続して遂行する意思と社会的地位とが客観的に認められる業務ということができないから、所得税法第27条第１項に規定する「事業」に該当しない。

ニ　したがって、本件取組は、平成28年分ないし令和元年分のいずれにおいても、所得税法第27条第１項に規定する「事業」に該当しない。

(4) 請求人の主張について

請求人は、上記３の「請求人」欄のとおり、本件取組は、20年間のシミュレーションに基づき利益を見込んだ上で、資金調達を行い、本件各太陽光発電設備等及びａ市設備を取得するなど、太陽光発電事業の一環を成すものであり、ａ市設備と他の設備を分離・区分せずに、同欄に掲げた諸般の要素に照らし判断すると、本件取組は「事業」に該当する旨主張する。

しかしながら、上記(1)のとおり、所得税法第27条第１項に規定する「事業」とは、自己の計算と危険において独立して営まれ、営利性、有償性を有し、かつ反復継続して遂行する意思と社会的地位とが客観的に認められる業務をいうのであり、上記(3)のイのとおり、本件各太陽光発電設備においては、客観的にみて、請求人による太陽光発電に係る業務は何ら営まれていなかったのであるから、いかに請求人が主観的には利益を見込んでいたからといって、本件各太陽光発電設備等が「太陽光発電事業の一環を成すもの」であるとして、これを本件取組の事業該当性を認めるための積極的要素として考慮することはできない。

したがって、請求人の主張には理由がない。

(5) 本件各更正処分の適法性について

イ　上記(3)のとおり、本件取組は、本件各年分のいずれにおいても所得税法第27条第１項に規定する「事業」に該当せず、本件取組に係る所得は、同項に規定する

事業所得に当たらない。さらに、ａ市設備による売電収入（別表１①欄参照）に係る所得は、利子所得、配当所得、不動産所得、給与所得、退職所得、山林所得、譲渡所得及び一時所得のいずれにも該当しないから、雑所得に該当する。

ロ　所得税法第37条第１項は、別紙２の２の(2)のとおり規定しており、同項に規定する「所得を生ずべき業務」とは、不動産所得、事業所得又は雑所得を得るために行われる具体的な活動を意味すると解される。

請求人は、上記(3)のロ及びハのとおり、平成30年分及び令和元年分において、ａ市設備において太陽光発電に係る業務を営んでいるから、ａ市設備に係る減価償却費（別表１④欄参照）は「所得を生ずべき業務」について生じた費用に該当し、請求人の雑所得の金額の計算上必要経費に算入される。他方で、請求人の主張する平成30年分の貸倒引当金繰入額66,001,167円並びに利子割引料（別表１⑤欄参照）及びその他の経費（同⑥欄参照）については、いずれも、本件各太陽光発電設備に関して支出されたものであるところ、上記(3)のイのとおり、本件各太陽光発電設備においては請求人により太陽光発電に係る何らの業務も営まれていなかったのであるから、「所得を生ずべき業務」がなく、必要経費に算入されないこととなる。

ハ　以上の点を踏まえ、請求人の本件各年分の総所得金額を算定すると、別表３の「総所得金額」欄の各金額のとおりとなる。そして、請求人の本件各年分の還付金の額に相当する税額を算定すると、別表３の「所得税等の還付金の額に相当する税額」欄の各金額のとおりとなり、いずれも本件各更正処分の金額と同額か又は下回る。

また、本件各更正処分のその他の部分については、請求人は争わず、当審判所に提出された証拠資料等によっても、これを不相当とする理由は認められない。

したがって、本件各更正処分はいずれも適法である。

(6)　本件各賦課決定処分の適法性について

イ　上記(5)のとおり、本件各更正処分はいずれも適法であり、また、本件各更正処分により納付すべき税額の計算の基礎となった事実が更正処分前の税額の計算の基礎とされていなかったことについて、通則法第65条第４項に規定する「正当な理由」があるとは認められない。

ロ　ところで、国送法第６条の３第１項の規定による過少申告加算税の軽減措置及

び同条第２項の規定による過少申告加算税の加重措置は、いずれも財産（同法第６条の２第２項の規定により財産債務調書への記載を要しないとされる国外財産を除く。）又は債務に関して生ずる所得で政令で定めるもの（国送法施行令第12条の３第１項第１号ないし第５号、同項第６号及び国送法施行規則第16条各号）に対する所得税等に関し更正があり、過少申告加算税が課される場合などに適用されるものであるところ、本件各更正処分のうち、上記の財産又は債務に関して生ずる所得で同項で定めるものに対する所得税に関し更正があったといえるのは、請求人の平成30年分及び令和元年分の不動産所得の金額の計算における青色申告特別控除額に係る更正がされた部分であり、それ以外の部分については、請求人の本件各年分の所得税等に係る各過少申告加算税の額の算定において、上記各措置は適用されない。請求人の令和元年分の過少申告加算税に関する上記加重措置について詳述すると、請求人の令和元年分の更正処分においては、①ａ市設備による売電収入に係る所得は、上記(5)のイのとおり、事業所得ではなく雑所得であるとして所得税法第69条《損益通算》第１項の規定に基づき他の各種所得の金額から控除できないとされ、②請求人の不動産所得に関して、建物の貸付けが事業として行われていないとして、青色申告特別控除額を650,000円から100,000円とする旨の更正をされたものである。そして、上記①については、ａ市設備のような業務用の資産を用いて得られた所得は、国送法施行令第12条の３第１項第１号ないし第５号、同項第６号及び国送法施行規則第16条各号に規定されたいずれの所得にも当てはまらないことからすれば、請求人の令和元年分の過少申告加算税のうち上記①に相当する部分については、上記加重措置の適用はない。他方で、上記②については、不動産の貸付けによる所得（国送法施行令第12条の３第１項第３号）に対する所得税に関し更正があり、更正の基因となった当該不動産を記載すべき財産債務調書の提出がなかったから、請求人の令和元年分の過少申告加算税のうち上記②に相当する部分については、上記加重措置の適用がある。

　以上に基づき請求人の本件各年分の所得税等に係る各過少申告加算税の額を算定すると、別表３の「過少申告加算税の額」欄の各金額のとおりとなり、平成28年分ないし平成30年分の過少申告加算税の額は原処分の額を上回り、令和元年分の過少申告加算税の額は○○○○円となり、原処分の額に満たない。

したがって、平成28年分ないし平成30年分の過少申告加算税の各賦課決定処分はいずれも適法であるが、令和元年分の過少申告加算税の賦課決定処分はその一部を別紙1の「取消額等計算書」のとおり取り消すべきである。

(7)　結論

　　よって、審査請求には理由があるから、原処分の一部を取り消すこととする。

別表1　再調査決定における雑所得の金額（省略）

別表2　審査請求に至る経緯（省略）

別表3　審判所認定額（省略）

別紙1　取消額等計算書（省略）

別紙2　関係法令の要旨

別紙2

# 関係法令の要旨

1　国税通則法関係

　　国税通則法（以下「通則法」という。）第65条《過少申告加算税》第1項は、期限
　内申告書が提出された場合において、更正があったときは、当該納税者に対し、その
　更正に基づき納付すべき税額に100分の10の割合を乗じて計算した金額に相当する過
　少申告加算税を課する旨規定している。

2　所得税法関係

　⑴　所得税法第27条《事業所得》第1項は、事業所得とは、農業、漁業、製造業、卸
　　売業、小売業、サービス業その他の事業で政令で定めるものから生ずる所得（山林
　　所得又は譲渡所得に該当するものを除く。）をいう旨規定している。

　　　そして、所得税法施行令第63条《事業の範囲》は、上記の政令で定める事業は、
　　次に掲げる事業とする旨規定した上で、同条第1号ないし第11号に個別の事業を掲
　　げ、同条第12号に同条第1号ないし第11号に掲げるもののほか、対価を得て継続的
　　に行う事業を掲げている。

　⑵　所得税法第37条《必要経費》第1項は、その年分の不動産所得の金額、事業所得
　　の金額又は雑所得の金額の計算上必要経費に算入すべき金額は、別段の定めがある
　　ものを除き、これらの所得の総収入金額に係る売上原価その他当該総収入金額を得
　　るため直接に要した費用の額及びその年における販売費、一般管理費その他これら
　　の所得を生ずべき業務について生じた費用の額とする旨規定している。

3　内国税の適正な課税の確保を図るための国外送金等に係る調書の提出等に関する
　法律関係

　⑴　内国税の適正な課税の確保を図るための国外送金等に係る調書の提出等に関する
　　法律（令和2年法律第8号による改正前のもの。以下「国送法」という。）第5条
　　《国外財産調書の提出》第1項は、居住者は、その年の12月31日においてその価額
　　の合計額が5,000万円を超える国外財産を有する場合には、国外財産調書を、その
　　年の翌年の3月15日までに、所得税の納税地の所轄税務署長に提出しなければなら
　　ない旨規定している。

(2)　国送法第6条《国外財産に係る過少申告加算税又は無申告加算税の特例》第1項は、国外財産に関して生ずる所得で政令で定めるものに対する所得税（以下「国外財産に係る所得税」という。）に関し更正があり、通則法第65条の規定の適用がある場合において、国送法第5条第1項の提出期限内に税務署長に提出された国外財産調書に当該更正の基因となる国外財産についての同項の規定による記載があるときは、通則法第65条の規定による過少申告加算税の額は、同条の規定にかかわらず、同条の規定により計算した金額から当該過少申告加算税の額の計算の基礎となるべき税額に100分の5の割合を乗じて計算した金額を控除した金額とする旨規定している（以下、この規定による過少申告加算税の措置を「軽減措置」という。）。

(3)　国送法第6条第2項は、国外財産に係る所得税に関し更正があり、通則法第65条の規定の適用がある場合において、国送法第5条第1項の規定により税務署長に提出すべき国外財産調書について同項の提出期限内に提出がないとき、又は同項の提出期限内に税務署長に提出された国外財産調書に記載すべき当該更正の基因となる国外財産についての記載がないときは、通則法第65条の規定による過少申告加算税の額は、同条の規定にかかわらず、同条の規定により計算した金額に、当該過少申告加算税の額の計算の基礎となるべき税額に100分の5の割合を乗じて計算した金額を加算した金額とする旨規定している（以下、この規定による過少申告加算税の措置を「加重措置」という。）。

(4)　国送法第6条の2《財産債務調書の提出》第1項第1号は、所得税法第120条《確定所得申告》第1項の規定による申告書を提出すべき者は、当該申告書に記載すべきその年分の所得税法第22条《課税標準》第2項に規定する総所得金額及び同条第3項に規定する山林所得金額の合計額が2,000万円を超え、かつ、その年の12月31日においてその価額の合計額が3億円以上の財産等を有する場合には、財務省令で定めるところにより、その者の氏名、住所又は居所及び個人番号並びにその者が同日において有する財産の種類、数量及び価額並びに債務の金額その他必要な事項を記載した調書（以下「財産債務調書」という。）を、その年の翌年の3月15日までに、その者の所得税の納税地の所轄税務署長に提出しなければならない旨規定している。

(5)　国送法第6条の3《財産債務に係る過少申告加算税又は無申告加算税の特例》第1項は、同法第6条第1項の規定は、財産（同法第6条の2第2項の規定により財

産債務調書への記載を要しない国外財産を除く。以下同法第６条の３第１項及び第２項において同じ。）又は債務に関して生ずる所得で政令で定めるものに対する所得税（同法第６条の３第２項において「財産債務に係る所得税」という。）に関し更正があり、通則法第65条の規定の適用がある場合において、国送法第６条の２第１項の提出期限内に税務署長に提出された財産債務調書に当該更正の基因となる財産又は債務についての同項の規定による記載があるときについて準用する旨規定している。

(6)　国送法第６条の３第２項は、同法第６条第２項の規定は、財産債務に係る所得税に関し更正があり、通則法第65条の規定の適用がある場合において、国送法第６条の２第１項の規定により税務署長に提出すべき財産債務調書について同項の提出期限内に提出がないとき、又は同項の提出期限内に税務署長に提出された財産債務調書に記載すべき当該更正の基因となる財産若しくは債務についての記載がないときのいずれかに該当するときについて準用する旨規定している。

(7)　内国税の適正な課税の確保を図るための国外送金等に係る調書の提出等に関する法律施行令（令和２年政令第125号による改正前のもの。以下「国送法施行令」という。）第12条の３《財産債務に係る過少申告加算税又は無申告加算税の特例の対象となる所得の範囲等》第１項は、国送法第６条の３第１項に規定する財産又は債務に関して生ずる所得で政令で定めるものは、次に掲げる所得とする旨規定している。

　　イ　財産（国送法第６条の３第１項に規定する財産をいう。以下国送法施行令第12条の３において同じ。）から生ずる所得税法第23条《利子所得》第１項に規定する利子所得（第１号）

　　ロ　財産から生ずる所得税法第24条《配当所得》第１項に規定する配当所得（第２号）

　　ハ　財産の貸付けによる所得（第３号）

　　ニ　財産の譲渡による所得（第４号）

　　ホ　債務の免除による所得（第５号）

　　ヘ　上記イないしホに掲げるもののほか、財産又は債務に基因して生ずる所得で財務省令で定めるもの（第６号）

(8)　内国税の適正な課税の確保を図るための国外送金等に係る調書の提出等に関する

法律施行規則（令和２年財務省令第23号による改正前のもの。以下「国送法施行規則」という。）第16条《財産債務に係る過少申告加算税又は無申告加算税の特例の対象となる所得の範囲》は、国送法施行令第12条の３第１項第６号に規定する財産又は債務に基因して生ずる所得で財務省令で定めるものは、次に掲げる所得とする旨規定している。

イ　財産（国送法第６条の３第１項に規定する財産をいう。以下国送法施行規則第16条において同じ。）が発行法人から与えられた所得税法施行令第84条《譲渡制限付株式の価額等》第２項の規定が適用される同項各号に掲げる権利である場合における当該権利の行使による株式の取得に係る所得（第１号）

ロ　財産が所得税法施行令第183条《生命保険契約等に基づく年金に係る雑所得の金額の計算上控除する保険料等》第３項に規定する生命保険契約等に関する権利である場合における当該生命保険契約等に基づき支払を受ける一時金又は年金に係る所得（第２号）

ハ　財産が特許権等である場合における当該特許権等の使用料に係る所得（第３号）

ニ　債務の免除以外の事由により債務が消滅した場合におけるその消滅した債務に係る所得（第４号）

ホ　国送法施行令第12条の３第１項第１号から第５号まで及び国送法施行規則第16条第１号から第４号までに掲げるもののほか、財産又は債務に基因して生ずるこれらに類する所得（第５号）

事例3 （不動産所得　必要経費　減価償却費）

---

**一括して売買された土地及び建物の購入の対価は、合理的な基準によりあん分して算定すべきであるとされた事例**（①平成28年分及び平成29年分の所得税及び復興特別所得税の各更正処分及び過少申告加算税の各賦課決定処分、②平成30年分の所得税及び復興特別所得税の更正処分及び過少申告加算税の賦課決定処分・①棄却、②一部取消し・令和4年11月8日裁決）

《ポイント》

　本事例は、土地と建物が一括して売買され、その土地及び建物の個別の購入の対価が明らかでない場合、所得税法施行令第126条第1項第1号イにいう「当該資産の購入の代価」は、合理的な基準により算定するのが相当であると判断したものである。

---

《要旨》

　請求人は、国外において一括取得した賃貸用の土地及び建物（本件各物件）に係る売買契約書に売買代金総額しか記載がなかった場合、本件各物件における各土地及び各建物の購入の代価は、請求人が取得した不動産鑑定評価書における各鑑定評価額の割合で区分すべきであり、個別的な事情が捨象され、米国e州（現地）の法令等に反する方法で評価された現地の固定資産税評価額の割合で区分すべきではない旨主張する。

　しかしながら、本件各物件については、建物の減価償却費の額の算出に当たり、合理的な方法によって本件各物件の土地及び建物の購入の代価を区分する必要があるところ、現地の固定資産税評価額は、同一の公的機関が同一時期に合理的な評価基準によって請求人が本件各物件の所有権を取得した時点の市場価値を評価したものであると推認され、かかる推認を妨げる特段の事情に当たると評価すべき事実があるとは認められない。したがって、本件各物件に係る建物の購入の対価を算定するに当たっては、現地の固定資産税評価額の割合によって区分して算定すべきである。

　また、原処分庁は、本件各物件のうち平成30年に取得した物件の変更後の固定資産税評価額については、請求人が弁護士を通じて自身に有利になるよう査定官に働きかけ、故意に作出させた可能性が排除できないため、変更前の固定資産税評価額を用いるべき旨主張する。

しかしながら、現地では、固定資産の所有者がその固定資産税評価額に同意できない場合、その評価額の見直しを求める不服申立制度があり、一度評価された固定資産税評価額が事後に変更され得ることは予定されているため、査定官の職権により事後に変更されたことをもって故意に作出させたなどということができない。したがって、平成30年に取得した物件については、変更後の固定資産税評価額を用いるべきである。

《参照条文等》

　　所得税法第49条第1項

　　所得税法施行令第126条第1項

《参考判決・裁決》

　　東京地裁平成30年4月12日判決（税資268号順号13139）

（令和 4 年11月 8 日裁決）

《裁決書（抄）》

1　事　実

（1）　事案の概要

　　本件は、原処分庁が、アメリカ合衆国 e 州で審査請求人（以下「請求人」という。）により一括取得された賃貸用の土地及び建物の購入の代価を各々の固定資産税評価額の割合で区分して取得価額を算定し、不動産所得の金額の計算上減価償却費が過大であるなどとして所得税等の更正処分等を行ったのに対し、請求人が、①固定資産税評価額の割合で区分する方法は合理的でなく、不動産鑑定評価額の割合で区分すべきであり、また、②過少申告となったことについて正当な理由があるなどとして、原処分の全部の取消しを求めた事案である。

（2）　関係法令の要旨

　イ　不動産所得関係

　　（イ）　所得税法第26条《不動産所得》第 1 項は、不動産所得とは、不動産、不動産の上に存する権利、船舶又は航空機の貸付けによる所得をいう旨規定し、同条第 2 項は、不動産所得の金額は、その年中の不動産所得に係る総収入金額から必要経費を控除した金額とする旨規定している。

　　（ロ）　所得税法第49条《減価償却資産の償却費の計算及びその償却の方法》第 1 項並びに所得税法施行令第120条の 2 第 1 項第 1 号及び同令第131条《減価償却資産の償却費の計算》は、居住者のその年12月31日において有する減価償却資産に該当する建物につきその償却費として所得税法第37条《必要経費》の規定によりその者の不動産所得の金額の計算上必要経費に算入する金額は、定額法（建物の取得価額にその償却費が毎年同一となるように当該建物の耐用年数に応じた償却率を乗じて計算した金額を各年分の償却費として償却する方法をいう。）に基づいて計算した金額とする旨規定している（以下、所得税法第49条第 1 項の規定による償却費を「減価償却費」という。）。

　　（ハ）　所得税法施行令第126条《減価償却資産の取得価額》第 1 項は、減価償却資産の同令第120条《減価償却資産の償却の方法》から第122条《特別な償却率による償却の方法》までに規定する取得価額は、別段の定めがあるものを除き、次の各号に掲げる資産の区分に応じ当該各号に掲げる金額とする旨規定し、同

— 35 —

項第1号は、購入した減価償却資産については、当該資産の購入の代価（引取運賃、荷役費、運送保険料、購入手数料、関税その他当該資産の購入のために要した費用（以下「付随費用」という。）がある場合には、その費用の額を加算した金額）及び当該資産を業務の用に供するために直接要した費用の額の合計額である旨規定している。

ロ　損益通算関係

(イ)　所得税法第69条《損益通算》第1項は、総所得金額、退職所得金額又は山林所得金額を計算する場合において、不動産所得の金額、事業所得の金額、山林所得の金額又は譲渡所得の金額の計算上生じた損失の金額があるときは、政令で定める順序により、これを他の各種所得の金額から控除する旨規定している。

(ロ)　租税特別措置法（以下「措置法」という。）第41条の4《不動産所得に係る損益通算の特例》第1項は、個人の平成4年分以後の各年分の不動産所得の金額の計算上生じた損失の金額がある場合において、当該年分の不動産所得の金額の計算上必要経費に算入した金額のうちに不動産所得を生ずべき業務の用に供する土地又は土地の上に存する権利（以下「土地等」という。）を取得するために要した負債の利子の額があるときは、当該損失の金額のうち当該負債の利子の額に相当する部分の金額として政令で定めるところにより計算した金額は、所得税法第69条第1項の規定その他の所得税に関する法令の規定の適用については、生じなかったものとみなす旨規定している。

(ハ)　租税特別措置法施行令第26条の6《不動産所得に係る損益通算の特例》第1項第2号は、措置法第41条の4第1項に規定する政令で定めるところにより計算した金額は、その年分の不動産所得の金額の計算上必要経費に算入した土地等を取得するために要した負債の利子の額が当該不動産所得の金額の計算上生じた損失の金額以下である場合には、当該損失の金額のうち当該負債の利子の額に相当する金額である旨規定している。

ハ　過少申告加算税関係

(イ)　国税通則法（以下「通則法」という。）第65条《過少申告加算税》第1項は、期限内申告書（還付請求申告書を含む。）が提出された場合において、更正があったときは、当該納税者に対し、その更正に基づき同法第35条《申告納税方式による国税等の納付》第2項の規定により納付すべき税額に100分の10の割

合を乗じて計算した金額に相当する過少申告加算税を課する旨規定し、同法第65条第4項柱書及び同項第1号は、同条第1項に規定する納付すべき税額の計算の基礎となった事実のうちにその更正前の税額（還付金の額に相当する税額を含む。）の計算の基礎とされていなかったことについて正当な理由があると認められるものがある場合には、同項に規定する納付すべき税額からその正当な理由があると認められる事実に基づく税額として政令で定めるところにより計算した金額を控除して、同項の規定を適用する旨規定している。

(ロ) 内国税の適正な課税の確保を図るための国外送金等に係る調書の提出等に関する法律（令和2年法律第8号による改正前のもの。以下「国送金等調書法」という。）第6条《国外財産に係る過少申告加算税又は無申告加算税の特例》第1項は、国外財産（国外にある財産をいう。以下同じ。）に関して生ずる所得で政令で定めるものに対する所得税に関し更正があり、通則法第65条の規定の適用がある場合において、提出期限内に税務署長に提出された国外財産調書に当該更正の基因となる国外財産についての国送金等調書法第5条《国外財産調書の提出》第1項の規定による記載があるときは、通則法第65条の規定による過少申告加算税の額は、同条の規定にかかわらず、同条の規定により計算した金額から当該過少申告加算税の額の計算の基礎となるべき税額に100分の5の割合を乗じて計算した金額を控除した金額とする旨規定している。また、国送金等調書法第6条第4項は、同法第5条第1項の規定により提出すべき国外財産調書が提出期限後に提出され、かつ、更正があった場合において、当該国外財産調書の提出が、当該国外財産調書に係る国外財産に係る所得税についての調査があったことにより当該国外財産に係る所得税について更正があるべきことを予知してされたものでないときは、当該国外財産調書は提出期限内に提出されたものとみなして、同法第6条第1項の規定を適用する旨規定している。

(3) 基礎事実

当審判所の調査及び審理の結果によれば、以下の事実が認められる。

イ 金銭の借入れについて

請求人は、以下のとおり、G社から、合計3回にわたり、いずれも利息を年1％、利息の支払日を毎年4月末日（末日が銀行営業日でない場合はその前日）として、アメリカ合衆国（以下「米国」という。）ドル（以下「米ドル」という。）

建てで金銭を借り入れた。

　㈤　借入年月日　平成27（2015）年5月21日

　　　借入金額　4,549,773.53米ドル

　㈥　借入年月日　平成29（2017）年5月1日

　　　借入金額　1,439,000.00米ドル

　㈦　借入年月日　平成30（2018）年3月23日

　　　借入金額　2,042,369.03米ドル

ロ　賃貸用不動産の取得について

　　請求人は、別表1の「取得年月日」欄の各日に、米国e州に所在する同表の順号1から13までの各土地及び各建物（いずれも賃貸用不動産である。以下、当該各土地及び当該各建物を併せて「本件各物件」といい、このうち同表の順号1から8までを「本件平成27年取得物件」、順号9及び10を「本件平成29年取得物件」並びに順号11から13までを「本件平成30年取得物件」という。）を、それぞれ一括して、同表の「①売買代金」欄の各金額で購入し、当該各金額を売買代金とし、同表の「②付随費用」欄の各金額を付随費用として、上記イの各借入金を原資として支払い、その頃から貸付けの用に供した。

　　なお、本件各物件の売買契約上、土地及び建物の各々の代価の金額は明らかではない。

ハ　本件各物件のe州の固定資産税評価額について

　㈤　本件各物件の所有者が請求人に変更された日（別表1の「取得年月日」欄の年月日）における本件各物件のe州の各固定資産税評価額は、当初、別表2の「変更前の評価額」欄のとおり算定された（以下、同欄の評価額を「本件各固定資産税評価額」といい、このうち同欄の順号1から10までを「本件平成27年及び29年取得物件各固定資産税評価額」といい、同欄の順号11から13までを「変更前本件平成30年取得物件各固定資産税評価額」という。）。

　㈥　その後、変更前本件平成30年取得物件各固定資産税評価額については、別表2の順号11の物件（物件名の略称は「UNIT＃○」。以下、単に「UNIT＃○」という。）に係る分が令和3年10月15日に、同表の順号12の物件（物件名の略称は「UNIT＃○」。以下、単に「UNIT＃○」という。）及び同表の順号13の物件（物件名の略称は「UNIT＃○」。以下、単に「UNIT＃○」という。）に

係る分が同年12月21日に、それぞれ同表の「変更後の評価額」欄のとおり変更
された（以下、同欄の各評価額を「変更後本件平成30年取得物件各固定資産税
評価額」という。）。

ニ　平成27年分以前の年分の調査の経緯について

原処分庁所属の調査担当職員は、請求人の平成25年分、平成26年分及び平成27
年分の所得税及び復興特別所得税（以下「所得税等」という。）について、請求
人及びその税務代理人に対し質問検査をした上で、平成29年2月9日、当該税務
代理人に対し、上記各年分の所得税等に係る調査（以下、この調査を「前回調
査」といい、前回調査の調査担当職員を「前回調査担当職員」という。）の結果
の説明を行った。この際、前回調査担当職員は、一時所得の申告漏れを指摘しこ
れについて修正申告の勧奨をしたものの、本件平成27年取得物件の取得価額（以
下「請求人申告取得価額」という。）及びこれに基づく減価償却費の適否などに
ついては指摘をしなかった。

(4)　審査請求に至る経緯

イ　請求人は、平成28年分、平成29年分及び平成30年分（以下、これらを併せて
「本件各年分」という。）の所得税等について、青色の確定申告書に別表3の「確
定申告」欄のとおり記載して、同欄の「年月日」欄の各日にそれぞれ申告した
（以下、これらの申告を「本件各確定申告」という。）。

ロ　請求人は、国送金等調書法の規定に基づき、平成28年12月31日分国外財産調書
及び平成30年12月31日分国外財産調書を、いずれも提出期限内に、平成29年12月
31日分国外財産調書を、提出期限後の平成30年5月21日に、それぞれ提出した。

上記の各国外財産調書のうち、平成28年12月31日分には本件平成27年取得物件
の記載があり、平成29年12月31日分には本件平成27年取得物件及び本件平成29年
取得物件の記載があり、平成30年12月31日分には本件各物件の記載がある。

なお、上記の平成29年12月31日分国外財産調書の提出は、当該国外財産調書に
係る国外財産に係る所得税についての調査があったことにより当該国外財産に係
る所得税について更正があるべきことを予知してされたものではない。

ハ　請求人は、令和元年6月17日、平成30年分の所得税等について、別表3の「修
正申告①」欄のとおりとする修正申告書を提出した。

ニ　請求人は、令和2年3月30日、平成29年分及び平成30年分の所得税等について、

別表3の「修正申告②」欄のとおりとする各修正申告書を提出した。

　　原処分庁は、これに対し、令和2年6月17日付で、別表3の「賦課決定処分（令和2年6月17日付）」欄のとおり、平成29年分及び平成30年分の所得税等に係る過少申告加算税の各賦課決定処分をしたが、請求人は、これに対する不服申立てをしなかった。

ホ　原処分庁所属の調査担当職員は、請求人の本件各年分の所得税等について調査を行った。その結果に基づき、原処分庁は、令和2年7月31日付で、別表3の「更正処分等（令和2年7月31日付）」欄のとおり、本件各年分の所得税等の各更正処分（以下「本件各更正処分」という。）及び過少申告加算税の各賦課決定処分（以下「本件各賦課決定処分」という。）をした。

ヘ　請求人は、令和2年10月28日、原処分を不服として、再調査の請求をしたところ、再調査審理庁は、令和3年3月9日付で、いずれも棄却する旨の再調査決定をした。

ト　請求人は、令和3年4月9日、再調査決定を経た後の原処分に不服があるとして、審査請求をした。

　　なお、請求人は、その後、当審判所に対し、本件各物件の各不動産鑑定評価書（以下「本件各不動産鑑定評価書」という。）を提出した。

2　争　点
(1)　本件各物件の建物の取得価額をどのように算定すべきか（争点1）。
(2)　本件各物件の土地の取得のために要した負債の利子の額をどのように算定すべきか（争点2）。
(3)　本件各確定申告が過少申告となったことについて、通則法第65条第4項第1号に規定する「正当な理由がある」と認められるか否か（争点3）。

3　争点についての主張
(1)　争点1（本件各物件の建物の取得価額をどのように算定すべきか。）について

| 原処分庁 | 請求人 |
|---|---|
| イ　e州の固定資産税評価額による区分<br>　　土地及び建物を一括で購入し、かつ、各々の購入の代価が明らかでない場合、 | イ　e州の固定資産税評価額による区分<br>　　本件各固定資産税評価額は、本件各物件を担当したe州の査定官が、タウンハ |

租税負担の公平ないし実質主義の観点から、租税法の基本原則に合致する合理的な方法によって土地及び建物の購入の代価を区分し、建物の取得価額を算定する必要がある。

e州の固定資産税評価額は、物件の所有者が変更された場合、その変更された日の評価額をe州の査定官が評価し直すものであり、その評価の時期及び実施機関について合理性を有することから、本件各物件の売買代金を本件各固定資産税評価額の割合により区分する方法は合理的なものである。

請求人は、本件各固定資産税評価額が売買価格を戸建住宅用のアルゴリズムによって機械的に土地と建物に配分し得られたものである旨主張するが、その根拠とされるe州弁護士等の各報告書の記載内容は、実在性、権限、業務内容及び知見等すらも明らかでない供述者たる査定官に対し、e州弁護士等が、専ら請求人の利益となる証拠を作成することのみを念頭に、誘導的な手法で行った質問に由来するものであり、査定官がe州の法令等を遵守しないで評価額を算定したことを明らかにしたものとはいえないから、上記の各報告書をもって本件各固定資産税評価額の割合による方法が合理的でないとはいえない。仮に、請求人の主張の

ウスであって戸建住宅ではない本件各物件について、売買価格を戸建住宅用のアルゴリズムによって機械的に土地と建物に配分して算定しているものであり、適正な鑑定評価額を出すに当たって考慮されるべき個別事情を捨象した評価額である上、e州の法令等に従った方法で評価されていない。また、変更後本件平成30年取得物件各固定資産税評価額も、売買価格に一定の配分率を適用するという簡便的な方法によって評価されており、適正な鑑定評価額を出すに当たって考慮されるべき個別事情を捨象したものである。

そうすると、本件各物件の個別的な事情を適正に評価した適正な鑑定評価額がある場合には、かかる鑑定評価額の割合による方が合理的である。

なお、本件平成30年取得物件については、変更前本件平成30年取得物件各固定資産税評価額の評価に誤りがあり変更後本件平成30年取得物件各固定資産税評価額に変更されていることから、変更前本件平成30年取得物件各固定資産税評価額に合理性がないのは明らかである。

したがって、本件各固定資産税評価額及び変更後本件平成30年取得物件各固定資産税評価額の割合により区分する方法は、いずれも合理的でない。

とおり戸建住宅用のアルゴリズムによっ
ていたとしても、それは誤った処理や
不適切な処理ではなく、査定官が、本
件各物件の所有の態様、地積、建物の
構造その他の特性等に応じて、あえて
そのような評価を行ったものである。

　また、本件平成30年取得物件について
は、各固定資産税評価額が変更されてい
るが、上記の各報告書においても評価額
の見直しの根拠及び折衝の具体的な状況
が明らかでなく、請求人がe州弁護士を
通じて、減価償却費の金額が自身に有利
になるよう査定官に働きかけ、故意に作
出された可能性を排除できない。仮に、
上記の変更がe州の憲法や固定資産評価
規則等を逸脱しない範囲で行われたもの
であるとすると、変更後本件平成30年取
得物件各固定資産税評価額も合理性を欠
くものではないが、変更前本件平成30年
取得物件各固定資産税評価額は、所有者
が請求人に変更された日に算定されてい
ることを踏まえると、変更後本件平成30
年取得物件各固定資産税評価額よりも更
に高度の信用性を有するものといえる。

ロ　鑑定評価額による区分

　本件各不動産鑑定評価書は、省略して
はならないとされている実地調査が省略
されている上、価格形成要因や比準価格
の試算過程を具体的に示しておらず、米

ロ　鑑定評価額による区分

　本件各不動産鑑定評価書は、米国の不
動産鑑定士が米国の鑑定実務基準に準拠
して作成した不動産鑑定評価書を、日本
の不動産鑑定士が海外投資不動産鑑定評

| 国の不動産鑑定士が行った鑑定結果を追認するだけのものになっている。また、当該鑑定結果も、請求人がエンドユーザーであることを踏まえて、損益に係る各要素が価格形成に与える影響を考慮していないなど鑑定の重要な部分に著しい欠陥があり、信用できない。 | 価ガイドラインの「現地鑑定検証方式」に沿って検証して作成したものであり、これによる鑑定評価額は適正である。 |
|---|---|
| ハ 結論<br><br>　したがって、本件各物件の建物の取得価額は、本件各固定資産税評価額の割合により、本件各物件に係る土地及び建物の購入の代価を区分して算定すべきである。 | ハ 結論<br><br>　したがって、本件各物件の建物の取得価額は、本件各不動産鑑定評価書の鑑定評価額の割合により、本件各物件に係る土地及び建物の購入の代価を区分して算定すべきである。 |

(2) 争点2（本件各物件の土地の取得のために要した負債の利子の額をどのように算定すべきか。）について

| 原処分庁 | 請求人 |
|---|---|
| 　本件各物件の土地の取得のために要した負債の利子の額は、上記(1)の「原処分庁」欄の主張のとおり、本件各固定資産税評価額の割合により算出した土地の価額に基づいて、算定すべきである。 | 　本件各物件の土地の取得のために要した負債の利子の額は、上記(1)の「請求人」欄の主張のとおり、本件各不動産鑑定評価書の鑑定評価額の割合により算出した土地の価額に基づいて、算定すべきである。 |

(3) 争点3（本件各確定申告が過少申告となったことについて、通則法第65条第4項第1号に規定する「正当な理由がある」と認められるか否か。）について

| 請求人 | 原処分庁 |
|---|---|
| 　前回調査担当職員は、前回調査の際に、請求人から提示された本件平成27年取得物件に係る売買契約書や購入時の不動産鑑定 | 　前回調査担当職員が、前回調査において、請求人から本件平成27年取得物件に係る各売買契約書及び不動産鑑定評価書の提 |

評価書等を基に、請求人申告取得価額及びこれに基づく減価償却費の適否などについて十分な検討をしたはずであるにもかかわらず、請求人に何らの指摘もしなかった。このことは、本件各年分の所得税等に係る調査の担当職員が、当該調査結果の説明の際に、平成27年分の所得税等については、通則法第74条の11《調査の終了の際の手続》に規定する「新たに得られた情報に照らし非違があると認めるとき」に該当しない旨を説明していることからも明らかである。

そうすると、請求人は、請求人申告取得価額の算定は合理的であると判断されたものと理解することが通常であり、請求人がこれを改めることはおよそ期待できない。なお、租税法律主義の原則の例外となる信義則の法理の適用の場面と異なり、信頼の対象を税務署長等の権限のある者による何らかの見解の表示に限定する理由はない。

したがって、請求人が請求人申告取得価額及びその算定方法が正しいものであることを前提として行った本件各確定申告が過少申告となったことについては、真に納税者の責めに帰することのできない客観的な事情があり、納税者に過少申告加算税を賦課することが不当又は酷になる場合に当たるから、「正当な理由がある」と認められる。

示を受けた事実は認められないことから、請求人の主張はその前提を欠く。

また、仮にそうした事実が認められたとしても、前回調査担当職員が請求人申告取得額及びこれに基づく減価償却費の計算の是正を促さなかったこと自体は、税務署長等の権限のある者による何らかの見解の表示とはいえず、原処分庁がこれを確定的に是認したものでないことは明らかであり、請求人は、前回調査における前回調査担当職員による指摘とは関係なく、請求人申告取得価額の算定に誤りがないものと自ら誤信するに至ったにすぎない。

したがって、本件各確定申告が過少申告となったことについては、真に納税者の責めに帰することのできない客観的な事情があり、過少申告加算税の趣旨に照らしてもなお、納税者に過少申告加算税を賦課することが不当又は酷になる場合に当たるとはいえないことから、請求人に「正当な理由がある」とは認められない。

4 当審判所の判断

(1) 争点1（本件各物件の建物の取得価額をどのように算定すべきか。）について

イ 法令解釈

上記1の(2)のイの(ハ)のとおり、所得税法施行令第126条第1項柱書及び同項第1号は、購入した減価償却資産の取得価額は、当該資産の購入の代価（付随費用がある場合には、その費用の額を加算した金額）及び当該資産を業務の用に供するために直接要した費用の額の合計額とする旨規定している。そして、土地及び建物を一括して購入した場合の購入の代価について、その土地及び建物の個別の購入の代価が明らかでない場合には、租税負担の公平ないし実質主義の観点から、租税法の基本原則に合致する合理的な方法によってその土地及び建物の購入の代価を区分する必要があるものと解される。

ロ 認定事実

請求人提出資料、原処分関係資料並びに当審判所の調査及び審理の結果によれば、以下の事実が認められる。

(イ) e州の固定資産評価制度について

A e州の査定官事務所において固定資産税の評価を行う査定官は、固定資産の所有者が変更された場合、当該固定資産をその変更された日における完全現金価値で再評価することとされている。

B 完全現金価値とは、固定資産が売却のために市場で公開された場合、売主が購入者を見つけるために合理的な時間をかけて、当該固定資産の使途を知っている当事者間で、双方が利益を最大化しようとし、一方の当事者が他方の当事者の急迫の事情を利用できる立場にない場合に、市場において現金又は現金等価物で取引される価格をいうものとされている。

C 完全現金価値を見積もる際には、査定官は、比較販売アプローチ、ストックアンドデットアプローチ、交換又は再生産原価法、過去の原価法及び収益法のうち、評価対象の固定資産に適していると思われる一つ以上を考慮しなければならないこととされている。

D 固定資産の所有者は、固定資産税の評価額に同意できない場合、査定官事務所に対し評価額の見直しを依頼することができ、それでも満足のいく結果が出ない場合は、監査異議申立委員会に異議申立てをすることができる。

(ロ) 本件各不動産鑑定評価書について

A 本件各不動産鑑定評価書は、請求人の依頼に基づき、米国の不動産鑑定士が米国の鑑定評価基準に準拠して行った本件各物件の不動産鑑定評価について、日本の不動産鑑定士がその判断の妥当性及び評価額の適正性を検証した上で、その検証結果を日本の不動産鑑定評価基準等に基づいて評価し、鑑定評価額を決定したものである。

B 本件各不動産鑑定評価書は、請求人が本件各物件を取得した時の適正な土地価格（土地割合）を算定することを目的とし、本件各物件の類型を「区分所有建物及びその敷地」と認定した上で、まず、取引事例比較法により土地及び建物一体の価格を求め、次に、取引事例比較法により算定した造成前の土地の価格に造成費用（デベロッパー等からの聴取及び現地の不動産鑑定評価の慣習に従って査定したもの）を加えて造成後の土地の価格を求めている。

C 上記を基に算定された本件各物件の鑑定評価額（土地並びに土地及び建物）は、別表4のとおりである。

D 本件各不動産鑑定評価書によれば、本件平成27年取得物件及び本件平成29年取得物件は、いずれも、100戸以上の集合住宅（タウンハウス）として開発された区画のうちの一戸であり、各戸が2階建てである。

(ハ) 請求人が当審判所に提出した各報告書（以下、下記AからDまでの各報告書を併せて「本件各報告書」という。）について

A 2021年11月19日付の報告書による報告内容について

e州弁護士のH（以下「H弁護士」という。）は、請求人から依頼を受けて、e州f郡の査定官事務所の査定官であるJ（以下「本件査定官」という。）から聴取等した内容として、要旨、以下のとおり報告した。

(A) 請求人がUNIT #〇を購入した際に行った土地及び建物の評価は、購入時の売買価格を、住宅を対象とした当局の算定システムに入力することにより機械的に行われた。

(B) 上記(A)の算定システムに設定されているアルゴリズムは、一般的に戸建住宅に適用されるものであり、入力された売買価格が戸建住宅の売買価格として設定されている範囲であれば、あらかじめ設定された配分率により自動的に売買価格が土地と建物に配分される。

(C)  UNIT ＃○の物件については、請求人が購入した際の土地及び建物の評価額が見直され、コンドミニアム／タウンハウスに適用される土地と建物の配分率を適用され、土地が○○○○米ドル、建物が○○○○米ドルに変更された。

B  2022年1月24日付の報告書による報告内容について

　　H弁護士は、請求人から依頼を受けて、UNIT ＃○と同じ2018年3月28日に購入したUNIT ＃○及びUNIT ＃○の評価額の見直しに関して本件査定官から聴取等した内容として、要旨、以下のとおり報告した。

(A)  UNIT ＃○及びUNIT ＃○の評価額は変更されることになった。また、これらの物件の変更前の土地及び建物の評価についても、上記Aの(A)と同様、アルゴリズムで処理されていた。

(B)  本件査定官は、過去1年間（おおむね令和3年）、e州f郡g市の全ての戸建住宅、コンドミニアム、タウンハウス及び投資目的の売買物件の評価業務を担当していたが、評価業務の対象となる売買物件が多数あるため、通常、実務的な理由で固定資産税に関するルールで定められた評価手法による評価を行っていない。具体的には、課税当局のオーナーシップ部門に土地名義変更が申請された時点で、売買価格や日付などの情報が、戸建住宅用のアルゴリズムが設定されたシステムに入力される。売買価格が当該アルゴリズムに設定された価格の範囲内にある限り、当該アルゴリズムにより算定された土地と建物の配分がそのまま使われる。当該システムを使って処理される場合、査定官の関与は一切ないし、法で定められた土地及び建物の価値評価は、一切行われない。

(C)  上記(B)のような方法で処理されている理由は、一人の査定官が対象地区で日常的に売買される多数の物件について、一件ごとに評価を行うのは困難であり、また、減価償却などの税務上の目的では、固定資産税の評価における配分ではなく、それ以外の配分が使われていることが通常であるためである。

(D)  本件平成30年取得物件（UNIT ＃○、UNIT ＃○及びUNIT ＃○）の土地と建物の評価額の変更においては、アルゴリズムを使わず、上記Aの(C)と同旨の配分率を適用したが、これも固定資産税に関するルールで定めら

れた評価手法が使われたわけではない。

C　2022年4月18日付の報告書による報告内容について

　　H弁護士は、請求人から依頼を受けて、ｅ州ｆ郡の査定官事務所に別表
１の順号１のUNIT＃○及び順号10のUNIT＃○の各物件の固定資産税の
評価方法を問い合わせたところ、「Ｋ」を用いた旨の回答があったことに関
し、同事務所の査定官であるＬから聴取等した内容として、要旨、以下のと
おり報告した。

⑷　Ｋは、純粋に数学的な回帰分析によるものであって、該当する市場の戸
　建住宅物件の場所、敷地面積、居住面積、アメニティ（ベッドルーム数や
　バスルーム数など）を考慮したアルゴリズムが設定されている。土地と建
　物の配分の算出基準は、当該地区の管理者である査定官が毎年査定し、調
　整している。例えば、古い物件と新しい物件では、実際には土地と建物の
　配分比率が違うこともあるはずであるが、Ｋでは設定された一律の基準で
　土地及び建物の評価配分が行われている。また、コンドミニアムでは、敷
　地面積は関係ないが、Ｋでは戸建住宅と同じ基準で評価される。Ｋは2005
　年くらいから使われている。

⑻　Ｋと同種の大量評価システムとして「Ｍ」がある。Ｍは、販売価格をＫ
　に入力した後、問題があるとして拒否された場合、査定官がその物件を個
　別に検証する場合に使われる。Ｍも大量評価システムであるが、査定官が
　さらに適切と思われるデータや基準を選択して入力し、比較することによ
　って再評価する。

D　2022年１月10日付の「ｆ郡の評価官による土地と建物の配分に関する報告
　書」による報告内容について

　　米国の固定資産税分野で豊富な経験を持つＮは、ｅ州ｆ郡の査定官事務
　所から聴取等した内容について、要旨、以下のとおり報告した。

⑷　不動産の販売価格を土地の価格と建物の価格の２つの要素に分ける作業
　は、ｅ州の法律上の義務があるために行われる。

⑻　本件各物件については、別表２の「変更前の評価額」欄と同様の価額で
　評価額が算定され、土地と建物の配分比率に係る査定官事務所の内部シス
　テムとして、UNIT＃○（別表２の順号９の物件）についてはＭが、残り

の12物件についてはＫが使用されていた。

(C)　本件各物件は、ｆ郡内の大量の不動産を評価しやすくするために、コンピュータ支援の大量評価ツールと価格処理システムを用いて評価された。査定官事務所は、価値が公正であることを確認するために、販売価格をｅ州の憲法に規定されている○○の基準年度の価格として受け入れる前に、報告された販売価格があらかじめ定められた範囲内に収まっていることを確認した上で、大量評価手法を採用している。

ハ　検討

(イ)　本件各物件については、上記１の(3)のロのとおり、請求人がいずれも土地及び建物をそれぞれ一括で購入しているにもかかわらず、本件各物件の売買契約では、その土地及び建物の各々の代価の金額が明らかでないことから、上記イのとおり、合理的な方法によって本件各物件の土地及び建物の購入の代価を区分する必要がある。

この点、上記ロの(イ)のＡのとおり、ｅ州の固定資産評価制度では、固定資産について所有者の変更があった場合、査定官事務所の査定官により、その変更日における完全現金価値によって、当該固定資産の土地及び建物の価額が再評価される。ここでいう完全現金価値とは、上記ロの(イ)のＢのとおり、公開市場における合理的な当事者間で形成される市場価格であるとされるから、再評価されるべき価額は、新たな所有者が固定資産を取得した時点の公平な市場価格を反映したものであるといえる。そして、上記ロの(イ)のＣのとおり、完全現金価値の評価に当たっては、我が国において不動産鑑定評価の基本的な手法とされる取引事例比較法（比較販売アプローチ）、原価法及び収益法を含む複数の手法から評価対象の固定資産に適していると思われる手法を考慮するものとされており、合理的な評価基準によって評価される。これらに加えて、上記ロの(イ)のＤのとおり、二審制の不服申立制度という評価結果の合理性を担保する制度が設けられていることも考慮すると、ｅ州の固定資産税評価額は、その制度上、土地及び建物のいずれの評価額についても、同一の公的機関が同一時期に合理的な評価基準によって、固定資産の所有者変更時点の市場価格を評価するものであるといえる。

そうすると、本件各固定資産税評価額は、上記のとおり同一の公的機関が同

一時期に合理的な評価基準によって、請求人が本件各物件の所有権を取得した時点の市場価格を評価するものであると推認されるから、本件各物件の土地及び建物の購入の代価を算定するに当たっても、かかる推認を妨げる特段の事情がない限り、本件各固定資産税評価額の割合によって区分するのが合理的である。

(ロ) そして、本件各固定資産税評価額のうち本件平成30年取得物件に係る分については、上記1の(3)のハの(ロ)のとおり、変更されているのであるから、本件平成30年取得物件の土地及び建物の購入の代価を算定するに当たっては、上記(イ)の特段の事情がない限り、変更後本件平成30年取得物件各固定資産税評価額によって区分することとなる。

(ハ) ところで、請求人は、上記3の(1)の「請求人」欄のイのとおり、本件平成27年及び29年取得物件各固定資産税評価額並びに変更後本件平成30年取得物件各固定資産税評価額は、合理的な評価基準によらず、アルゴリズムによる機械的な手法や売買価格に一定の配分率を適用する簡便的な手法によって算定されたものである旨主張することから、これらの各評価額に上記(イ)の特段の事情があるかどうかが問題となる。

この点、一般に、米国においては、とりわけ住宅の評価において、多数の取引事例データを収集、整理し、これを統計的、多角的に分析して評価モデルを構築し、これを活用して評価額を推認する手法が広範に採用されているが、このような評価手法は、多数の取引事例データを収集しているのであって、比較販売アプローチなどの手法に準ずるものといえる。そして、e州においては、土地と建物が別々に評価されずに取引されており、また、上記ロの(イ)のAのとおり、固定資産の所有者が変更された場合に当該固定資産の再評価が求められており、膨大な量の評価業務を迅速に行う必要がある。このような状況において固定資産を再評価する際に、実際の取引価格を基に、多数の取引事例データを基に構築された適切なアルゴリズムなどに基づく配分率などにより土地及び建物に配分するなど、上記のような評価モデルを活用する必要性があることは否定できず、仮に請求人が主張するようなアルゴリズムなどによる算定がされているとしても、その手法も上記と同様、比較販売アプローチなどの手法に準ずる評価手法であるといえる。

また、仮にアルゴリズムによる評価がされる場合であっても、上記ロの(ハ)の

Ｄの(Ｃ)及び同Ｃの(Ｂ)の各報告書の記載内容からすれば、アルゴリズム(Ｋ)による評価は、公正なものかどうか判断するために、一定の基準の範囲内に収まっているかどうかのテストを経ているとされ、Ｋによる評価が拒否された場合には、売買価格に一定の配分率を適用する手法(Ｍ)により評価し直されることとなるが、その評価は、査定官がさらに適切と思われるデータや基準を入力して行われる。そして、それらの基準の範囲については査定官事務所が定めているところ、本件各報告書によっても、その範囲を上記ロの(イ)のＣの各種手法によらずに算出しているとまでは認められない。

　そうすると、仮に本件平成27年及び29年取得物件各固定資産税評価額並びに変更後本件平成30年取得物件各固定資産税評価額がこのようなアルゴリズムなどによって算定されていたとしても、かかる方法が、上記ロの(イ)のＣで示されている各種手法による合理的な評価基準によっていないとは認められない。

　したがって、仮に請求人が主張するように、本件平成27年及び29年取得物件各固定資産税評価額並びに変更後本件平成30年取得物件各固定資産税評価額が、アルゴリズムなどによって算定されたものであったとしても、それ自体が上記(イ)の特段の事情に当たるとまではいえない。

㈡　また、請求人は、上記３の(1)の「請求人」欄のイのとおり、本件各物件がタウンハウスであったにもかかわらず、本件各固定資産税評価額は、戸建住宅用のアルゴリズムにより算定されていた旨主張し、これに沿う本件各報告書を提出している。そして、本件各固定資産税評価額のうち、変更前本件平成30年取得物件各固定資産税評価額については、上記１の(3)のハの(ロ)のとおり、各固定資産税評価額が変更されたのであるから、本件平成27年及び29年取得物件各固定資産税評価額について、かかる事情が認められるか、認められた場合に上記(イ)の特段の事情に当たるかが問題となる。

　この点、仮に、本件平成27年取得物件及び本件平成29年取得物件について、上記ロの(ハ)のＢの(Ｂ)のとおり、課税当局に不動産の名義変更申請がなされた際に、各売買価格等が戸建住宅用のアルゴリズムが設定された大量評価システム(Ｋ)に入力され、これにより当該各売買価格が土地及び建物に配分され、当該配分額をもって本件平成27年及び29年取得物件各固定資産税評価額と算定されたとしても、同(ロ)のＤのとおり、本件平成27年取得物件及び本件平成29年取得物

件は、いずれも、日本の分譲マンションの一室のようなものではなく、２階建ての戸建住宅の集合体のような形状であることがうかがわれるのであって、本件各物件が戸建住宅用のアルゴリズムに適する物件ではないとは、当然にはいえない。

加えて、Kによる評価は、上記ロの(ハ)のCの(B)のとおり、問題があるとされた場合にはMによって評価し直されるとされているのであって、同Dの(B)のとおり、UNIT＃○については、一度Kに入力して出された評価額を不適切なものとしてMにより再評価されたものとされているから、再評価されずにKに入力して出された評価額をもって本件平成27年及び29年取得物件各固定資産税評価額とされたのであれば、その評価額がMによって評価し直すべきものではないと判断されたものである。

そして、上記ロの(イ)のA及びCのとおり、e州の法令等により、査定官は、評価対象の固定資産をその所有者の変更日における完全現金価値で再評価する場合、当該固定資産に適していると思われる方法により当該完全現金価値を見積もるという評価制度になっている。これらのことからすれば、本件平成27年取得物件及び本件平成29年取得物件についてKに入力して評価されたのだとしても、それは査定官が各物件の形状等を考慮し、これらの物件の売買価格を合理的に配分するためKに入力し、又はその入力した結果である各評価額の正当性も吟味した上で、あえてこれらの結果である各評価額を本件平成27年及び29年取得物件各固定資産税評価額として採用したものと考えられる。

さらに、本件各報告書においても、本件平成27年及び29年取得物件各固定資産税評価額に戸建住宅用のアルゴリズムを適用したことがe州の法令等に反する旨の直接的な記載はないことも併せて考えると、本件平成27年及び29年取得物件各固定資産税評価額がKに入力して出された評価額であったとしても、直ちにe州の法令等に反する評価方法が用いられたとは認められない。

なお、本件平成30年取得物件については各固定資産税評価額が変更されているが、これは請求人からの問合せを受けてKによる評価から査定官による個別評価に評価方法を変更し、査定官事務所としてより適切と考える各固定資産税評価額に変更したものと解されるのであって、本件各報告書によっても、Kに入力して行った当初の評価方法がe州の法令等に反していたことまでは認めら

れない。

(ホ)　以上を総合すれば、本件平成27年及び29年取得物件各固定資産税評価額並び
　　　に変更後本件平成30年取得物件各固定資産税評価額については、上記(イ)の特段
　　　の事情に当たると評価すべき事実は認められず、また、当審判所の調査の結果
　　　によっても当該事実は認められないから、本件各物件の建物の取得価額を算定
　　　するに当たっては、本件各物件の購入の代価を本件平成27年及び29年取得物件
　　　各固定資産税評価額並びに変更後本件平成30年取得物件各固定資産税評価額の
　　　割合によって区分して算定すべきである。

ニ　原処分庁の主張について

　　　原処分庁は、上記3の(1)の「原処分庁」欄のイのまた書のとおり、変更後本件
　　平成30年取得物件各固定資産税評価額について、請求人がH弁護士を通じて自身
　　に有利になるよう働きかけ、故意に作出させた可能性が排除できず、また、変更
　　前本件平成30年取得物件各固定資産税評価額は、所有者が請求人に変更された日
　　に算定されていることを踏まえると、変更後本件平成30年取得物件各固定資産税
　　評価額よりも更に高度の信用性を有するとして、変更前本件平成30年取得物件各
　　固定資産税評価額の割合により区分すべきである旨主張する。

　　　しかしながら、上記ロの(イ)のDのとおり、e州では、固定資産の所有者がその
　　固定資産税評価額に同意できない場合、その評価額の見直しを求める不服申立制
　　度があるのであるから、請求人が原処分庁の主張するような働きかけをする必要
　　性自体乏しい。仮に原処分庁が主張するような働きかけがあったとしても、査定
　　官としては、請求人の要請に応じることなく、上記の不服申立ての手続を執るよ
　　う請求人に促せば足りるはずである。そして、かかる制度がある以上、一度評価
　　された固定資産税評価額が事後に変更され得ることは予定されており、査定官の
　　職権により事後に変更されることがあったとしてもそのこと自体何ら不自然なこ
　　とではないから、このことをもって故意に作出させたなどということができない
　　ことは明らかである。

　　　したがって、本件平成30年取得物件の各固定資産税評価額に関する原処分庁の
　　主張は採用できない。

ホ　請求人の主張について

(イ)　請求人は、上記3の(1)の「請求人」欄のとおり、e州の固定資産税評価額は、

適正な鑑定評価の過程において考慮の対象とされるような資産の個別的な事情が捨象されたものであるから、本件各物件の建物の取得価額は、適正に鑑定された本件各不動産鑑定評価書の鑑定評価額の割合により本件各物件に係る土地及び建物の購入の代価を区分して算定すべきである旨主張する。

　　しかしながら、そもそも、本件各不動産鑑定評価書は、次のとおり、いずれも合理性を欠く点が見受けられる。

㈠　すなわち、不動産鑑定評価基準（平成14年7月3日付国土交通事務次官通知）各論の第1章の第1節のⅠの2及び第2節のⅣの2の(2)などによれば、①本件各物件のような区分所有建物及びその敷地で、専有部分が賃貸されているものについての鑑定評価額は、収益価格を標準とし、積算価格及び比準価格を比較考量して決定するものとされ、②本件各物件の土地のような建付地についての鑑定評価額は、更地価格に建付地補正（増減価修正）を行って求めた価格を標準とし、配分法に基づく比準価格及び土地残余法による収益価格を比較考量して決定するものとされている。

　　これに対して、本件各不動産鑑定評価書の鑑定評価額は、上記ロの㈹のＡのとおり、上記の不動産鑑定評価基準に基づいているとされているにもかかわらず、同Ｂのとおり、本件各不動産鑑定評価書では、本件各物件の建物の評価額について、取引事例比較法により評価した土地及び建物の一体として算定した評価額から、土地の評価額（取引事例比較法により評価した更地の土地の評価額に造成費用を加えたもの）を差し引いて算定する方法のみにより評価しており、上記の不動産鑑定評価基準に定められた方法等を遵守していない理由についても、明らかにされていない。

㈢　加えて、同一の不動産を鑑定評価する場合、鑑定手法が異なればその評価額は異なるのが通常であるにもかかわらず、本件各不動産鑑定評価書の鑑定評価額は、基本的な評価手法とされる原価法、取引事例比較法及び収益還元法の三手法により試算しこれらの関連性を検討するといった手法が行われておらず、上記㈹のとおり、土地及び建物の一体の評価額並びに土地単体の評価額を算定項目ごとに異なった鑑定手法により算定し、さらに、これらを単純に加減して評価額を算定しているものである。

㈣　これらの点に照らすと、本件各不動産鑑定評価書は本件各物件の個別的な事

情を考慮した適正な鑑定であるとはいえず、本件各物件の建物の取得価額を算定するに当たっては、本件各不動産鑑定評価書の鑑定評価額の割合によって区分する方法は採用できないから、請求人の主張には理由がない。

(2) 争点2（本件各物件の土地の取得のために要した負債の利子の額をどのように算定すべきか。）について

イ　法令解釈

　　措置法第41条の4第1項は、不動産所得の金額の計算上生じた損失の金額がある場合において、当該年分の不動産所得の金額の計算上必要経費に算入した金額のうちに不動産所得を生ずべき業務の用に供する土地等を取得するために要した負債の利子の額があるときは、当該損失の金額のうち当該負債の利子の額に相当する部分の金額として政令で定めるところにより計算した金額は、所得税法第69条第1項の規定その他の所得税に関する法令の規定の適用については、生じなかったものとみなす旨規定している。そして、土地及び建物を各々の対価を区分せずに一括して購入し、購入代金の全額を借入れにより賄った場合、その借入れに係る利子は土地及び建物の両方を取得するために要したものといえるから、土地等を取得するために要した負債の利子の額を算定するには、当該利子の額を土地及び建物の各取得の対価の額によって区分する必要がある。そして、売買契約でそれらの各取得の対価の額が明らかではない場合には、租税負担の公平ないし実質主義の観点から、租税法の基本原則に合致する合理的な方法によって土地及び建物の取得の対価の額を区分する必要があるものと解される。

ロ　当てはめ及び双方の主張に係る判断

　　上記(1)のハの㊥のとおり、本件各物件の土地及び建物の購入の代価を算定するに当たっては、本件平成27年及び29年取得物件各固定資産税評価額並びに変更後本件平成30年取得物件各固定資産税評価額の割合によって区分して算定すべきである。したがって、本件各物件の土地の取得のために要した負債の利子の額は、本件各物件を取得するための借入れに係る利子の合計額に、上記1の(3)のイの各借入金額に対する土地に係るこれらの評価額の割合を乗じる方法によって算定すべきであり、この方法で算定すると、平成28年分及び平成29年分については原処分における金額と同額となり、平成30年分については別表6の⑪欄のとおりとなり、原処分における金額（○○○○円）を下回る。

これに対し、原処分庁及び請求人は、上記３の(2)の「原処分庁」欄及び「請求人」欄のとおり主張するが、これらの主張に理由がないことは上記(1)のニ及びホのとおりである。

(3) 争点３（本件各確定申告が過少申告となったことについて、通則法第65条第４項第１号に規定する「正当な理由がある」と認められるか否か。）について

　イ　法令解釈

　　過少申告加算税は、過少申告による納税義務違反の事実があれば、原則としてその違反者に対して課されるものであり、これによって、当初から適正に申告し納税した納税者との間の客観的不公平の実質的な是正を図るとともに、過少申告による納税義務違反の発生を防止し、適正な申告納税の実現を図り、もって納税の実を挙げようとする行政上の措置である。

　　この趣旨に照らせば、過少申告があっても例外的に過少申告加算税が課されない場合として通則法第65条第４項第１号に規定する「正当な理由がある」と認められる場合とは、真に納税者の責めに帰することのできない客観的な事情があり、上記のような過少申告加算税の趣旨に照らしてもなお納税者に過少申告加算税を賦課することが不当又は酷になる場合をいうものと解するのが相当である。

　ロ　当てはめ

　　請求人は、上記３の(3)の「請求人」欄のとおり、前回調査の際に、前回調査担当職員が、請求人から提示された売買契約書や購入時の不動産鑑定評価書等を基に、請求人申告取得価額及びこれに基づく減価償却費の適否などについて十分な検討をしたはずであるにもかかわらず、請求人に何らの指摘もしなかったから、請求人申告取得価額の算定は合理的であると判断されたものと理解することが通常であり、本件各確定申告が過少申告となったことについて、真に請求人の責めに帰することのできない客観的な事情がある旨主張する。

　　しかしながら、請求人の主張を前提としても、前回調査担当職員の言動は、請求人申告取得価額及びこれに基づく減価償却費の適否などについて請求人に何らの指摘をしなかったというものにすぎず、請求人の税務処理に対して、これを是認するような見解を外部に示したものとはいえないから、本件各確定申告が過少申告になったことについて、真に請求人の責めに帰することのできない客観的な事情があるということはできず、その他にかかる事情があると評価できる事実も

認められない。

　したがって、本件各確定申告が過少申告となったことについて、通則法第65条第4項第1号に規定する「正当な理由がある」とは認められない。

(4)　本件各更正処分の適法性について

　本件各物件の建物の取得価額は、上記(1)のハの(ホ)のとおり、本件平成27年及び29年取得物件各固定資産税評価額並びに変更後本件平成30年取得物件各固定資産税評価額の割合によって区分して算定すべきであり、この方法により本件各物件の建物の取得価額を算定すると別表5の「⑤建物の取得価額」欄のとおりとなる。この結果、本件各物件の建物の取得価額は、本件平成27年取得物件及び本件平成29年取得物件については原処分における金額と同額となるが、本件平成30年取得物件については原処分における金額を上回る。これを基にして本件各年分の減価償却費の金額及び不動産所得の金額を計算すると、平成28年分及び平成29年分については原処分における金額といずれも同額となるが、平成30年分の減価償却費については、別表7の付表の「⑥減価償却費の金額」欄の「合計」欄（及び別表7の③欄）のとおりとなり、原処分における金額（○○○○円）を上回る。

　また、本件各物件の土地の取得のために要した負債の利子の額は、上記(2)のロで述べた方法により算定すべきであり、この方法により算定した当該負債の利子の額は、平成28年分及び平成29年分については原処分における金額といずれも同額となるが、平成30年分については別表6の1⑪欄（及び別表7の⑨欄）のとおりとなり、原処分における金額（○○○○円）を下回る。

　さらに、原処分のうち平成30年分については、借入金利子の額に計算誤りがあると認められ、当審判所が認定した借入金利子の額は別表7の⑤欄のとおりである。

　以上を踏まえて本件各年分の請求人の所得税等の還付金の額に相当する税額を算定すると、平成28年分及び平成29年分についてはいずれも原処分の金額と同額となるが、平成30年分については別表8のとおりとなり、原処分の金額を上回る。

　したがって、本件各更正処分のうち、平成28年分及び平成29年分の各更正処分はいずれも適法であるが、平成30年分の更正処分はその一部を別紙の「取消額等計算書」のとおり取り消すべきである。

　なお、本件各更正処分のその他の部分については、請求人は争わず、当審判所に提出された証拠資料等によっても、これを不相当とする理由は認められない。

(5) 本件各賦課決定処分の適法性について

　　上記(4)のとおり、本件各更正処分のうち、平成28年分及び平成29年分の各更正処分はいずれも適法であり、平成30年分の更正処分はその一部を取り消すべきであるところ、上記(3)のロのとおり、本件各更正処分により納付すべき税額の計算の基礎とされた事実が更正処分前の税額の計算の基礎とされていなかったことについて、通則法第65条第4項第1号に規定する「正当な理由」があるとは認められない。

　　また、上記1の(4)のロのとおり、平成28年12月31日分国外財産調書及び平成30年12月31日分国外財産調書は、いずれも提出期限内に提出され、それぞれ本件平成27年取得物件及び本件各物件が記載されていることから、いずれも国送金等調書法第6条第1項に規定する更正の基因となる国外財産についての記載があるときに該当する。一方で、上記1の(4)のロのとおり、平成29年12月31日分国外財産調書については提出期限後に提出されているものの、当該国外財産調書の提出が、当該国外財産調書に係る国外財産に係る所得税についての調査があったことにより当該国外財産に係る所得税について更正があるべきことを予知してされたものではないから、平成29年12月31日分国外財産調書は、同条第4項により提出期限内に提出されたものとみなされ、当該国外財産調書には本件平成27年取得物件及び本件平成29年取得物件が記載されていることから、同条第1項に規定する更正等の基因となる国外財産についての記載があるときに該当する。そうすると、本件各年分の過少申告加算税の額は、通則法第65条の規定に基づき計算した金額から、国送金等調書法第6条第1項の規定により計算した金額を控除することとなる。

　　そして、本件各年分の過少申告加算税の額についてみると、本件各賦課決定処分のうち、平成28年分及び平成29年分については、当審判所においても原処分における過少申告加算税の額といずれも同額となる。他方、平成30年分については、上記(4)のとおりその更正処分の一部が取り消されることにより、その過少申告加算税の額の計算の基礎となるべき税額は本件賦課決定処分における基礎となる税額を下回るが、原処分において通則法第65条第2項の規定に基づく加算がされていなかったことから、当審判所において過少申告加算税の額を計算すると○○○○円となり、原処分の額を上回る。したがって、本件各賦課決定処分はいずれも適法である。

(6) 結論

　　よって、審査請求は理由があるから、原処分の一部を取り消すこととする。

別表1　本件各物件の一覧（省略）

別表2　本件各物件に係るe州の固定資産税評価額（省略）

別表3　審査請求に至る経緯（省略）

別表4　本件各不動産鑑定評価書の鑑定評価額（省略）

別表5　本件各物件の建物の取得価額（審判所認定額）（省略）

別表6　土地等を取得するために要した負債の利子の額（審判所認定額）（省略）

別表7　不動産所得の金額（審判所認定額）（省略）

別表7の付表　本件各物件の建物に係る減価償却費の金額（審判所認定額）（省略）

別表8　所得税等の還付金の額に相当する税額（審判所認定額）（省略）

別紙　取消額等計算書（省略）

# 三　法人税法関係

〈令和 4 年10月〜12月分〉

**事例4 （その他の経費の支払事実の有無）**

> **請求人が支払った客引きに対する報酬について原処分庁の認定額を超えると判断した事例**（①平成29年6月1日から平成30年5月31日までの事業年度以後の法人税の青色申告の承認の取消処分、②平成29年6月1日から平成30年5月31日までの事業年度の法人税の更正処分並びに過少申告加算税及び重加算税の各賦課決定処分、③平成29年6月1日から平成30年5月31日までの課税事業年度の地方法人税の更正処分並びに過少申告加算税及び重加算税の各賦課決定処分、④平成29年6月1日から平成30年5月31日までの課税期間の消費税及び地方消費税の更正処分並びに過少申告加算税及び重加算税の各賦課決定処分、⑤平成30年6月1日から令和元年5月31日までの事業年度の法人税の更正処分、⑥平成30年6月1日から令和元年5月31日までの課税事業年度の地方法人税の更正処分、⑦平成30年6月1日から令和元年5月31日までの課税期間の消費税及び地方消費税の更正処分及び無申告加算税の変更決定処分・①④棄却、②③一部取消し、⑤⑥⑦却下・令和4年12月21日裁決）
>
> 《ポイント》
>
> 　本事例は、請求人が収支の管理に使用していた封筒に記載された内容には信用性があると判断し、その記載内容から、請求人が客引きに対して支払った報酬の額は原処分庁が損金の額に算入した金額を超えるとして、原処分の一部を取り消した事例である。

《要旨》

　原処分庁は、請求人が客引きに役務の提供の対価として支払った報酬（本件客引き報酬）であると主張する金額について、請求人が日々の売上金額及び支出金額等を記載した封筒（本件各封筒）を保管しているものの、そのほとんどについて支出の実態を確認することができないことなどを理由に、原処分庁が認定した金額を超える部分については本件客引き報酬であるとは認められない旨主張する。

　しかしながら、本件各封筒のうち、支出金額の使途として「給料」等の文言を記載したもの、又は支払の相手方として氏名等を記載したものであり、かつ、他の使途に係る支出金額と区分して記載したものについては、請求人が複数の客引きらから役務の提供

を受け、本件客引き報酬を支払った事実及びその金額が記録されたものと認められる。
したがって、上記の認定ができる支出金額については、本件客引き報酬として損金の額
に算入すべきと認められる。


《参照条文等》
　　法人税法第22条

（令和4年12月21日裁決）

《裁決書（抄）》

1　事　実

（1）　事案の概要

　　本件は、原処分庁が、審査請求人（以下「請求人」という。）において飲食店売上高の一部及び専売料収入の一部を請求人の帳簿に記録せずに売上げその他の収入を脱漏し、これに基づいて過少申告をしたなどとして法人税の青色申告の承認の取消処分並びに法人税等及び消費税等の更正処分等を行ったのに対し、請求人が、原処分は事務運営指針に反した違法又は不当な処分であるなどとして、その全部の取消しを求めた事案である。

（2）　関係法令等

　　別紙1のとおりである。

　　なお、別紙1で定義した略語については、以下、本文及び別表においても使用する。

（3）　基礎事実

　　当審判所の調査及び審理の結果によれば、以下の事実が認められる。

　イ　請求人について

　　（イ）　請求人は、飲食店、居酒屋、スナック、カラオケ店の経営等を目的とする内国法人であり、請求人の事業年度は毎年6月1日から翌年5月31日までである（以下、請求人の平成29年6月1日から平成30年5月31日まで及び平成30年6月1日から令和元年5月31日までの各事業年度を、順次「平成30年5月期」及び「令和元年5月期」といい、これらを併せて「本件各事業年度」という。）。

　　　　なお、請求人の代表取締役は、本件各事業年度を通じてH1（以下「H1代表」という。）である。

　　（ロ）　請求人は、本件各事業年度において、次表の1ないし3の各飲食店を営業し、これに加えて、平成30年9月から平成31年4月までの間は、次表の4の飲食店を営業していた（以下、次表の1ないし4の各飲食店をそれぞれ「h店」、「i店」、「j店」及び「k店」といい、これらを併せて「本件各店舗」という。）。

|  | 名称又は屋号 | 所在地 |
|---|---|---|
| 1 | K　h店（h店） | m市n町〇-〇 |
| 2 | L　i店（i店） | p市q町〇-〇 |
| 3 | K（j店） | r市s町〇-〇 |
| 4 | M（k店） | t市u町〇-〇 |

(ハ)　N社（現在の商号をP社という。）は、健康食品等の企画、販売等を目的とする内国法人であり、N社の代表取締役は、平成29年6月1日から令和元年5月31日までの間を通じて、H1代表の妻であるH2であった。

ロ　本件各店舗の売上げのクレジットカード決済について

(イ)　請求人は、遅くとも平成29年4月頃までに、N社を名義人として、Q社との間でクレジットカード決済契約を締結し、本件各店舗における売上げの一部について、クレジットカード決済を行っていた。

　　なお、本件各店舗における売上げは、クレジットカード決済が行われるものを含めて、その全額が請求人に帰属する。

(ロ)　平成30年5月期におけるj店及びh店のクレジットカード売上げに係る売上金額（以下「本件カード売上げ」という。）及びQ社への売上手数料は、それぞれ別表1-1及び別表1-2のとおりであり、本件カード売上げの合計金額は14,586,091円である。

(ハ)　Q社は、平成29年6月12日から平成30年6月11日までの間、本件カード売上げからQ社への売上手数料を差し引いた金額（別表1-1及び別表1-2の各「差引振込金額」欄に記載の金額、別表1-1の（注）の31,500円及び別表1-2の（注）2の17,075円）を、N社名義のR銀行〇〇支店の普通預金口座（以下「本件N社口座」という。）に入金した。

　　N社では、本件N社口座に入金された本件カード売上げからQ社への売上手数料を差し引いた金額の全額をN社の総勘定元帳の「短期借入金」勘定に計上している。

ハ　j店及びh店に係るS社の専売契約について

　　請求人は、S社との間で、平成28年12月1日付及び平成29年3月10日付で、それぞれ、j店及びh店を対象店舗として、当該各店舗で販売する酒類等をS社及び同社のグループ会社が製造又は販売する製品のみとすることを確約する対価で

ある専売料として、それぞれ、同年1月31日までに○○○○円及び同年3月31日までに○○○○円を請求人が指定する預金口座への振込みにより支払を受ける旨の契約を締結した。上記の各専売料は、同年1月31日及び同年3月31日に、いずれも請求人名義の預金口座に振り込まれ、当該各日付で請求人の総勘定元帳の「雑収入」勘定に計上されている。

　なお、請求人は、平成29年6月28日付で、S社との間で、i店を対象店舗として、上記各契約と同様の契約（以下「本件専売契約」といい、本件専売契約に係る契約書を「本件専売契約書」という。）を締結し、S社は、同年7月31日、H1代表名義の預金口座に専売料として○○○○円（以下「本件専売料」という。）を振り込んだ。

ニ　請求人とT社との間の取引状況等について

　請求人は、T社との間で、請求人がT社に対しチラシの配布等を業務の内容とする営業代行サービスを委託し、当該チラシを持った客が、請求人が営業する店舗に入店した場合には、当該客に係る飲食代金の一定割合を対価として支払う旨の契約（以下「本件営業代行サービス契約」という。）を締結した。

ホ　請求人の会計処理等について

(イ)　請求人の総勘定元帳について

　A　請求人は、本件各事業年度において、総勘定元帳の作成をU社に委託していた。

　　なお、U社において、同社の従業員であるH3（以下「本件帳簿作成担当者」という。）は、請求人の帳簿作成を担当し、同じくH4（以下「本件連絡担当者」という。）は、請求人との連絡を担当していた。

　B　請求人の平成30年5月期の総勘定元帳の「飲食店売上高」勘定の合計金額は140,497,931円であるが、本件カード売上げは平成30年5月期の収益に計上されていなかった。

　C　請求人の平成30年5月期の総勘定元帳の「雑収入」勘定の合計金額は448円であるが、本件専売料は平成30年5月期の収益に計上されていなかった。

　D　請求人の平成30年5月期の総勘定元帳の「支払手数料」勘定の合計金額は8,614,949円であるが、平成30年5月期の費用としてT社を相手方とするものは計上されていなかった。

E　請求人の平成30年5月期の総勘定元帳の「広告宣伝費」勘定の合計金額は22,209,630円であるが、平成30年5月期の費用としてT社を相手方とするものは計上されていなかった。

(ロ)　請求人における収支の管理状況等について

A　請求人の本件各店舗における日々の売上げに係る現金については、本件各店舗の責任者が毎日レジを締めた上で、売上集計レシート、客伝票（精算伝票）及び仕入れ等に係るレシートとともに封筒（以下「本件各封筒」という。）に封入し、H1代表が本件各封筒を回収した後、請求人名義の預金口座に入金して保管していた。

B　本件各封筒には、上記の売上集計レシートに基づく日々の売上金額に加え、その内訳として、インターネットの予約サイト別の売上金額やクレジットカードによる売上金額等が記載されているほか、請求人が支出した金額、本件各封筒に入っている現金の金額等が記載されている。

また、本件各封筒には、「外販」と記載した箇所（ただし、単に「外」と略記されているものもある。）又はその他の余白には「〇〇〇〇」等の人の氏若しくは名又は通称とみられる文言（以下「本件氏名等」という。）及び金額が付記されている。

C　請求人は、本件各封筒に記載されている日々の売上金額及び支出金額等をパソコンの表計算ファイルに転記し、店舗ごとに1か月単位で集計した表（以下「本件各収支集計表」という。）を作成していた。

そして、本件各収支集計表には、売上金額の内訳としてインターネットの予約サイト別の売上金額やクレジットカードによる売上金額等が記載されているものの、支出金額については1日ごとの合計金額のみが記載されており、その支払先、使途等の内訳は記載されていない。

ヘ　原処分に係る調査の状況等

(イ)　原処分庁所属の調査担当職員（以下「本件調査担当職員」という。）は、令和2年1月7日、H1代表に対し、通則法第74条の2《当該職員の所得税等に関する調査に係る質問検査権》の規定に基づく質問を行ったところ、H1代表は、質問応答の要旨を記録した本件調査担当職員作成の各質問応答記録書（以下「本件各質問応答記録書」という。）の内容について訂正を申し出ることな

く問答末尾に署名するとともに、本件各質問応答記録書の各ページに設けられた「確認印」欄及び同記録書に添付された各資料の各ページにそれぞれ押印した。

(ロ) 請求人は、令和2年5月11日、原処分庁に対し、請求人が本件各店舗に係る客引き行為の役務提供の対価として客引きらに支払った金額（以下「本件客引き報酬」という。）を店舗別に月ごとに集計したとする表及びH1代表のスマートフォンの画面を撮影した写真を提出した。

そして、当該写真には、平成30年5月期においてH1代表が「〇〇〇〇」と称する者との間で送受信した本件客引き報酬の支払等に関するLINEメッセージ等が表示されている。

また、本件客引き報酬は、請求人の総勘定元帳の「支払手数料」勘定及び「広告宣伝費」勘定のいずれにも計上されていない。

(ハ) 請求人は、令和3年2月12日、原処分庁に対し、平成29年1月31日から令和元年5月31日まで毎月末日付のT社作成名義に係る請求人宛の請求書計29通（以下「本件各請求書」という。）を提出した（以下、本件客引き報酬及び本件各請求書に係る請求に対して支払ったとされている支払金額を併せて、「本件営業代行報酬」という。）。

(4) 審査請求に至る経緯

イ 請求人の確定申告等の状況について

(イ) 請求人は、平成27年6月〇日から平成28年5月31日までの事業年度以後の法人税の申告書を、青色の申告書により提出する旨の承認を受けていた。

(ロ) 請求人は、本件各事業年度の法人税について、青色の確定申告書に別表2の「確定申告」欄のとおり記載して、法定申告期限までに、それぞれ申告した。

なお、平成30年5月期の法人税申告書に添付された損益計算書には、飲食店売上高が140,497,931円、雑収入が448円と記載されており、それぞれ同額が平成30年5月期の益金の額に算入されている。

(ハ) 請求人は、平成29年6月1日から平成30年5月31日まで及び平成30年6月1日から令和元年5月31日までの各課税事業年度（以下、順次「平成30年5月課税事業年度」及び「令和元年5月課税事業年度」という。）の地方法人税について、青色の確定申告書に別表3の「確定申告」欄のとおり記載して、法定申

告期限までに、それぞれ申告した。

(ニ)　請求人は、平成29年6月1日から平成30年5月31日まで及び平成30年6月1
日から令和元年5月31日までの各課税期間（以下、順次「平成30年5月課税期
間」及び「令和元年5月課税期間」といい、これらを併せて「本件各課税期
間」という。）の消費税及び地方消費税（以下「消費税等」という。）について、
確定申告書に別表4の「確定申告」欄のとおり記載して、平成30年5月課税期
間については法定申告期限までに申告し、令和元年5月課税期間についてはそ
の法定申告期限（令和元年7月31日）後である同年9月2日に申告した。

(ホ)　原処分庁は、令和元年11月27日付で、請求人に対して、上記(ニ)の令和元年5
月課税期間に係る消費税等の確定申告書の提出により納付すべきこととなった
消費税等の税額を基礎とし、通則法第66条《無申告加算税》第1項及び同条第
6項の規定に基づき、無申告加算税の額を○○○○円とする賦課決定処分をし
た。

ロ　原処分について

(イ)　原処分庁は、令和3年7月9日付で、本件カード売上げ及び本件専売料を請
求人の帳簿に記録せずに売上げその他の収入を脱漏したことが、法人税法第
127条第1項第3号に規定する青色申告の承認の取消事由に該当するとして、
平成30年5月期以後の法人税の青色申告の承認の取消処分（以下「本件青色承
認取消処分」という。）をした。

　本件青色承認取消処分においては、不正所得金額の計算に当たり、本件カー
ド売上げの合計金額を14,570,984円（別表1-1及び別表1-2の各「売上金
額」欄の各「平成30年5月期合計」欄の合計金額と同額である。）と認定して
いる。

(ロ)　原処分庁は、令和3年7月9日付で、別表2及び別表3の各「更正処分等」
欄のとおり、平成30年5月期に係る法人税及び平成30年5月課税事業年度に係
る地方法人税について増額の各更正処分（以下、当該法人税についての増額の
更正処分を「本件法人税更正処分」といい、本件法人税更正処分と当該地方法
人税についての増額の更正処分を併せて「本件法人税等更正処分」という。）
並びに過少申告加算税及び重加算税の各賦課決定処分（以下「本件法人税等賦
課決定処分」という。）を、令和元年5月期に係る法人税及び令和元年5月課

税事業年度に係る地方法人税について減額の各更正処分（以下「本件法人税等減額更正処分」という。）をした。

　なお、本件法人税等更正処分においては、本件カード売上げを含む本件各店舗の売上げの合計金額（税込金額）は○○○○円と認定されているところ、この金額は別表１－１及び別表１－２の注書きの計算後の金額である。また、本件法人税等賦課決定処分においては、その基礎となるべき金額の計算に当たり、上記(イ)の不正所得金額の計算と同様に、本件カード売上げの合計金額を14,570,984円と認定している。

(ハ)　原処分庁は、令和３年７月９日付で、別表４の「更正処分等」欄のとおり、平成30年５月課税期間に係る消費税等について増額の更正処分（以下「本件消費税等更正処分」といい、本件法人税等更正処分と併せて「本件各更正処分」という。）並びに過少申告加算税及び重加算税の各賦課決定処分（以下「本件消費税等賦課決定処分」といい、本件法人税等賦課決定処分と併せて「本件各賦課決定処分」という。）を、令和元年５月課税期間に係る消費税等について減額の更正処分（以下「本件消費税等減額更正処分」といい、本件法人税等減額更正処分と併せて「本件各減額更正処分」という。）及び無申告加算税を減額する変更決定処分（以下「本件消費税等変更決定処分」という。）をした。

　なお、本件消費税等更正処分における本件各店舗の売上げの合計金額の計算及び本件消費税等賦課決定処分におけるその基礎となるべき金額の計算は、いずれも税抜金額で計算していることを除けば、それぞれ上記(ロ)の本件法人税等更正処分及び本件法人税等賦課決定処分と同様である。

ハ　審査請求等について

(イ)　請求人は、原処分を不服として、令和３年９月22日に再調査の請求をした。

(ロ)　再調査審理庁は、令和３年12月17日付で、本件各減額更正処分及び本件消費税等変更決定処分について再調査請求を却下し、本件青色承認取消処分、本件各更正処分及び本件各賦課決定処分について再調査請求を棄却する再調査決定をした。

　なお、再調査決定において認定された本件カード売上げの合計金額は14,586,091円であり、上記ロの本件青色承認取消処分及び本件各賦課決定処分において認定された金額である14,570,984円を上回っている。

(ハ) 請求人は、再調査決定を経た後の原処分に不服があるとして、令和4年1月12日に審査請求をした。

(ニ) 請求人は、当審判所に対し、令和4年4月7日及び同年6月27日に、請求人が客引きらから客引き行為の役務提供を受けた事実及び本件客引き報酬の金額を示す資料として、本件各封筒に記載されている本件氏名等及び本件氏名等に付記されている金額又はこれに近似する金額を日ごとに記載した書面（以下「本件各日報」という。）を提出した。

2　争　点

(1)　本件青色承認取消処分は、違法又は不当な処分であるか否か。また、本件各更正処分、本件各賦課決定処分、本件各減額更正処分及び本件消費税等変更決定処分は、本件青色承認取消処分と一連の処分として、違法又は不当な処分であるか否か（争点1）。

(2)　本件各事業年度の所得金額の計算上、損金の額に算入すべき本件営業代行報酬の金額は幾らか（争点2）。

(3)　本件営業代行報酬について、本件各課税期間の消費税等の金額の計算上、仕入税額控除の適用があるか否か（争点3）。

(4)　本件カード売上げ及び本件専売料について、請求人に、通則法第68条第1項に規定する「隠蔽し、又は仮装し」に該当する事実があったか否か（争点4）。

3　争点についての主張

(1)　争点1（本件青色承認取消処分は、違法又は不当な処分であるか否か。また、本件各更正処分、本件各賦課決定処分、本件各減額更正処分及び本件消費税等変更決定処分は、本件青色承認取消処分と一連の処分として、違法又は不当な処分であるか否か。）について

| 原処分庁 | 請求人 |
| --- | --- |
| 　次のとおり、本件青色承認取消処分は、違法又は不当な処分ではなく、また、本件各更正処分、本件各賦課決定処分、本件各減額更正処分及び本件消費税等変更決定処分も違法又は不当な処分ではない。 | 　次のとおり、本件青色承認取消処分は、違法又は不当な処分であり、また、本件各更正処分、本件各賦課決定処分、本件各減額更正処分及び本件消費税等変更決定処分は、本件青色承認取消処分と一連の処分と |

イ　本件取消指針は、青色申告の承認取消処分を行った後に白色申告に係る更正処分を行うべきであるといった手続を定めているものではないことから、本件青色承認取消処分は本件取消指針に反するものではなく、本件各更正処分、本件各賦課決定処分、本件各減額更正処分及び本件消費税等変更決定処分も本件取消指針に反する処分又は本件取消指針に反する処分と一連の処分には該当しない。

して、違法又は不当な処分である。

イ　本件取消指針によれば、税務署長は、内国法人に対し、最初に青色申告の承認を受けた者として帳簿を根基とする青色申告に係る更正処分を行い、次いで当該更正処分に係る帳簿の調査の結果を受けて、当該内国法人が、本件取消指針に定める青色申告の承認を取り消すべき場合に該当するか否かの検討を行った上で、青色申告の承認取消処分を行い、最後に当該取消処分に係る事業年度以降の事業年度について、青色申告の承認を受けた者としての特典を剥奪する更正・決定処分を行うべきである。

　ところが、原処分庁は、本件取消指針に反し、請求人に対し、本件青色承認取消処分を根基として、本件各事業年度において青色申告の承認を受けていない者として、本件法人税等更正処分、本件法人税等賦課決定処分及び本件法人税等減額更正処分を行っている。

　したがって、本件青色承認取消処分は本件取消指針に反する違法又は不当な処分であるとともに、本件法人税等更正処分、本件法人税等賦課決定処分及び本件法人税等減額更正処分も本件取消指針に定める手順に従っていないことから違法又は不当な処分であり、また、本件消費税等更正処分、本件消費税等賦課決定処

分、本件消費税等減額更正処分及び本件消費税等変更決定処分も、これらの違法又は不当な処分と一連の処分であることから、違法又は不当であり、取り消されるべきである。

ロ　次のとおり、請求人は、法人税法第127条第1項第3号に規定する隠蔽又は仮装に該当する行為を行っていない。

　（イ）　本件カード売上げについて

　　　本件カード売上げは、請求人が、Q社との間でクレジットカード決済契約を締結しようとしたところ、Q社から、手続上、請求人名義では新規契約を行うことができないので、別法人の口座を作成するよう指示を受けたため、本件N社口座に入金されるようにしたものである。

　　　H1代表は、本件カード売上げが本件N社口座に入金されていることについて、平成29年4月に本件連絡担当者に相談したところ、本件連絡担当者から「N社で借入金として処理しましょう。」との提案を受けた。この提案を受けて、H1代表は、U社が本件カード売上げを請求人の帳簿に売上げとして計上してくれていると信じていた。本件カード売上げは、本件帳簿作成担当者がこれらの事情を理解していなかったため計上漏れになったものであ

ロ　次のとおり、請求人は、法人税法第127条第1項第3号に規定する隠蔽又は仮装に該当する行為を行っている。

　（イ）　本件カード売上げについて

　　　H1代表は、本件カード売上げを請求人の売上げとして計上すべきであることを認識していたにもかかわらず、あえて本件帳簿作成担当者に対し、本件N社口座へのQ社からの入金が請求人に帰属する本件カード売上げに係る入金であることを伝えず、本件カード売上げを請求人の総勘定元帳に記録しないことによって、本件カード売上げの額を平成30年5月期の益金の額に算入しなかったのであり、このことは法人税法第127条第1項第3号に規定する隠蔽又は仮装に該当する。

　　　なお、請求人の令和元年5月期における売上げの過大計上金額は、本件カード売上げの計上漏れ金額と何ら対応しておらず、平成30年5月期の本件カード売上げが平成30年5月期の翌期である令和元年5月期に繰り延べられたものとは認められない。

— 74 —

り、請求人が意図的に売上除外したものではない。

なお、H1代表は、平成30年5月期の決算書類を見て、平成30年5月期の売上金額が自分の集計している金額より少ないことに気が付いたことから、本件連絡担当者に連絡し、本件カード売上げの計上漏れを補正することにした。具体的には、N社からの平成30年12月から令和元年5月までの仕入金額を請求人の売上原価に計上せず、本件カード売上げが当該仕入金額を上回る部分については請求人の令和元年5月期の売上金額に加算したものである。

㈹ 本件専売料について

本件専売契約書には、請求人の印が押印され、本件専売契約書には請求人の名称及び代表者名が署名されており、本件専売契約書は請求人名義で締結されている。そして、H1代表は、本件帳簿作成担当者に対し、請求人名義の口座に入金されない収入を知らせなければ、その収入が請求人の収入に計上されないことを認識していながら、S社の担当者に依頼して本件専売料の振込先を請求人名義の口座からH1代表名義の口座に変更し、その事実を本件帳簿作成担当者に知らせないことにより、本件専売料を総勘定元帳に

㈹ 本件専売料について

H1代表は、新店舗におけるS社との契約時に、個人の印鑑しか持っておらず、請求人の印鑑を持参していなかった。そして、そのことをS社の担当者に伝えたところ、「個人の印鑑があるならば個人で契約してもらっても大丈夫。」と告げられたので個人口座を記載したものである。契約者が個人であれば、個人口座にしてほしいと当該担当者から勧められたものであり、意図的にH1代表の個人口座に変更したものではない。

そして、本件専売料については、H1代表が個人的に費消した事実もな

記録せず、平成30年5月期の益金の額に算入しなかったのであり、このことは法人税法第127条第1項第3号に規定する隠蔽又は仮装に該当する。

(ハ) 本件各質問応答記録書について

本件調査担当職員は、日本語で対応していたH1代表に対し言葉をかみ砕いて説明し、特に税務用語については、本件調査担当職員がその言葉の意味するところを別の言葉で説明することでH1代表と本件調査担当職員の質問応答が成立していたと認められ、H1代表からも本件調査担当職員に対し、日本語が分からないといった申出も受けていないこと、また、本件各質問応答記録書の作成に当たっても、請求人の当時の関与税理士の同席の下で、本件調査担当職員が本件各質問応答記録書を読み上げてH1代表に聞かせ、その後、H1代表自身が、本件各質問応答記録書を閲読し、納得してこれに署名押印している。

く、請求人の経費に充てていることから、請求人が意図的に脱漏したものではない。

(ハ) 本件各質問応答記録書について

H1代表は、○○○であり、日本語の会話はおおむね理解できるが、日本語が堪能とはいえない。また、会計処理については、あまり理解していない。本件各質問応答記録書作成時には、請求人の当時の関与税理士は同席せず、H1代表一人で対応したので、日本語をよく理解しておらず、本件各質問応答記録書の作成趣旨等及び内容はよく分からなかったし、理解できるような丁寧な説明ではなかった。そして、署名をしなければ、内容はともかく調査が終了しないと考え、署名せざるを得ない状況であった。

(2) 争点2 (本件各事業年度の所得金額の計算上、損金の額に算入すべき本件営業代行報酬の金額は幾らか。) について

| 原処分庁 | 請求人 |
|---|---|
| イ 次のとおり、平成30年5月期の所得金額の計算上、損金の額に算入すべき本件営業代行報酬の金額は、492,033円である。 | イ 次のとおり、平成30年5月期の所得金額の計算上、損金の額に算入すべき本件営業代行報酬の金額は、8,748,992円である。 |

(イ)　本件各請求書に記載の金額は、請求人が支払ったと主張する本件営業代行報酬の金額及び本件各封筒に記載された支出金額のいずれとも相違している。したがって、請求人は、本件営業代行報酬のうち原処分庁が認定した額である492,033円を超える部分について、その具体的内容を明らかにし、ある程度これを合理的に裏付ける程度の立証をしたとは認められないから、これを請求人の損金の額に算入することは認められない。

(ロ)　請求人は、本件客引き報酬の金額の計算根拠を示しておらず、誰に、幾ら、どの役務提供の対価として支出したものかを確認することができない。

　　また、本件各封筒には、そのほとんどについて単に「支払」などと記載されているにすぎず、当該支出の事実が存在するとしても、誰に、幾ら、いかなる使途として支出したのか、又は支出した金銭が何かしらの費用となるべきものか否かは、本件各封筒の記載からは明らかではなく、請求人から、その支出の内容、支出の相手方などの支出の実態を確認することができる証拠は提出されていない。加えて、請求人

(イ)　請求人は、Ｔ社から本件営業代行サービス契約に基づく役務提供を受け、請求人を担当していたＴ社の従業員等に対して上記役務提供に対する報酬を直接現金で支払っていた。

　　なお、請求人がＴ社から受領した本件各請求書に記載されている平成30年５月期における営業代行サービス料の合計額は11,297,406円であるが、実際のところ、請求人はＴ社の従業員等に対して本件各請求書に記載の金額よりも低い額を支払っており、平成30年５月期における本件営業代行報酬の合計金額は8,748,992円である。

(ロ)　請求人が本件各店舗の客引き行為に係る役務提供を受けた事実及びその対価の額は、本件各封筒の記載、請求人が作成した本件各収支集計表の記載及び客引きらが本件各日報に記載した各自の客引き行為に係る売上金額等からも明らかである。

| 原処分庁 | 請求人 |
|---|---|
| が支払ったと主張している本件客引き報酬の額及び本件各封筒に記載された支出金額を店舗別に月ごとにみると、j店及びi店の各店舗において、本件各封筒に記載された支出金額が、請求人が本件客引き報酬の金額と主張する金額を大幅に下回る月がある。したがって、本件各封筒に記載された支出金額が本件客引き報酬として支出されたものとは認められない。 | |
| ロ 令和元年5月期に係る本件法人税等減額更正処分は、納付すべき税額を減額する処分であって、請求人の権利又は法律上の利益を侵害する不利益な処分とはいえないため、本件法人税等減額更正処分の取消しを求める審査請求は、不服申立ての利益を欠く不適法なものである。 | ロ 令和元年5月期の所得金額の計算上、損金の額に算入すべき本件客引き報酬の金額について、原処分庁は2,051,062円としているが、損金の額に算入すべき本件客引き報酬の正当額は6,735,347円である。<br><br>請求人が令和元年5月期に客引き行為に係る役務提供を受けた事実及びこれに対する対価を支払った事実については、上記イと同様である。 |

(3) 争点3（本件営業代行報酬について、本件各課税期間の消費税等の金額の計算上、仕入税額控除の適用があるか否か。）について

| 原処分庁 | 請求人 |
|---|---|
| イ 次のとおり、本件営業代行報酬について、平成30年5月課税期間の消費税等の金額の計算上、仕入税額控除の適用がない。 | イ 次のとおり、本件営業代行報酬について、平成30年5月課税期間の消費税等の金額の計算上、仕入税額控除の適用がある。 |
| (イ) 本件営業代行報酬は、請求人の保存 | (イ) 請求人は、帳簿として本件各封筒及 |

| | |
|---|---|
| する帳簿に記載されていない。 | び本件各収支集計表を保管しており、客引きが各自の客引き行為に係る売上金額等を記載した本件各日報も保存している。 |
| (ロ) 請求人は、請求人が主張する本件営業代行報酬の金額に対応する請求書等を保存していない。<br><br>　また、本件各請求書については、T社の従業員等から受領したものであることを示す事実が確認できず、そもそも、T社の従業員等が、実際の請求額に対応していない本件各請求書を発行し、本件営業代行報酬を請求するという行為が不自然といわざるを得ない。さらに、H1代表が、本件調査担当職員に対し、本件営業代行報酬は本件各請求書に基づいて支払われたものではない旨申述していること、また、T社の従業員らが、本件調査担当職員に対し、本件各請求書はT社が作成したものではない旨申述していることからすると、本件各請求書に記載された内容を信用することはできない。<br><br>　したがって、請求人が本件各請求書を保管していることをもって請求人の主張する本件営業代行報酬に係る請求書を請求人が保存しているとは認められない。 | (ロ) 請求人は、H1代表が、T社の従業員等である本件各店舗の客引きに請求書の作成を依頼したところ、T社名義の本件各請求書が交付されたので、本件各請求書を保存している。 |
| ロ　令和元年5月課税期間に係る本件消費 | ロ　請求人は、令和元年5月課税期間にお |

| 原処分庁 | 請求人 |
|---|---|
| 税等減額更正処分は、納付すべき税額を減額する処分であって、請求人の権利又は法律上の利益を侵害する不利益な処分とはいえないため、本件消費税等減額更正処分の取消しを求める審査請求は、不服申立ての利益を欠く不適法なものである。 | いても、本件各封筒、本件各収支集計表及び本件各日報並びに本件各請求書を保存していることから、本件客引き報酬は、令和元年5月課税期間の消費税等の金額の計算上、仕入税額控除の適用がある。 |

(4) 争点4（本件カード売上げ及び本件専売料について、請求人に、通則法第68条第1項に規定する「隠蔽し、又は仮装し」に該当する事実があったか否か。）について

| 原処分庁 | 請求人 |
|---|---|
| 上記(1)の「原処分庁」欄のロに記載の各事実から、本件カード売上げ及び本件専売料について、請求人に、通則法第68条第1項に規定する「隠蔽し、又は仮装し」に該当する事実があったと認められる。<br>なお、請求人の令和元年5月期における売上げの過大計上は、本件重加指針第1の3に定める場合に該当しない。 | 上記(1)の「請求人」欄のロに記載の各事実から、本件カード売上げ及び本件専売料について、請求人に、通則法第68条第1項に規定する「隠蔽し、又は仮装し」に該当する事実はない。 |

4 当審判所の判断

(1) 争点1（本件青色承認取消処分は、違法又は不当な処分であるか否か。また、本件各更正処分、本件各賦課決定処分、本件各減額更正処分及び本件消費税等変更決定処分は、本件青色承認取消処分と一連の処分として、違法又は不当な処分であるか否か。）について

イ 法令解釈等

(イ) 青色申告制度は、誠実かつ信頼性のある記帳をすることを約束した納税者が、これに基づき所得金額を正しく計算して期限内に申告納税することを期待し、かかる納税者に対してその特典を付与するものであるところ、法人税法第127

条第1項に規定する青色申告の承認の取消しの趣旨及び目的は、青色申告の承認を受けた納税者について、青色申告の特典の付与を継続することが青色申告制度の趣旨及び目的に反することとなる一定の事実がある場合には、その承認を取り消すことができるものとすることによって、青色申告制度の適正な運用を図ろうとするものであると解される。

そして、法人税法第127条第1項第3号に規定する取引の全部又は一部を「隠蔽し又は仮装し」とは、青色申告制度の前提となる信頼関係を毀損する行為として、取引を脱漏するなどして帳簿書類に記載若しくは記録をせず又は真実でない科目を帳簿書類に記載若しくは記録をするなどして真実のように装うことをいうものであり、取引の実態に応じて適正に仕訳し、これを帳簿に記載又は記録をすることが青色申告の承認を受けた納税者の義務とされることからすれば、資産の譲渡等による収益を故意に帳簿書類に記載又は記録をしないことは、取引の脱漏として「隠蔽し」たことに当たると解される。

㈑　青色申告の承認の取消処分は、法人税法第127条第1項各号に該当する事実があれば必ず行われるものではなく、現実に取り消すかどうかは、個々の事情に応じ、所轄税務署長の合理的な裁量によって決すべきものである。そして、所轄税務署長がその裁量権に基づき行った青色申告の承認の取消処分が、社会通念上妥当性を欠いて裁量権の範囲を逸脱し又はこれを濫用したと認められる場合や法の趣旨及び目的からみて裁量権の不合理な行使であると認められる場合には、当該処分は違法又は不当なものになると解される。

㈒　本件取消指針は、法人の青色申告の承認の取消しに関する基本的な考えを示した上、その取消処分に係る処理の統一を図るために、その税務署長の裁量権の範囲を示したものであり、本件取消指針の3の⑴のイは、別紙1の2の⑷のとおり、青色申告の承認を受けている法人の所得金額を更正した場合に、更正所得金額のうち不正所得金額が、当該更正所得金額の50％に相当する金額を超えるときにその承認を取り消すなどと定めているところ、当該取扱いは、法人税法第127条第1項第3号に掲げる事実及びその程度、記帳状況、改善可能性等に照らして、真に青色申告書を提出するにふさわしくない場合に青色申告の承認を取り消すとしたものであると解される。そうすると、当該取扱いは、上記のとおりの法人税法第127条第1項に規定する青色申告の承認の取消しの趣

旨及び目的に沿ったものであって、当審判所においても相当であると認められる。

ロ　認定事実

請求人提出資料、原処分関係資料並びに当審判所の調査及び審理の結果によれば、以下の事実が認められる。

(イ)　請求人の経理状況等について

A　請求人の平成30年5月期の損益計算書には、当期純利益の額は○○○○円と記載されており、請求人の令和元年5月期の損益計算書には、当期純利益の額は○○○○円と記載されている。

B　請求人は、令和元年5月期において、売上金額合計17,840,000円を過大に計上するとともに、N社からの仕入金額合計12,644,453円を計上しなかった。

C　請求人の関与税理士であったH5は、令和2年5月19日、本件調査担当職員に対し、「G社（請求人）の元帳は、H1社長（注：H1代表のこと）や奥さんが帰化するために赤字にできなかったので、経理会社のUに数字を作ってもらったのではないか。」と申述した。

(ロ)　i店に係るS社の専売契約について

A　請求人は、上記1の(3)のハのとおり、平成29年6月28日付で、S社との間で、i店を対象店舗として、本件専売契約を締結した。

B　本件専売契約書末尾の署名押印欄には、請求人の本店所在地の記載、「G社　代表取締役　H1」という署名及び請求人の代表者印による印影がある。

C　請求人は、平成29年7月11日までに、S社に対し、本件専売料の振込先をH1代表名義の預金口座に指定する旨通知した。

D　S社は、平成29年7月31日、H1代表名義のV銀行○○支店の普通預金口座に本件専売料○○○○円を振り込んだ。

ハ　U社従業員らの答述等及びこれらの信用性について

(イ)　答述等の内容

A　本件連絡担当者は、当審判所に対し、要旨次のとおり答述した。

(A)　本件連絡担当者は、U社において、請求人の帳簿の作成に必要な資料等に関する連絡を担当していた。

なお、請求人の帳簿の作成に必要な資料とは、売上げに関しては預金通

帳、費用に関しては請求書や領収証である。

(B) 請求人に帳簿の作成に当たって必要な事項を連絡する際には、専らＨ１代表宛に連絡を行っていた。

(C) Ｈ１代表から、本件カード売上げを請求人の帳簿に記録してほしいと言われたことはなかった。また、Ｈ１代表から、本件カード売上げに関する資料を受け取ったこともなかった。

(D) Ｈ１代表から、ｉ店に関する専売料がＳ社からＨ１代表個人の預金口座に振り込まれているという話を聞いたという記憶はない。もしそのような話があれば帳簿に記録されているはずなので、聞いていないと思う。

B　本件帳簿作成担当者は、再調査審理庁所属の調査担当職員に対し、要旨次のとおり申述した。

(A) 本件帳簿作成担当者は、請求人の帳簿の作成を担当しており、請求人の帳簿を作成する際は、請求人の預金通帳の写しに記録された入金額を日々の現金売上げとして記録し、支出は仕入れ等の請求書やレシートから記録していた。

(B) Ｕ社はＮ社の帳簿作成の代行も受託しており、Ｎ社名義の預金口座にＱ社からの入金があることはＮ社の担当者から話を聞いて知っていたが、Ｎ社の売上げではないのでＮ社の帳簿に短期借入金として計上したとしか聞いていなかった。当該入金が本件各店舗のクレジットカード決済による売上げであることは、再調査審理庁の調査担当職員から聞いて初めて知った。

(ロ) 答述等の信用性について

本件連絡担当者及び本件帳簿作成担当者は、それぞれＵ社における請求人との連絡担当者及び請求人の帳簿作成の担当者という立場で、Ｕ社が委託を受けた請求人の帳簿の作成等に関わっていたにすぎない。本件連絡担当者及び本件帳簿作成担当者が、請求人の売上金額の多寡について何らかの利害関係を有していたとはうかがわれず、帳簿の作成等の作業は事務的に行われたものといえる。

そのような本件連絡担当者及び本件帳簿作成担当者の立場や帳簿の作成状況からすれば、同人らが、本件カード売上げ及び本件専売料を請求人の収益として計上すべきものであると知らされ、請求人から本件カード売上げ及び本件専

売料に関する資料を受領していながら、故意に請求人の収益から除外したとは
考え難い。また、上記１の(3)のホの(イ)のＢ及びＣのとおり、請求人の総勘定元
帳には、本件カード売上げ（平成30年５月期に係るもの全部であり、その詳細
については別表１－１及び別表１－２参照）及び本件専売料がいずれも計上さ
れていなかったところ、本件連絡担当者及び本件帳簿作成担当者が、本件カー
ド売上げ及び本件専売料を請求人の収益として計上すべきものであると知らさ
れ、本件カード売上げ及び本件専売料に関する資料を受領していながら、事務
的に行われた帳簿の作成等の作業において、過失によって多数回にわたる売上
げ全部の計上を失念してしまったとも考え難い。

　　　以上からすれば、請求人から本件カード売上げ及び本件専売料が請求人の収
益として計上すべきものであると知らされていなかった旨の本件連絡担当者及
び本件帳簿作成担当者の上記(イ)の答述及び申述内容は信用できる。

ニ　Ｈ１代表の申述及びその信用性等について

　　　請求人は、上記３の(1)の「請求人」欄のロの(ハ)のとおり、本件各質問応答記録
書に記載されたＨ１代表の各申述がされたこと自体を否定してその申述内容の信
用性を争う趣旨と解される主張をし、Ｈ１代表の当審判所に対する答述にはこれ
に沿う部分があるため、以下、当該各申述の信用性について検討する。

(イ)　本件各質問応答記録書記載の申述内容

　　　本件各質問応答記録書には、Ｈ１代表が本件調査担当職員に対して要旨以下
のとおり申述した旨が記載されている。

　Ａ　本件カード売上げであるＱ社から本件Ｎ社口座への入金は、請求人の売上
　　げとして計上すべきであったが、平成29年４月頃、本件各店舗の事業資金が
　　不足していたため、本件カード売上げを請求人の売上げに計上することなく、
　　本件Ｎ社口座から現金で引き出し、請求人の支払に充てていた。

　Ｂ　本件専売料は、請求人名義の預金口座には振り込んでもらわずに、Ｈ１代
　　表名義の預金口座に振り込んでもらった。これまでも、ｊ店とＳ社との間で
　　専売契約を交わし、専売料を請求人名義の預金口座に振り込んでもらってい
　　たが、新しくｉ店を出店する際、本件専売料の振込先を請求人名義の預金口
　　座からＨ１代表名義の預金口座に変更してもらうよう、Ｓ社の担当者に依頼
　　した。本件専売料は請求人の収入として計上すべきであったが、本件各店舗

の事業資金が不足していたため、H1代表名義の預金口座に振り込んでもらい、請求人が経営している居酒屋の備品や消耗品の購入に充てた。そして、本件専売料を請求人の雑収入に計上することはしなかった。

(ロ) 当審判所に対する答述について

上記(イ)の各申述に対し、H1代表は、当審判所に対し、要旨次のとおり答述した。

A 本件カード売上げについては、U社が作成した請求人の決算書類を見たところ、赤字になっていたので、請求人の売上げに含まれていないことに気がついた。

B 本件専売料については、H1代表がS社の担当者とi店で打合せをしていた際、S社の担当者から早く契約を締結したいと言われ、H1代表は請求人の社印を持っていなかったので、H1代表個人の印鑑を押印したことから、H1代表名義の預金口座に入金されることになった。本件専売料が請求人の雑収入に含まれていないことは、本件調査担当職員に言われて気がついた。

C 本件各質問応答記録書については、本件調査担当職員に見せられただけで、読み上げもされていないし、閲読もしておらず、書かれている日本語の意味がよく分からなかったが、本件調査担当職員から「サインが必要です。」と言われ、早く終わらせて帰りたいと思ったので、署名・押印してしまった。

(ハ) 本件各質問応答記録書記載の申述の信用性について

A 上記(イ)の申述は、H1代表が自らの判断により本件カード売上げ及び本件専売料をいずれも請求人の収益に計上しなかった旨の内容であるところ、同内容は、上記ハで述べた信用できる本件連絡担当者の答述及び本件帳簿作成担当者の申述において、同人らがH1代表から本件カード売上げ及び本件専売料を請求人の収益として計上すべきであると伝えられていなかった旨の内容と符合している。

また、本件カード売上げ及び本件専売料の振込先として請求人名義ではない預金口座を指定したのはH1代表自身であったことや、上記ハのとおり、H1代表が本件カード売上げ及び本件専売料に関する資料をいずれもU社に交付しなかったことに鑑みれば、H1代表が本件カード売上げ及び本件専売料を意図的に請求人の売上げから除外した旨の上記(イ)の申述の内容は、自然

で合理的なものであるといえる。

　　そして、上記(イ)の申述は、請求人名義の預金口座に入金されなかった本件
カード売上げ及び本件専売料の使途について、請求人に関する支払に充てた
などと具体的に述べるものである。

　　以上からすれば、本件各質問応答記録書におけるＨ１代表の申述内容は信
用できるといえる。

Ｂ　これに対し、Ｈ１代表は、上記(ロ)のとおり、本件各質問応答記録書記載の
　申述内容が信用できない旨の答述をしているが、同答述自体が信用し難いも
　のであると言わなければならない。

　　すなわち、Ｈ１代表の上記(ロ)のＡの答述についていえば、請求人の決算書
　類を見て赤字になっていた旨の内容は、上記ロの(イ)のＡのとおり、請求人の
　平成30年５月期の損益計算書における当期純利益が○○○○円であり、「赤
　字」となっていないことと整合しないし、上記(ロ)のＢの答述については、本
　件専売料に係る契約書にＨ１代表個人の印鑑を押印した旨の内容であるとこ
　ろ、上記ロの(ロ)のＢのとおり、本件専売契約書に請求人の代表者印による印
　影があることと整合しない。また、Ｈ１代表の上記(ロ)のＣの答述については、
　Ｈ１代表が本件各質問応答記録書の読み聞かせをされず、閲読もせず、そも
　そも本件各質問応答記録書に記載されていた日本語の意味が理解できなかっ
　たにもかかわらず、署名・押印したという内容であり、記載内容を理解して
　いない文書に署名・押印したなどというその答述内容自体からして不自然・
　不合理である。

　　したがって、Ｈ１代表の上記(ロ)の各答述は、いずれも信用することができ
　ない。

Ｃ　以上からすれば、Ｈ１代表の上記(ロ)の各答述を踏まえて検討しても、上記
　　Ａで述べたとおり、本件各質問応答記録書におけるＨ１代表の申述内容は信
　　用できる。

ホ　検討

　(イ)　隠蔽又は仮装の有無について

　　　上記イの(イ)のとおり、青色申告の承認を受けた納税者は、取引の実態に応じ
　　て適正に仕訳し、これを帳簿に記載又は記録する義務を負っていることからす

れば、資産の譲渡等による収益を故意に帳簿書類に記載又は記録しないことは、法人税法第127条第1項第3号に規定する「隠蔽し又は仮装し」に該当する。

　そして、上記1の(3)のホの(イ)のAのとおり、請求人は、総勘定元帳の作成をU社に委託していたところ、上記ハのとおり、信用できる本件連絡担当者の答述及び本件帳簿作成担当者の申述によれば、同人らは、H1代表から、本件カード売上げ及び本件専売料が請求人の収益として計上すべきものであると知らされず、本件カード売上げ及び本件専売料に関する資料のいずれも受領していなかったことが認められ、また、上記ニのとおり、信用できる本件各質問応答記録書におけるH1代表の申述からすれば、H1代表が自らの判断により本件カード売上げ及び本件専売料をいずれも請求人の収益に計上しなかったと認められる。

　したがって、H1代表がU社従業員である本件連絡担当者及び本件帳簿作成担当者を介して、本件カード売上げ及び本件専売料に係る収益をいずれも故意に請求人の総勘定元帳に記載しなかったと認められ、これは法人税法第127条第1項第3号に規定する「隠蔽」に該当する。

(ロ)　裁量権の逸脱又は濫用の有無について

　上記1の(4)のロの(イ)のとおり、原処分庁は、請求人の平成30年5月期における不正所得金額について、本件カード売上げ14,570,984円（ただし、本件カード売上げの金額は、同ハの(ロ)のとおり、再調査決定において14,586,091円と認定されている。）からQ社への売上手数料を差し引いた金額（別表1－1の「差引振込金額」欄の合計○○○○円及び別表1－2の「差引振込金額」欄の合計○○○○円の合計金額○○○○円）及び本件専売料（○○○○円）の合計金額○○○○円であると認定したところ、当該不正所得金額は、5,000,000円を超え、かつ、後記(2)及び別紙2－1の「取消額等計算書」のとおり、本件法人税更正処分に係る裁決後の所得金額○○○○円の50％に相当する金額○○○○円を超えているから、本件取消指針の3の(1)のイの場合に該当し、青色申告の承認を取り消さないことが相当と認められる事情もない。

　したがって、原処分庁がその裁量権に基づき行った青色申告の承認の取消処分が、社会通念上妥当性を欠いて裁量権の範囲を逸脱し又はこれを濫用した、あるいは法の趣旨及び目的からみて裁量権の不合理な行使であるとは認められ

ない。

(ハ)　小括

　　以上のとおり、請求人は法人税法第127条第1項第3号に規定する「隠蔽」

に該当する行為を行ったものと認められ、かつ、原処分庁が本件青色承認取消

処分について裁量権の範囲を逸脱し又はこれを濫用した、あるいは法の趣旨及

び目的からみて裁量権の不合理な行使であるとは認められない。

　　また、当審判所に提出された証拠資料等によっても、本件青色承認取消処分

のその他の部分について、これを不相当とする理由は認められない。

　　したがって、本件青色承認取消処分は適法かつ相当であると認められる。

ヘ　請求人の主張について

(イ)　請求人は、上記3の(1)の「請求人」欄のイのとおり、原処分庁は、最初に青

色申告の承認を受けた者として帳簿を根基とする青色申告に係る更正処分を行

い、次いで当該更正処分に係る帳簿の調査の結果を受けて、当該内国法人が、

本件取消指針に定める青色申告の承認を取り消すべき場合に該当するか否かの

検討を行った上で、青色申告の承認取消処分を行い、最後に当該取消処分に係

る事業年度以降の事業年度について、青色申告の承認を受けた者としての特典

を剥奪する更正・決定処分を行うべきであるから、原処分は、本件取消指針に

反した違法又は不当な処分である旨主張する。

　　しかしながら、本件取消指針は、上記イの(ハ)のとおり、法人の青色申告の承

認の取消しに関する基本的な考えを示した上、その取消処分に係る処理の統一

を図るために、その税務署長の裁量権の範囲を示したものであり、請求人が主

張するように、青色申告の承認の取消処分を行った後に、白色申告に係る更正

処分を行うべきであるといった手続を定めているものではない。

　　そして、本件青色承認取消処分が本件取消指針の3の(1)のイの場合に該当し、

青色申告の承認を取り消さないことが相当と認められる事情もないことは、上

記ホの(ロ)のとおりである。

　　したがって、請求人の主張には理由がない。

(ロ)　請求人は、本件カード売上げについて、上記3の(1)の「請求人」欄のロの(イ)

のとおり、H1代表は、本件カード売上げが本件N社口座に入金されているこ

とについて、本件連絡担当者に相談したところ、同人から「N社で借入金とし

て処理しましょう。」と提案を受けたことがあったことから、U社が本件カード売上げを請求人の帳簿に売上げとして記録してくれていると誤認しており、後になって平成30年5月期に本件カード売上げが計上されていないことに気づき、本件カード売上げの計上漏れを補正するために、令和元年5月期の仕入れの一部を計上せず、また、売上金額を加算したものであるから、隠蔽又は仮装に該当する行為を行っていない旨主張する。

しかしながら、上記ホの(イ)のとおり、信用できる本件連絡担当者の答述及び本件帳簿作成担当者の申述並びに本件各質問応答記録書におけるH1代表の申述からすれば、H1代表がU社従業員である本件連絡担当者及び本件帳簿作成担当者を介して、本件カード売上げに係る収益を故意に請求人の総勘定元帳に記載しなかったと認められる。

また、仮に、請求人の主張を前提にして検討しても、H1代表は、請求人の売上げとなるべき本件カード売上げがN社において「借入金」として処理されることを認識していたというのであるから、本件カード売上げに係る収益を請求人の総勘定元帳に記載しなかったことについての故意があったことが否定されるわけではない。

さらに、H1代表が後になって平成30年5月期に本件カード売上げが計上されていないことに気づいて令和元年5月期に売上げの過大計上をした旨の請求人の主張についていえば、上記ロの(イ)のBのとおり、請求人の令和元年5月期における仕入れの計上漏れは12,644,453円、売上げの過大計上は17,840,000円であり、これらの合計金額は30,484,453円であって、これらの金額はいずれも本件カード売上げの金額14,586,091円とは相違しているから、当該仕入れの計上漏れ及び売上げの過大計上により、本件カード売上げの計上漏れは補正されていない。加えて、上記ロの(イ)のCのとおり、請求人の関与税理士が、本件調査担当職員に対し、H1代表やその妻の都合で、請求人が赤字になることを避けるために、請求人の売上げを過大に計上していたことを示唆する内容の申述をしているところ、請求人の令和元年5月期の仕入れの計上漏れ及び売上げの過大計上の結果、同Aのとおり、令和元年5月期の当期純利益の額として○○○○円が計上されていることからすると、請求人の関与税理士が示唆するとおり、当該仕入れの計上漏れ及び売上げの過大計上は、令和元年5月期の決算におい

て損失を計上することを避けるために行われたものであったとうかがわれる。

　　以上からすれば、当該仕入れの計上漏れ及び売上げの過大計上は、本件カード売上げの計上漏れの補正を目的として行われたものではなかったと認められる。

　　したがって、請求人の主張には理由がない。

(ハ)　請求人は、上記3の(1)の「請求人」欄のロの(ロ)のとおり、本件専売契約は、請求人の印鑑を持参していなかったことをS社の担当者に伝えたところ、H1代表個人の印鑑があるのであれば個人で契約しても大丈夫であるとのS社の担当者からの提案により、H1代表個人の印鑑による押印をもって締結したものであるから、本件専売料について隠蔽又は仮装に該当する行為をしていない旨主張する。

　　しかしながら、上記ホの(イ)のとおり、H1代表は、S社に対して本件専売料をH1代表名義の預金口座に振り込む旨の指定をしただけでなく、U社従業員である本件連絡担当者及び本件帳簿作成担当者を介して、本件専売料に係る収益を故意に請求人の総勘定元帳に記載しなかったのであるから、これが「隠蔽」に該当する行為であることは明らかである。

　　したがって、請求人の主張には理由がない。

(2)　争点2（本件各事業年度の所得金額の計算上、損金の額に算入すべき本件営業代行報酬の金額は幾らか。）について

　イ　法令解釈

　　法人税法第22条第1項は、内国法人の各事業年度の所得の金額は、当該事業年度の益金の額から損金の額を控除した金額とする旨規定し、同条第3項は、内国法人の各事業年度の所得の金額の計算上当該事業年度の損金の額に算入すべき金額は、別段の定めがあるものを除き、同項第1号の当該事業年度の収益に係る売上原価等の額、同項第2号の販売費、一般管理費その他の費用の額、及び同項第3号の損失の額で資本等取引以外の取引に係るものとする旨規定している。

　　そして、更正処分については、本来、課税庁が主張、立証責任を負うべきものであるから、具体的な支出が損金の額に算入されるべきか否かが争われている場合には、課税庁において、当該支出が損金の額に算入されないことを主張、立証すべきであるものの、当該支出の存否自体が争われている場合には、課税庁は損

金の存否に関連する事実に直接関与していないのに対し、納税者はより証拠に近い立場にあること、一般に不存在の立証は困難であることなどに鑑みると、更正時に存在し、又は提出された資料等を基に判断して、当該支出を損金の額に算入することができないことが事実上推認できる場合には、納税者において、その推認を破る程度の具体的な反証、すなわち、当該支出の存在とその支出額を合理的に推認させるに足りる具体的な立証を行わない限り、当該支出の損金の額への算入は否定せざるを得ないと解される。

ロ　認定事実

　　請求人提出資料、原処分関係資料並びに当審判所の調査及び審理の結果によれば、請求人と客引きら及びT社との取引状況等について、以下の事実が認められる。

(イ)　請求人と客引きらの取引状況等について

　A　客引きらによる役務の提供状況及びこれにより勧誘された客に係る請求人の売上金額の確認状況等について

　　(A)　請求人は、平成30年5月期において、「○○○○」と称する者を含む複数の客引きから、本件各店舗に係る客引き行為の役務提供を受けていた。

　　(B)　客引きらは、本件客引き報酬の算定根拠となる売上金額について、各自が勧誘してきた客の着席したテーブル番号を自らメモして控えておき、請求人従業員から当該テーブル番号に係る精算伝票の提示を受け、当該客に係る売上金額を確認していた。

　　(C)　客引きらは、上記(B)の方法で各自が勧誘してきた客に係る売上金額を確認した後、上記(B)の精算伝票の右上の余白に署名し、本件各日報の所定欄にその金額を記載していた。

　　　　そして、本件各日報には、客引きらの氏若しくは名又は通称及び同人らが勧誘してきた客に係る売上金額のみが記載されており、本件客引き報酬の金額又はその算定に用いる報酬率等は記載されていない。

　　(D)　請求人においては、本件各店舗の従業員が上記(B)の精算伝票等に基づいて客引きらがそれぞれ勧誘してきた客に係る売上金額を本件各封筒に記載していた。

　B　本件客引き報酬の支払状況等について

(A)　請求人は、客引きらに対し、それぞれが勧誘してきた客に係る売上金額に一定の報酬率を乗じた金額の対価（本件客引き報酬）を支払っていた。

　　なお、本件客引き報酬に係る報酬率については、店舗ごとに目安（おおむね〇％前後）が存在したものの、客引きによってまちまちであり、本件客引き報酬の具体的な金額は、客引きらがＨ１代表に電話又はメール等でその都度提示し、Ｈ１代表がこれを承諾することで決められていた。

(B)　本件客引き報酬は、本件各店舗の従業員が当該店舗における日々の売上げに係る現金の中から支払っていた。

(C)　請求人においては、本件各店舗の従業員が、本件客引き報酬を含む日々の支出金額を本件各封筒に記載していた。

　　本件各封筒における支出金額の使途又は支払の相手方に係る記載は、次のａないしｄのいずれかであり、次のａの記載に係る支出金額の合計金額は、別表６－１ないし別表６－３のとおり、3,755,529円である。

　　なお、本件各封筒に記載された支払金額について、その支払の相手方として「Ｔ」などのＴ社に対する支払であると解される文言は確認できない。

　ａ　使途として「給料」、「工資」、「拉客」の文言が記載されたもの、又は、支払の相手方として「〇〇〇〇」を含む客引きの通称等であると推認される本件氏名等が記載されたもののいずれかで、かつ、当該使途等に係る支出金額が他の使途等に係る金額と区別して記載されたもの

　ｂ　使途として飲食品や消耗品等の名称等が記載されたもの

　ｃ　複数の使途が記載されており、これらに係る支出金額の内訳の記載がないもの

　ｄ　使途及び支払の相手方がいずれも記載されていないもの

(D)　請求人の平成30年５月期の総勘定元帳の「給与手当」勘定には、上記(C)のａの本件各封筒の記載に対応する取引は記載されていない。

(E)　本件各封筒は、上記１の(3)のホの(ロ)のＡのとおり、本件各店舗における売上げに係る現金等が封入された後、本件各店舗の金庫に一時保管され、一週間に２、３回程度の頻度で、Ｈ１代表が回収していた。

(F)　本件各収支集計表は、本件各店舗の店長等が、請求人の本店所在地に設置しているパソコンを用いて、本件各封筒の記載を転記して作成していた。

(ロ)　請求人とＴ社との取引状況等について

　　A　はじめに

　　　　請求人は、上記３の(2)の「請求人」欄のイの(イ)のとおり、Ｔ社に対する報酬を現金で支払っていた旨主張しているが、上記(イ)のＢの(C)のとおり、本件各封筒に記載された支払金額に係る支払の相手方として、「Ｔ」などのＴ社に対する支払であると解される文言は確認できない。

　　　　また、請求人とＴ社の取引については、請求人から提出された本件各請求書があるものの、請求人の上記主張によっても、本件各請求書に記載されたとおりの金額を請求人が支払ったわけではないとのことである。

　　　　しかしながら、本件各請求書は、その外観上、Ｔ社作成名義でＴ社の印影様のものがある文書であることから、請求人が平成30年５月期においてＴ社に本件各請求書に記載された金額の全部又は一部を支払ったか否かについて、以下、検討する。

　　B　本件各請求書について

　　(A)　請求人は、上記１の(3)のへの(ハ)のとおり、原処分庁に対し、本件各請求書を提出した。

　　　　　請求人の説明によると、本件各請求書は、請求人がＴ社から受領した実物の請求書をスキャンしてパソコンに保存していたデータを印刷したものである。このようにデータを保存していた経緯について、Ｈ１代表は、本件調査担当職員に対し、請求人の従業員がＴ社の従業員からｊ店において受領した実物の請求書を、Ｈ１代表が請求人の従業員に指示してスキャンさせたものである旨、及び、請求書の実物は捨ててしまう旨を申述した。

　　　　　そして、請求人は、原処分庁に対し、上記実物の請求書及びそれらをスキャンしたとするデータのいずれも提出又は提示していない。

　　(B)　本件各請求書の「品名」欄及び「総売上」欄にはｊ店、ｈ店及びｉ店の各店における「営業代行サービス」に係る「総売上」の金額が記載され、「総売上」欄記載の各金額に「マージン割合」欄記載の「○」％を乗じた金額が「金額」欄に記載されている。また、本件各請求書には、振込日は毎月15日である旨、振込先としてＸ銀行○○支店のＴ社名義の預金口座、並びに、「発行元」としてＴ社の記名及び所在地が記載され、同記名の右

横には「Ｔ社」と記された印影様のものがある。

　　そして、本件各請求書の「品名」欄については、例えば、平成29年６月
30日付の請求書であれば、「営業代行サービス06月分」と記載され、１月
ないし９月については、それぞれ「営業代行サービス01月分」ないし「営
業代行サービス09月分」と記載されている。

(C)　本件各請求書に記載されている請求金額（税込金額）の合計金額は、平
成30年５月期のもの（平成29年６月分ないし平成30年５月分の請求書12通）
については合計11,297,406円、令和元年５月期のもの（平成30年６月分な
いし令和元年５月分の請求書12通）については合計11,176,745円である。

　　なお、本件各請求書のうち、平成30年11月30日付のものに記載された合
計金額は1,004,836円、同年12月31日付のものに記載された合計金額は
1,511,004円である。

Ｃ　Ｔ社が提出した請求書について

(A)　Ｔ社は、本件調査担当職員に対し、Ｔ社が作成して請求人に交付した請
求書の控え２通（以下「本件各Ｔ社請求書」という。）を提出した。

　　本件各Ｔ社請求書は、それぞれ平成30年11月30日付及び同年12月31日付
であり、いずれもｋ店における営業代行サービスの対価に係るものである。

(B)　本件各Ｔ社請求書の「品名」欄及び「総売上」欄には、「営業代行サー
ビス」に係る「総売上」の金額が記載され、「総売上」欄記載の各金額に
「マージン割合」欄記載の「〇」％を乗じた金額が「金額」欄に記載され
ている。また、本件各Ｔ社請求書には、振込日は毎月15日である旨、振込
先としてＹ銀行〇〇支店又はＸ銀行〇〇支店のＴ社名義の預金口座、並び
に、「発行元」としてＴ社の記名及び所在地が記載され、同記名の右横に
は「Ｔ社」と記された印影がある。

(C)　本件各Ｔ社請求書と上記Ｂの本件各請求書を比較すると、文書の体裁は
おおむね同様であり、「Ｔ社」と記された印影又は印影様のものの外観も
同様のものに見えるが、本件各Ｔ社請求書の「総売上」の金額には「￥」
マークがなく、本件各請求書の「総売上」の金額には「￥」マークが付さ
れている点、Ｔ社が役務を提供した店舗名が「品名」欄に記載されている
か宛名欄に記載されているかという点などが異なっている。

(D) 本件各Ｔ社請求書に記載されている請求金額（税込金額）は、平成30年11月30日付のものにおいては13,898円、同年12月31日付のものにおいては19,559円である。

D　Ｔ社名義の預金口座に対する振込みについて

　　Ｘ銀行○○支店のＴ社名義の預金口座には、「Ｇ社」から、平成30年12月20日に13,898円、平成31年１月22日に19,559円がそれぞれ振り込まれている。

　　なお、上記口座には、これらの振込み以外に、請求人からの入金があったことが確認できる証拠はない。

E　Ｔ社従業員らの申述及びその信用性について

(A)　Ｈ６の申述の内容

　　Ｈ６（以下「Ｈ６氏」という。）は、本件調査担当職員に対し、要旨次のとおり申述した。

a　Ｈ６氏は、Ｔ社における請求人との取引の担当者である。

b　Ｔ社が請求人に対して営業代行サービスを提供したのは、平成30年11月及び同年12月の２か月間、ｋ店に対してのみである。Ｔ社は本件各請求書に記載された業務は行っていないし、そもそも本件各請求書を作成していない。

(B)　Ｈ７の申述の内容

　　Ｈ７（以下「Ｈ７氏」という。）は、本件調査担当職員に対し、要旨次のとおり申述した。

a　Ｈ７氏は、Ｔ社において営業代行サービスを担当する部署の責任者である。

b　Ｔ社が発行する請求書においては、「品名」欄の営業代行サービスの月が１月から９月までの場合、「０」を数字の前に付けることはないし、総売上の金額に「￥」マークを付けることもない。したがって、本件各請求書はＴ社が作成したものではない。また、Ｔ社の売上データ及び預金通帳を確認したところ、本件各請求書に記載されている金額はＴ社の売上げに計上されておらず、入金もされていない。

(C)　信用性について

　　Ｈ６氏及びＨ７氏の各申述は、上記(A)及び(B)のとおり、本件各請求書は

T社において作成したものではなく、本件各請求書に係る支払もされていない旨をいうものであるところ、それらの内容は、本件各T社請求書の記載内容（上記C）やT社名義の預金口座への入金状況（上記D）という客観証拠と符合しており、各申述の内容も相互に符合している上、T社において作成したものではないという本件各請求書とT社において作成した本件各T社請求書との違いを具体的に説明するものである。また、H6氏及びH7氏の各申述の内容には、特段、不自然な点や不合理な点は見当たらない。

したがって、H6氏及びH7氏の各申述は、いずれも信用することができる。

F　小括

(A)　上記Eのとおり、信用できるH6氏及びH7氏の各申述からすれば、本件各請求書はT社において作成されたものではなく、請求人が本件各請求書に記載された「営業代行サービス」の役務提供を受けた事実及び請求人が本件各請求書に記載された「営業代行サービス」の対価である金額を支払った事実もなかったと認められる。

(B)　なお、請求人が提出した本件各請求書についていえば、上記Bの(A)のとおり、本件各請求書はパソコンに保存していたデータを印刷したものであるというものの、本件各請求書の実物及びそれらをスキャンしたとするデータのいずれについても提出又は提示がされておらず、請求人がT社から受領したという本件各請求書の実物が存在したこと自体に疑義があるといわざるを得ない。

また、そもそも、本件各請求書は、請求人がT社から「営業代行サービス」に係る対価の支払を請求された旨の記載はあるものの、その請求に係る支払がされた事実を確認できるものではない。加えて、平成30年11月分及び同年12月分のT社から請求人に対する請求に係る請求書については、本件各T社請求書及び本件各請求書の双方が存在しているところ、T社が作成した本件各T社請求書とは別に同日付で本件各請求書が作成されるべき事情はうかがわれず、同日付であえて本件各請求書が作成されているのは不自然であるというべきである。そして、本件各T社請求書及び本件各

請求書の双方において、その支払方法としてＴ社名義の預金口座が指定されているところ、本件各Ｔ社請求書に係る平成30年11月分及び同年12月分の支払について同口座への振込みは確認できるものの、本件各請求書に係る同年11月分及び同年12月分の支払は確認できず、その他、同年11月分及び同年12月分以外のものについても、本件各請求書記載の金額を請求人がＴ社に支払ったことを裏付ける証拠もない。

　以上からすれば、本件各請求書については、その外観がＴ社が作成した本件各Ｔ社請求書と同様のものであるからといって、本件各請求書に基づいてその記載のとおりの金額を請求人が支払ったとは認められない。

ハ　検討

　以上を前提に、上記イの法令解釈及び上記ロの認定事実に照らして、平成30年５月期の所得金額の計算上、損金の額に算入すべき本件営業代行報酬の金額が幾らであるかについて、以下、検討する。

(イ)　本件各封筒等について

　Ａ　はじめに

　　上記ロの(イ)のとおり、請求人は、平成30年５月期において、「○○○○」と称する者を含む複数の客引きから、本件各店舗に係る客引き行為の役務提供を受け、それぞれの客引きが勧誘してきた客に係る請求人の売上金額に一定の報酬率を乗じた金額の対価（本件客引き報酬）を支払っていた。

　　そして、上記ロの(イ)のＢの(B)及び(C)のとおり、請求人においては、本件各店舗の日々の売上げに係る現金の中から本件客引き報酬を支払い、その支払った金額を本件各封筒に記載していたほか、同Ａの(C)及び同Ｂの(F)のとおり、本件各収支集計表及び本件各日報も作成していたことから、本件各封筒、本件各収支集計表及び本件各日報の各記載から認められる本件客引き報酬の金額が幾らであるかについて、以下、検討する。

　Ｂ　本件各封筒による本件客引き報酬の金額の認定について

(A)　本件各封筒は、上記ロの(イ)のＡの(D)及び同Ｂの(C)のとおりの経緯で作成されたものであり、そこに記載された売上金額や支出金額については、基本的には信用できるものであるといえる。

　　ただし、本件各封筒に記載された文言には、その意味内容が必ずしも明

確ではないものが含まれており、また、本件客引き報酬については、上記ロの(イ)のＢの(B)のとおり、本件各店舗の日々の売上げに係る現金の中から支払われていたものであり、その支払の事実を直接裏付ける証拠は、本件各封筒以外にはない。

(B) この点を踏まえて検討すると、本件各封筒には、上記ロの(イ)のＢの(C)のａのとおり、支出金額の使途として、給与又は賃金を意味する「給料」及び「工資」という文言、客引きを意味する「拉客」という文言が記載されたものや、支払の相手方として、「○○○○」を含む客引きの氏名等であると認められる本件氏名等が記載されたものがあり、かつ、その使途等が他の支出金額とは区別されて記載されたものがある。

そして、上記ロの(イ)のＢの(D)のとおり、請求人の平成30年５月期の総勘定元帳の「給与手当」勘定には、本件各封筒に「給料」、「工資」、「拉客」及び本件氏名等と記載された支出金額に対応する取引が記載されていないことからすると、本件各封筒に記載された上記支出金額は、請求人が従業員に対する給与等とは別に支出した金員に係るものであると認められる。

以上からすれば、本件各封筒に「給料」、「工資」、「拉客」と使途が記載されたもの、又は、支払先として本件氏名等が記載されたもののいずれかであり、かつ、当該使途等に係る支出金額が他の使途等に係る金額と区別されて記載された支出金額については、請求人が客引きに支払った本件客引き報酬の金額が記録されたものであると認められる。

(C) 他方で、本件各封筒に支出金額の使途として飲食品や消耗品等の名称等が記載されているもの（上記ロの(イ)のＢの(C)のｂ）については、その記載内容からして、客引き報酬以外の使途に係る支出について記載したものであることが明らかである。

また、本件各封筒のうち、複数の使途が記載されており、これらに係る支出金額の内訳の記載がないもの（上記ロの(イ)のＢの(C)のｃ）並びに使途及び支払の相手方がいずれも記載されていないもの（同ｄ）については、本件各封筒に記載されている支出金額が本件客引き報酬として支払われたことが確認できるとは言い難く、その記載から本件客引き報酬の金額を特定することもできない。

C　本件各収支集計表による本件客引き報酬の金額の認定について

　　上記１の⑶のホの㈹のＣのとおり、本件各収支集計表には、本件客引き報
酬の金額を直接認定できる記載はなく、請求人の支出金額の記載はあるもの
の、その内訳が記載されていないため、本件各収支集計表の記載によっては、
本件客引き報酬の金額を他の使途による支出金額と区別することができない。

　　したがって、本件各収支集計表からは、本件客引き報酬の金額を認定する
ことはできない。

D　本件各日報による本件客引き報酬の金額の認定について

　　上記ロの㈵のＡの㈹のとおり、本件各日報には、客引きらが勧誘してきた
客に係る売上金額が記載されているのみであり、本件客引き報酬の金額又は
その算定に用いる報酬率等の記載がないため、本件各日報の記載によっては、
本件客引き報酬の金額を算定することができない。

　　したがって、本件各日報からは、本件客引き報酬の金額を認定することは
できない。

㈹　Ｔ社との取引について

　　上記１の⑶のニのとおり、請求人は、Ｔ社との間で本件営業代行サービス契
約を締結していたが、上記ロの㈹のとおり、請求人がＴ社から本件営業代行サー
ビス契約に基づく役務の提供を受け、その対価を支払ったのは、平成30年11
月及び同年12月の２か月間、ｋ店に対するもののみであり、請求人が本件各請
求書に記載された役務提供を受けたとは認められず、その対価を支払ったとも
認められない。

㈸　小括

　　以上からすれば、平成30年５月期の損金の額に算入すべき本件営業代行報酬
の金額は、上記㈵のＢの㈺のとおり、本件各封筒に「給料」、「工資」、「拉客」
と使途が記載されたもの、又は、本件氏名等が記載されたもののいずれかであ
り、かつ、他の使途等に係る金額と区別して記載された支出金額の合計金額で
ある3,755,529円であると認めるのが相当である。

ニ　請求人の主張について

㈵　請求人は、上記３の⑵の「請求人」欄のイの㈵のとおり、Ｔ社から本件営業
代行サービス契約に基づく役務提供を受け、請求人を担当していたＴ社の従業

員等に対して上記役務提供に係る報酬を直接現金で支払っていた旨主張する。

　　しかしながら、上記ロの(ロ)のとおり、そもそも、請求人が平成30年５月期に
Ｔ社から役務の提供を受けた事実は認められないし、同Ａのとおり、本件各封
筒には、請求人がＴ社に対する支払をしたことを裏付ける記載は確認できず、
上記ロの(ロ)のとおり、請求人がＴ社に対して本件各請求書記載の金額の全部又
は一部を支払ったとも認められず、請求人が平成30年５月期にＴ社に対して何
らかの支払をした事実も認められない。

　　したがって、請求人の主張には理由がない。

(ロ)　請求人は、上記３の(2)の「請求人」欄のイの(ロ)のとおり、請求人が本件各店
舗の客引き行為に係る役務提供を受けた事実及びその対価の額は、本件各封筒、
本件各収支集計表及び本件各日報の各記載からも明らかである旨主張する。

　　しかしながら、上記ハのとおり、本件客引き報酬の金額については、本件各
封筒の記載内容等を詳細に検討しても、本件各封筒に支出金額の使途として
「給料」、「工資」、「拉客」の文言が記載されたもの、又は、支払の相手方とし
て本件氏名等が記載されたもののいずれかで、かつ、当該使途等に係る支出金
額が他の使途等に係る支出金額と区別して記載されたもの以外には、本件客引
き報酬として支払われたと認定できる支払はないというべきである。

　　したがって、請求人の主張には理由がない。

ホ　原処分庁の主張について

　　原処分庁は、上記３の(2)の「原処分庁」欄のイの(ロ)のとおり、本件各封筒には、
そのほとんどについて単に「支払」等と記載されているにすぎず、当該支出の事
実が存在するとしても、誰に、幾ら、いかなる使途として支出したのか、又は支
出した金銭が何かしらの費用となるべきものか否かは、本件各封筒の記載からは
明らかではなく、請求人から、その支出の内容、支出の相手方などの支出の実態
を確認することができる証拠は提出されていない旨主張する。

　　しかしながら、上記ハの(イ)のとおり、本件各封筒に記載された売上金額や支出
金額については基本的には信用できるところ、記載された文言に意味内容が必ず
しも明確ではないものが含まれているからといって、本件各封筒に記載された支
出金額について、本件各封筒の記載のみでは本件客引き報酬として支出されたも
のであることを全く認めることができないと判断するのは相当ではないというべ

きである。

　そして、本件各封筒には、支出金額の使途として「給料」、「工資」、「拉客」の文言が記載されたものや、支払の相手方として本件氏名等が記載されたもので、かつ、当該使途等に係る金額が他の使途等に係る金額と区別して記載されたものがあり、その記載に係る支出金額は、本件客引き報酬として支払われたことが明らかであるというべきである。

　したがって、上記の本件客引き報酬として支払われたことが明らかなものも含めて、損金の額に算入することを認めないとする原処分庁の主張には理由がない。

(3) 争点3（本件営業代行報酬について、本件各課税期間の消費税等の金額の計算上、仕入税額控除の適用があるか否か。）について

イ　法令解釈

　事業者が、仕入税額控除を行うためには、消費税法第30条第7項により、事業者が当該課税期間の仕入税額控除に係る帳簿及び請求書等、すなわち、法定帳簿及び法定請求書等（課税仕入れに係る支払対価の額が少額である場合には法定帳簿のみ）を保存することが要件とされているところ、当該保存が要件とされた趣旨は、資産の譲渡等が連鎖的に行われる中で、広く、かつ、公平に資産の譲渡等に課税するという消費税により適正な税収を確保するには、法定帳簿及び法定請求書等という確実な資料を保存させ、権限ある課税庁職員の必要あるときは法定帳簿及び法定請求書等を検査することが可能であるときに限り、仕入税額控除の適用ができることを明らかにしたものであると解される。

　そして、上記の消費税法第30条の趣旨に照らせば、同条第7項に規定する帳簿には、適正な税収を確保するため、正確な記載が要求されるものであり、同条第8項第1号イに規定する「課税仕入れの相手方の氏名又は名称」の記載は、相手方を特定できる程度のものであることを要し、略称又は屋号を用いる場合には、当該略称又は屋号が周知性を有しそれのみで相手方を特定することができるような措置が講じられていることを要すると解される。

ロ　認定事実

　請求人提出資料、原処分関係資料並びに当審判所の調査及び審理の結果によれば、以下の事実が認められる。

(イ)　本件各封筒には、支払の相手方の氏若しくは名又は通称のいずれも記載され

ていないか、氏若しくは名又は通称のいずれかが記載されているが、支払の相手方の氏及び名のいずれもが記載されているものはない。

(ロ) 請求人は、本件各店舗の客引きの氏名及び連絡先を記録した名簿その他の資料を保存していない。

ハ 検討

(イ) 法定帳簿の保存の有無について

A 本件各封筒、本件各収支集計表及び本件各日報の法定帳簿該当性の有無について

上記1の(3)のホの(イ)及び同への(ロ)のとおり、本件営業代行報酬は、請求人の総勘定元帳の「支払手数料」勘定及び「広告宣伝費」勘定のいずれにも計上されていない。

この点、請求人は、上記3の(3)の「請求人」欄のイの(イ)のとおり、本件営業代行報酬に係る法定帳簿として、本件各封筒、本件各収支集計表及び本件各日報を保存している旨の主張をしていることから、以下、本件各封筒、本件各収支集計表及び本件各日報がそれぞれ法定帳簿に該当するか否かについて検討する。

(A) 本件各封筒について

上記ロの(イ)のとおり、本件各封筒には、支払の相手方の氏及び名のいずれもが記載されているものはないこと、また、同(ロ)のとおり、請求人は、本件各店舗の客引きの氏名及び連絡先を記録した名簿その他の資料を保存していないことからすると、本件各封筒における氏若しくは名又は通称によって支払の相手方を特定することはできない。

したがって、本件各封筒は、消費税法第30条第8項第1号イに規定する「課税仕入れの相手方の氏名又は名称」の記載を欠くため、法定帳簿に該当しない。

(B) 本件各収支集計表について

上記1の(3)のホの(ロ)のCのとおり、本件各収支集計表には、1日ごとの支出の合計金額のみが記載されており、その支払先、使途等の内訳が記載されていない。

したがって、本件各収支集計表は、消費税法第30条第8項第1号イに規

— 102 —

定する「課税仕入れの相手方の氏名又は名称」、同号ハに規定する「課税
仕入れに係る資産又は役務の内容」及び同号ニに規定する「第1項に規定
する課税仕入れに係る支払対価の額」の記載をいずれも欠くため、法定帳
簿に該当しない。

(C) 本件各日報について

上記(2)のロの(イ)のAの(C)のとおり、本件各日報には、客引きらの氏若し
くは名又は通称及び同人らが勧誘してきた客に係る売上金額のみが記載さ
れており、本件客引き報酬の金額は記載されていない。そして、客引きら
の氏若しくは名又は通称の記載のみでは、その支払の相手方を特定できな
いことは、上記(A)のとおりである。

したがって、本件各日報は、消費税法第30条第8項第1号イに規定する
「課税仕入れの相手方の氏名又は名称」、同号ハに規定する「課税仕入れに
係る資産又は役務の内容」及び同号ニに規定する「第1項に規定する課税
仕入れに係る支払対価の額」の記載をいずれも欠くため、法定帳簿に該当
しない。

B 小括

上記Aのとおり、本件各封筒、本件各収支集計表及び本件各日報はいずれ
も法定帳簿に該当しない。また、当審判所の調査によっても、請求人がこれ
らのほかに本件営業代行報酬について記載された帳簿を保存している事実は
認められない。したがって、請求人は、本件営業代行報酬について、法定帳
簿を保存していないと認められる。

(ロ) 法定請求書等の保存の有無について

上記イのとおり、消費税法第30条第7項は、法定帳簿及び法定請求書等（課
税仕入れに係る支払対価の額が少額である場合には法定帳簿のみ）を保存する
ことを仕入税額控除の要件として規定している。そして、上記(イ)のとおり、請
求人は、本件営業代行報酬について、法定帳簿を保存していないと認められる
ことから、法定請求書等の保存の有無にかかわらず、本件営業代行報酬に係る
仕入税額控除を受けることはできない。

この点を措くとしても、本件各請求書については、上記3の(2)の「請求人」
欄のイの(イ)のとおり、請求人の主張するところによっても、請求人がそこに記

載されたとおりの金額を支払っていないというのであり、また、上記(2)のロの
(ロ)のFの(A)のとおり、請求人がT社から本件各請求書に記載された役務の提供
を受けた事実及び本件各請求書に記載された請求金額を支払った事実は認めら
れない。そうすると、本件各請求書は、消費税法第30条第9項第1号ロに規定
する「課税資産の譲渡等を行った年月日」、同号ハに規定する「課税資産の譲
渡等に係る資産又は役務の内容」及び同号ニに規定する「課税資産の譲渡等の
対価の額」の記載がされたものであるとは認められない。そして、当審判所の
調査によっても、請求人が、本件各請求書のほかに、本件営業代行報酬に係る
請求書等を保存している事実は認められない。

　　　したがって、請求人は、本件営業代行報酬について、法定請求書等を保存し
ていないと認められる。

　(ハ)　まとめ

　　　上記(イ)及び(ロ)のとおり、請求人は、本件営業代行報酬について、法定帳簿及
び法定請求書等のいずれも保存していないと認められる。

　　　また、当審判所の調査によっても、請求人については、法定帳簿及び法定請
求書等を保存できなかったことにつき、消費税法第30条第7項ただし書に規定
する「災害その他やむを得ない事情」があったとは認められない。

　　　したがって、本件営業代行報酬に係る消費税額については、仕入税額控除を
適用することができない。

　ニ　請求人の主張について

　　　請求人は、上記3の(3)の「請求人」欄のとおり、本件営業代行報酬について、
帳簿として本件各封筒及び本件各収支集計表を保管し、本件各日報も保存してい
るとともに、本件各請求書を保存しているから、仕入税額控除が適用される旨主
張する。

　　　しかしながら、請求人において法定帳簿及び法定請求書等の保存がないことは
上記ハのとおりである。したがって、請求人の主張には理由がない。

(4)　争点4（本件カード売上げ及び本件専売料について、請求人に、通則法第68条第
　1項に規定する「隠蔽し、又は仮装し」に該当する事実があったか否か。）につい
　て

　イ　法令解釈

通則法第68条第1項は、過少申告をした納税者が、その国税の課税標準等又は税額等の計算の基礎となるべき事実の全部又は一部を隠蔽し、又は仮装し、その隠蔽し、又は仮装したところに基づき納税申告書を提出していたときは、その納税者に対して重加算税を課する旨規定している。

　　この重加算税の制度は、納税者が過少申告することについて、隠蔽、仮装という不正手段を用いていた場合に、過少申告加算税よりも重い行政上の制裁を科することによって、悪質な納税義務違反の発生を防止し、もって申告納税制度による適正な徴税の実現を確保しようとするものである。

　　したがって、重加算税を課するためには、納税者のした過少申告行為そのものが隠蔽、仮装に当たるというだけでは足りず、過少申告行為そのものとは別に、隠蔽、仮装と評価すべき行為が存在し、これに合わせた過少申告がされたことを要するものである。ただし、通則法第68条第1項及び第2項による重加算税を課すためには、納税者が故意に課税標準等又は税額等の計算の基礎となる事実の全部又は一部を隠蔽し、又は仮装し、その隠蔽、仮装行為を原因として過少申告の結果が発生したものであれば足り、それ以上に、申告に際し、納税者において過少申告を行うことの認識を有していることまでを必要とするものではないと解される。

ロ　当てはめ

　　上記(1)のホの(イ)のとおり、H1代表がU社従業員である本件連絡担当者及び本件帳簿作成担当者を介して、本件カード売上げ及び本件専売料に係る収益を故意に請求人の総勘定元帳に記載しなかったと認められるから、当該行為は通則法第68条第1項に規定する「隠蔽」に該当する。

ハ　請求人の主張について

　　請求人は、上記3の(4)の「請求人」欄のとおり、請求人は本件カード売上げ及び本件専売料について意図的に脱漏したものではなく、請求人に、通則法第68条第1項に規定する「隠蔽し、又は仮装し」に該当する事実はない旨主張する。

　　しかしながら、上記ロのとおり、H1代表が本件カード売上げ及び本件専売料に係る収益を故意に請求人の総勘定元帳に記載しなかったと認められるから、意図的な脱漏ではない旨をいう請求人の主張は採用できない。

(5)　本件各減額更正処分及び本件消費税等変更決定処分について

請求人は、本件各減額更正処分及び本件消費税等変更決定処分についても、全部
の取消しを求めているが、当該各処分は、別表2の「令和元年5月期」の「更正処
分等」欄、別表3の「令和元年5月課税事業年度」の「更正処分等」欄及び別表4
の「令和元年5月課税期間」の「更正処分等」欄のとおり、いずれも納付すべき税
額を減額させるものである。

　また、上記(1)のとおり、本件各減額更正処分及び本件消費税等変更決定処分に先
立って行われた本件青色承認取消処分は適法かつ相当である。

　そうすると、請求人には、本件各減額更正処分及び本件消費税等変更決定処分の
取消しを求める利益はなく、この点に関する審査請求は請求の利益を欠く不適法な
ものである。

(6) 原処分の適法性について

　イ　本件青色承認取消処分について

　　上記(1)のとおり、本件青色承認取消処分は適法かつ相当である。

　ロ　本件各更正処分について

　　(イ)　本件法人税等更正処分について

　　　　上記(2)のとおり、平成30年5月期の損金の額に算入すべき本件営業代行報酬
　　　の金額は3,755,529円であり、別表5の本件法人税更正処分において損金の額に
　　　算入した本件営業代行報酬の金額492,033円を上回る。これに基づき、当審判
　　　所が認定した請求人の平成30年5月期の所得金額及び納付すべき税額並びに平
　　　成30年5月課税事業年度の課税標準法人税額及び納付すべき税額はそれぞれ別
　　　紙2-1及び別紙2-2の「取消額等計算書」のとおりとなり、いずれも本件
　　　法人税等更正処分の金額を下回るから、本件法人税等更正処分は、いずれもそ
　　　の一部を別紙2-1及び別紙2-2の「取消額等計算書」のとおり取り消すべ
　　　きである。

　　　　なお、本件法人税等更正処分のその他の部分については、請求人は争わず、
　　　当審判所に提出された証拠資料等によっても、これを不相当とする理由は認め
　　　られない。

　　(ロ)　本件消費税等更正処分について

　　　　上記(3)のとおり、請求人は、本件営業代行報酬について、消費税法第30条第
　　　7項に規定する帳簿及び請求書等を保存していないことから、同項の規定によ

り同条第1項に規定する仕入税額控除は適用されない。そして、これに基づき計算した平成30年5月課税期間の納付すべき消費税等の額は、いずれも本件消費税等更正処分の額と同額となる。

なお、本件消費税等更正処分のその他の部分については、請求人は争わず、当審判所に提出された証拠資料等によっても、これを不相当とする理由は見当たらない。

したがって、本件消費税等更正処分は適法である。

ハ　本件各賦課決定処分について

　(イ)　本件法人税等賦課決定処分について

　　A　重加算税の額について

　　　上記ロの(イ)のとおり、本件法人税等更正処分は、いずれもその一部を別紙2－1及び別紙2－2の「取消額等計算書」のとおり取り消すべきである。

　　　また、上記(4)のとおり、本件カード売上げ及び本件専売料について、請求人には、通則法第68条第1項に規定する「隠蔽」に該当する事実があり、その隠蔽したところに基づき納税申告書を提出していたものと認められる。なお、上記1の(3)のロの(ロ)のとおり、本件カード売上げの合計金額は14,586,091円である。

　　　そして、原処分関係資料及び当審判所の調査の結果によれば、その他の重加算税の賦課要件にも欠けるところはない。

　　　これらに基づき、当審判所において、平成30年5月期の法人税及び平成30年5月課税事業年度の地方法人税の重加算税の計算の基礎となるべき税額を計算すると、それぞれ別紙2－1及び別紙2－2の「取消額等計算書」のとおりとなり、通則法第68条第1項の規定に基づき重加算税の額を計算すると、それぞれ○○○○円及び○○○○円となる。

　　B　過少申告加算税の額について

　　　上記ロの(イ)のとおり、本件法人税等更正処分は、いずれもその一部を別紙2－1及び別紙2－2の「取消額等計算書」のとおり取り消すべきであり、また、重加算税の額は上記Aのとおりとなり、通則法第65条第4項に規定する「正当な理由」があるとも認められない。

　　　これらに基づき、当審判所において、平成30年5月期の法人税及び平成30

年5月課税事業年度の地方法人税の過少申告加算税の計算の基礎となるべき税額を計算すると、それぞれ別紙2-1及び別紙2-2の「取消額等計算書」のとおりとなり、通則法第65条第1項及び第2項の規定に基づき過少申告加算税の額を計算すると、それぞれ○○○○円及び○○○○円となる。

C　本件法人税等賦課決定処分の適法性について

本件法人税等賦課決定処分のうち法人税に係る重加算税及び過少申告加算税の合計額は○○○○円であり、地方法人税に係る重加算税及び過少申告加算税の合計額は○○○○円であるところ、上記A及びBのとおり、請求人の平成30年5月期の法人税について課されるべき加算税の合計額は○○○○円、地方法人税について課されるべき加算税の合計額は○○○○円であり、それぞれ本件法人税等賦課決定処分に係る上記加算税の合計額を超えているから、本件法人税等賦課決定処分は、別紙2-1及び別紙2-2の「取消額等計算書」のとおり取り消すべきである。

(ロ)　本件消費税等賦課決定処分について

上記ロの(ロ)のとおり、本件消費税等更正処分はいずれも適法であり、また、本件消費税等更正処分により納付すべき税額の計算の基礎となった事実が本件消費税等更正処分前の税額の計算の基礎とされていなかったことについて、通則法第65条第4項に規定する「正当な理由」があるとは認められず、また、上記(4)のとおり、請求人に通則法第68条第1項に規定する「隠蔽」に該当する事実があり、その隠蔽したところに基づき納税申告書を提出していたものと認められる。そして、平成30年5月課税期間の消費税等に係る過少申告加算税及び重加算税の額は、当審判所においても、本件消費税等賦課決定処分の額といずれも同額であると認められる。

したがって、本件消費税等賦課決定処分は、いずれも適法である。

(7)　結論

よって、審査請求には理由があるから、原処分の一部を取り消すこととする。

別表1－1　本件カード売上げの明細に記載された平成30年5月期のj店の売上金額等（省略）

別表1－2　本件カード売上げの明細に記載された平成30年5月期のh店の売上金額等（省略）

別表2　審査請求に至る経緯（法人税）（省略）

別表3　審査請求に至る経緯（地方法人税）（省略）

別表4　審査請求に至る経緯（消費税等）（省略）

別表5　本件法人税更正処分において損金の額に算入した客引き報酬の金額（省略）

別表6－1　平成30年5月期の損金の額に算入すべき本件客引き報酬の金額（j店）（省略）

別表6－2　平成30年5月期の損金の額に算入すべき本件客引き報酬の金額（i店）（省略）

別表6－3　平成30年5月期の損金の額に算入すべき本件客引き報酬の金額（h店）（省略）

別紙1　関係法令等

別紙2－1及び2－2　取消額等計算書（省略）

別紙1

# 関係法令等

1 国税通則法関係

(1) 国税通則法（以下「通則法」という。）第65条《過少申告加算税》第1項は、期限内申告書が提出された場合において、更正があったときは、当該納税者に対し、その更正に基づき納付すべき税額に100分の10の割合を乗じて計算した金額に相当する過少申告加算税を課する旨規定し、同条第4項柱書及び同項第1号は、同条第1項に規定する納付すべき税額の計算の基礎となった事実のうちにその更正前の税額の計算の基礎とされていなかったことについて正当な理由があると認められるものがある場合には、その納付すべき税額からその正当な理由があると認められる事実に基づく税額として政令で定めるところにより計算した金額を控除して、同項の規定を適用する旨規定している。

(2) 通則法第68条《重加算税》第1項は、同法第65条第1項の規定に該当する場合において、納税者がその国税の課税標準等又は税額等の計算の基礎となるべき事実の全部又は一部を隠蔽し、又は仮装し、その隠蔽し、又は仮装したところに基づき納税申告書を提出していたときは、当該納税者に対し、政令で定めるところにより、過少申告加算税の額の計算の基礎となるべき税額に係る過少申告加算税に代え、当該基礎となるべき税額に100分の35の割合を乗じて計算した金額に相当する重加算税を課する旨規定している。

(3) 平成12年7月3日付課法2－8ほか3課共同「法人税の重加算税の取扱いについて（事務運営指針）」（令和4年6月30日付課法2－16ほか3課共同による改正前のもの。以下「本件重加指針」という。）第1の1《隠蔽又は仮装に該当する場合》は、通則法第68条第1項に規定する「国税の課税標準等又は税額等の計算の基礎となるべき事実の全部又は一部を隠蔽し、又は仮装し」に該当する不正事実がある場合を例示しており、同(2)の③は、帳簿書類の作成又は帳簿書類への記録をせず、売上げその他の収入（営業外の収入を含む。）の脱漏又は棚卸資産の除外をしていることを掲げている。

なお、本件重加指針第1の3《帳簿書類の隠匿、虚偽記載等に該当しない場合》

の柱書及び同(1)は、売上げ等の収入の計上を繰り延べている場合において、その売上げ等の収入が翌事業年度の収益に計上されていることが確認され、かつ、当該行為が相手方との通謀又は証ひょう書類等の破棄、隠匿若しくは改ざんによるもの等でないときは、帳簿書類の隠匿、虚偽記載等に該当しない旨定めている。

2 法人税法関係

(1) 法人税法第22条第2項は、内国法人の各事業年度の所得の金額の計算上当該事業年度の益金の額に算入すべき金額は、別段の定めがあるものを除き、資産の販売、有償又は無償による資産の譲渡又は役務の提供、無償による資産の譲受けその他の取引で資本等取引以外のものに係る当該事業年度の収益の額とする旨規定している。

(2) 法人税法第22条第3項は、内国法人の各事業年度の所得の金額の計算上当該事業年度の損金の額に算入すべき金額は、別段の定めがあるものを除き、次に掲げる額とする旨規定している。

　イ　当該事業年度の収益に係る売上原価、完成工事原価その他これらに準ずる原価の額（第1号）

　ロ　イに掲げるもののほか、当該事業年度の販売費、一般管理費その他の費用（償却費以外の費用で当該事業年度終了の日までに債務の確定しないものを除く。）の額（第2号）

　ハ　当該事業年度の損失の額で資本等取引以外の取引に係るもの（第3号）

(3) 法人税法第127条《青色申告の承認の取消し》第1項柱書及び同項第3号は、同法第121条《青色申告》第1項の承認を受けた内国法人につき、その事業年度に係る帳簿書類に取引の全部又は一部を隠蔽し又は仮装して記載し又は記録し、その他その記載又は記録をした事項の全体についてその真実性を疑うに足りる相当の理由がある場合には、納税地の所轄税務署長は、その事業年度まで遡って、その承認を取り消すことができる旨規定し、この場合において、その取消しがあったときは、当該事業年度開始の日以後その内国法人が提出したその承認に係る青色申告書は、青色申告書以外の申告書とみなす旨規定している。

(4) 平成12年7月3日付課法2－10ほか3課共同「法人の青色申告の承認の取消しについて（事務運営指針）」（令和3年11月30日付課法2－38ほか3課共同による改正前のもの。以下「本件取消指針」という。）3の(1)《青色申告の承認を取り消す場合》の柱書及び同イは、青色申告の承認を受けている法人について、所得金額の

更正をした場合において、その事業年度の当該更正後の所得金額（以下「更正所得金額」という。）のうち隠蔽又は仮装の事実に基づく所得金額（以下「不正所得金額」という。）が、当該更正所得金額の50％に相当する金額を超えるとき（当該不正所得金額が500万円に満たないときを除く。）に該当する場合には、法人税法第127条第1項第3号の規定によりその該当することとなった事業年度以後の事業年度について、その承認を取り消す旨定めている。

3　消費税法関係

(1)　消費税法第30条《仕入れに係る消費税額の控除》（平成27年法律第9号により改正された平成24年法律第68号の第3条の規定による改正前のものをいう。以下同じ。）第1項柱書及び同項第1号は、事業者が、国内において行う課税仕入れについては、当該課税仕入れを行った日の属する課税期間の課税標準額に対する消費税額から、当該課税期間中に国内において行った課税仕入れに係る消費税額を控除する（以下、当該控除を「仕入税額控除」という。）旨規定し、同法第30条第7項は、同条第1項の規定は、事業者が当該課税期間の課税仕入れ等の税額の控除に係る帳簿（以下「法定帳簿」という。）及び請求書等（以下「法定請求書等」という。）（同項に規定する課税仕入れに係る支払対価の額の合計額が少額である場合、特定課税仕入れに係るものである場合その他の政令で定める場合における当該課税仕入れ等の税額については、帳簿）を保存しない場合には、当該保存がない課税仕入れ、特定課税仕入れ又は課税貨物に係る課税仕入れ等の税額については、適用しない旨規定するとともに、ただし書において、災害その他やむを得ない事情により、当該保存をすることができなかったことを当該事業者において証明した場合は、この限りでない旨規定している。

(2)　消費税法第30条第8項柱書及び同項第1号は、法定帳簿とは、課税仕入れ等の税額が課税仕入れに係るものである場合には、次に掲げる事項が記載されているものをいう旨規定している。

　　イ　課税仕入れの相手方の氏名又は名称

　　ロ　課税仕入れを行った年月日

　　ハ　課税仕入れに係る資産又は役務の内容

　　ニ　消費税法第30条第1項に規定する課税仕入れに係る支払対価の額

(3)　消費税法第30条第9項柱書及び同項第1号は、法定請求書等とは、事業者に対し

課税資産の譲渡等を行う他の事業者が、当該課税資産の譲渡等につき当該事業者に交付する請求書、納品書その他これらに類する書類で次に掲げる事項が記載されているものをいう旨規定している。

イ　書類の作成者の氏名又は名称

ロ　課税資産の譲渡等を行った年月日

ハ　課税資産の譲渡等に係る資産又は役務の内容

ニ　課税資産の譲渡等の対価の額

ホ　書類の交付を受ける当該事業者の氏名又は名称

# 四　消費税法関係

〈令和 4 年10月～12月分〉

消費税法

事例 5 （免税取引　輸出免税）

> **請求人が輸出者として輸出免税の適用を受けることができるとした事例**（①平成29年
> 1月○日から平成29年12月31日までの事業年度以後の法人税の青色申告の承認の取消
> 処分、②平成29年1月○日から平成29年12月31日まで及び平成30年1月1日から平成
> 30年12月31日までの各事業年度の法人税の各更正処分、③平成29年1月○日から平成
> 29年12月31日まで及び平成30年1月1日から平成30年12月31日までの各課税事業年度
> の地方法人税の各更正処分、④平成30年1月1日から平成30年12月31日まで及び平成
> 31年1月1日から令和元年12月31日までの各事業年度の法人税の更正の請求に対して
> された更正をすべき理由がない旨の各通知処分、⑤令和2年1月1日から令和2年12
> 月31日までの事業年度の欠損金の繰戻しによる平成31年1月1日から令和元年12月31
> 日までの事業年度の法人税の還付請求に理由がない旨の通知処分、⑥平成29年1月○
> 日から令和元年5月31日までの各課税期間の消費税及び地方消費税の各更正処分並び
> に過少申告加算税及び重加算税の各賦課決定処分、⑦平成30年1月1日から平成30年
> 12月31日まで及び平成31年1月1日から令和元年12月31日までの各課税事業年度の地
> 方法人税の更正の請求に対する更正をすべき理由がない旨の各通知処分・①④⑤⑦棄
> 却、②③却下、⑥一部取消し、棄却・令和4年10月25日裁決）
>
> 《ポイント》
> 　本事例は、本邦からの輸出取引について、輸出許可の申請や、輸出許可通知書の保
> 存状況から、請求人において輸出免税の適用を受けることができると判断した事例で
> ある。

《要旨》
　原処分庁は、本件における輸出取引（本件取引）は、請求人から商品を仕入れた取引
先が国外に販売したものであるから、請求人が、消費税法第7条《輸出免税等》第1項
第1号に規定する本邦からの輸出として行われる資産の譲渡を行ったものではない旨主
張する。
　しかしながら、請求人は、取引先から受注した商品を国内でコンテナに積載し、自ら
の名義で輸出許可を申請して国外へ搬出しているのであり、本件取引は、請求人による

本邦からの輸出として行われる資産の譲渡であると認められる。そして、請求人は、請求人名義の輸出許可通知書を保存していることから、請求人において、輸出免税の適用を受けることができる。

《参照条文等》
　　消費税法第7条

（令和4年10月25日裁決）

《裁決書（抄）》

1 事　実

(1) 事案の概要

本件は、日用雑貨等の輸出業を営む審査請求人（以下「請求人」という。）が商品仕入れに係る消費税等の額を仕入税額控除の対象として確定申告をし、また、法人税等の各更正の請求及び欠損金の繰戻しによる還付請求をしたところ、原処分庁が、商品仕入れの一部は架空に計上されたものである、また、商品仕入れについて仕入税額控除に係る帳簿及び請求書等を保存しない場合に該当するとして消費税等の更正処分及び重加算税の賦課決定処分を、法人税について、青色申告の承認の取消事由があるとして青色申告の承認の取消処分をするとともに、各更正の請求及び還付請求に理由がない旨の通知処分をしたのに対し、請求人が、①商品仕入れの金額は正当であり、架空計上の事実はない、②仕入税額控除に係る帳簿及び請求書等の保存がある、③法人税の青色申告の承認の取消事由に該当しないなどとして、原処分の一部の取消しを求めた事案である。

(2) 関係法令

関係法令は、別紙2のとおりである。なお、別紙2において定義した略語については、以下、本文においても使用する。

(3) 基礎事実

当審判所の調査及び審理の結果によれば、以下の事実が認められる。

なお、以下では、請求人の法人税の事業年度、地方法人税の課税事業年度につき、各個別の終了年月をもって表記する（例えば、平成29年1月○日から平成29年12月31日までの期間は、法人税について「平成29年12月期」といい、地方法人税について「平成29年12月課税事業年度」という。）。

また、請求人の消費税及び地方消費税（以下「消費税等」という。）の課税期間につき、平成29年11月○日から平成29年12月○日までの課税期間は「平成29年12月○日課税期間」、平成29年12月○日から平成29年12月31日までの課税期間は「平成29年12月31日課税期間」といい、その他の課税期間は各個別の終了年月をもって表記する（例えば、平成29年1月○日から平成29年2月○日までの課税期間は「平成29年2月課税期間」という。）。

おって、原処分に係る法人税の各事業年度を併せて「本件各事業年度」、原処分に係る地方法人税の各課税事業年度を併せて「本件各課税事業年度」、原処分に係る消費税等の各課税期間を併せて「本件各課税期間」という。

イ　請求人は、平成29年1月○日、日用雑貨等の販売及び輸出入等を目的として設立された法人であり、設立時は、Mが代表取締役を務めていた。Mは、平成29年○月○日に請求人の代表取締役を退任して退社し、同日以降はK（以下「本件代表者」という。）が代表取締役を務めている。

ロ　請求人は、平成29年1月30日、原処分庁に対し、法人税の青色申告の承認申請を行い、平成29年12月期以後の事業年度の法人税について、青色申告の承認があったものとみなされた。

ハ　請求人は、平成29年2月10日、原処分庁に対し、「消費税課税事業者選択届出書」及び適用開始日を同年1月○日からとする「消費税課税期間特例選択・変更届出書」を提出し、同日から消費税の課税事業者となること及び消費税の課税期間を1月ごとの期間に短縮することを選択した。

ニ　請求人は、本件各課税期間において、日本国内で仕入れた乳児・幼児用の紙おむつのパック詰め商品（以下「紙おむつパック」という。）を、中華人民共和国（以下「中国」という。）に所在するN社他国内外の事業者に対して販売し、当該販売に係る売上金額を平成29年2月ないし同年12月は総勘定元帳の商品売上高勘定に、平成30年1月以降は輸出売上高勘定に計上するとともに、消費税等の確定申告において免税売上額に算入した。

ホ　上記ニの紙おむつパックの販売のうち一部の取引は、日用雑貨等の輸出業を営む内国法人であるP社及びQ社（以下、Q社とP社を併せて「Q社ら」という。）を経由して行われた（以下、Q社らを経由した取引を「本件輸出取引」という。）。

ヘ　請求人は、本件各課税期間において、R社から紙おむつパックを仕入れ、R社を発行名義人とする請求人宛の請求書に基づき、総勘定元帳の商品仕入高勘定に、当該請求書に記載された請求額の消費税等抜きの額を計上するとともに、消費税等の確定申告において消費税等込みの額を課税仕入れに係る支払対価の額に算入した。

ト　請求人は、本件各課税期間において、本件代表者が代表取締役を務めるS社並びにT社及びU社（以下、S社、T社及びU社を併せて「本件仕入先」という。）

から紙おむつパックを仕入れ（以下、本件仕入先からの当該仕入れを「本件仕入れ」という。）、本件仕入先を発行名義人とする請求人宛の請求書（以下「本件請求書」という。）に基づき、総勘定元帳の商品仕入高勘定に、本件請求書に記載された請求額の消費税等抜きの額を計上するとともに、消費税等の確定申告において消費税等込みの金額を課税仕入れに係る支払対価の額に算入した。

なお、本件各課税期間における本件仕入れの計上額は別表1のとおりである。

チ　請求人は、本件請求書に記載された請求額について、S社名義のV銀行○○営業部の普通預金口座（口座番号○○○○、以下「S口座」という。）、T社名義のV銀行○○営業部の普通預金口座（口座番号○○○○、以下「T口座」という。）及びU社名義のV銀行○○営業部の普通預金口座（口座番号○○○○、以下「U口座」という。）に、それぞれ振込処理により入金した。

なお、本件各課税期間における振込額は、別表2の「本件仕入先への振込額」欄のとおりである。

(4)　審査請求に至る経緯

イ　請求人は、本件各事業年度の法人税及び本件各課税事業年度の地方法人税（以下、法人税と地方法人税を併せて「法人税等」という。）について、青色の確定申告書に別表3-1及び別表3-2の「確定申告」欄のとおり記載して、いずれも法定申告期限までに申告した。

ロ　請求人は、本件各課税期間の消費税等について、確定申告書に別表3-3の「確定申告」欄のとおり記載して、いずれも法定申告期限までに申告した。

ハ　その後、請求人は、令和2年3月30日、平成30年12月期及び令和元年12月期の法人税並びに平成30年12月課税事業年度及び令和元年12月課税事業年度の地方法人税について、別表3-1及び別表3-2の「更正の請求」欄のとおりとすべき旨の更正の請求をした。

ニ　請求人は、令和3年2月5日、令和元年12月期の所得に対する法人税の額につき、令和2年12月期の欠損金額○○○○円を繰り戻し、法人税額○○○○円の還付請求をする旨を記載した欠損金の繰戻しによる還付請求書を提出した（以下「本件繰戻還付請求」という。）。

ホ　原処分庁は、令和3年7月5日付で、法人税等について、別表3-1及び別表3-2の「更正処分等」欄のとおりの更正処分（以下「本件法人税等各更正処

分」という。）をするとともに、平成29年12月期以後の法人税の青色申告の承認
の取消処分（以下「本件青色申告取消処分」という。）をした。

へ　原処分庁は、令和3年7月5日付で、消費税等について、別表3－3の「更正
処分等」欄のとおりの更正処分（以下「本件消費税等各更正処分」という。）並
びに過少申告加算税及び重加算税の各賦課決定処分（以下「本件各賦課決定処
分」という。）をした。

ト　原処分庁は、令和3年7月5日付で、上記ハの法人税の各更正の請求に対し、
いずれも更正をすべき理由がない旨の通知処分をした。

チ　原処分庁は、令和3年7月5日付で、上記ニの本件繰戻還付請求に対し、還付
請求に理由がない旨の通知処分をした。

リ　請求人は、上記ホないしチの原処分に不服があるとして、令和3年10月6日に
審査請求をした。

ヌ　原処分庁は、令和4年9月8日付で、上記ハの地方法人税の各更正の請求に対
し、いずれも更正をすべき理由がない旨の通知処分（以下、当該通知処分と上記
トの通知処分及び上記チの通知処分を併せて「本件各通知処分」という。）をし
た。

ル　請求人は、上記ヌの原処分に不服があるとして、令和4年9月15日に審査請求
をしたので、当審判所は、上記リの審査請求と併合審理をする。

2　本件法人税等各更正処分の取消しを求める部分の適法性について

請求人は、本件法人税等各更正処分の取消しを求めているが、本件法人税等各更正
処分が不利益処分に当たるか否かは、本件法人税等各更正処分により納付すべき税額
が増加したか否かにより判断すべきところ、本件法人税等各更正処分は、別表3－1
及び別表3－2の「確定申告」欄及び「更正処分」欄に記載のとおり、納付すべき税
額を増加させる更正処分でないことが明らかであり、請求人の権利又は利益を侵害す
るものとはいえないから、本件法人税等各更正処分の取消しを求めることは、請求の
利益を欠く不適法なものである。

3　争　点

(1)　本件輸出取引は、請求人による消費税法第7条《輸出免税等》第1項第1号に規
定する本邦からの輸出として行われる資産の譲渡であるか否か（争点1）。

(2)　本件仕入れの金額は、過大に計上されたものであるか否か（争点2）。

(3) R社との仕入取引及び本件仕入れについて、消費税法第30条《仕入れに係る消費税額の控除》第7項に規定する帳簿及び請求書等を保存しない場合に当たるか否か（争点3）。

(4) 本件仕入れの金額を課税仕入れに係る支払対価の額に含めて申告したことについて、通則法第68条《重加算税》第1項に規定する「隠蔽し、又は仮装し」に該当する事実があるか否か（争点4）。

(5) 請求人の平成29年12月期の帳簿書類について、法人税法第127条《青色申告の承認の取消し》第1項第3号に規定する青色申告の承認の取消事由があるか否か（争点5）。

(6) 請求人が求めた法人税等の各更正の請求は、通則法第23条《更正の請求》第1項各号に規定する事由に該当するか否か（争点6）。

(7) 本件繰戻還付請求は認められるか否か（具体的には、請求人は、令和2年12月期の法人税の確定申告について、法人税法第80条《欠損金の繰戻しによる還付》第1項の青色申告書である確定申告書を提出していたか否か。）（争点7）。

4 争点についての主張

(1) 争点1（本件輸出取引は、請求人による消費税法第7条第1項第1号に規定する本邦からの輸出として行われる資産の譲渡であるか否か。）について

| 原処分庁 | 請求人 |
| --- | --- |
| 本件輸出取引については、次のとおり、Q社らが請求人から紙おむつパックを仕入れた上で、Q社らが中国所在の会社に販売したものであるから、請求人による本邦からの輸出として行われる資産の譲渡ではない。 | 本件輸出取引については、次のとおり、請求人による本邦からの輸出として行われる資産の譲渡である。 |
| イ Q社らは、中国の売上先から売上代金を受領している。 | イ 請求人の売上先は輸出許可通知書に記載されている中国所在の法人であり、Q社らは請求人と当該売上先の仲介及び売上代金の一部の回収を担っているが、輸出の当事者ではない。 |

| | |
|---|---|
| ロ　請求人は、本件輸出取引について、Q社らに対しQ社宛の請求書を交付しており、Q社らは当該請求書に基づき商品仕入代金を請求人名義のV銀行〇〇営業部の普通預金口座（口座番号〇〇〇〇、以下「本件請求人口座」という。）に振り込んでいる。 | ロ　Q社らが所持する請求書は、Q社らの要望に基づいて交付したものであり、請求人の輸出売上代金の一部の回収のためのものである。 |
| ハ　請求人は、Q社らから、輸出申告の手続を依頼されたにすぎない。 | ハ　請求人は、本件輸出取引について、請求人名義の輸出許可通知書を保存している。 |

(2)　争点2（本件仕入れの金額は、過大に計上されたものであるか否か。）について

| 原処分庁 | 請求人 |
|---|---|
| 次のとおり、本件仕入れの金額は、過大に計上されたものである。 | 次のとおり、本件仕入れの金額は、過大に計上されたものではない。 |
| イ　本件各課税期間における紙おむつパックの「〇〇〇〇」の市場価格は、763円ないし1,498円（税込み）であるところ、本件請求書に記載された紙おむつパックの仕入単価は3,150円ないし3,600円（税込み）であり、上記市場価格に比して著しく高額である。 | イ　本件仕入先は、販売数の制限があったので、人海戦術により各小売店から仕入れているため、単価は、小売店からの購入金額に仕入れを委託した委託先の経費が加算された金額となるので、小売店の販売価格より高額になるのは当然である。 |
| ロ　請求人のR社からの仕入単価は、請求人がR社に交付した商品注文書に記載された1,198円ないし1,301円（税込み）であると認められ、本件請求書に記載された仕入単価は、R社からの仕入単価に比して著しく高額である。 | ロ　中国における関税にかかる申告は輸入者が申告する場合、関税を安くするためにインボイスの金額は実際の金額より低い金額で申告している者が多い。N社が、請求人が所持するインボイスの控えと異なる金額でインボイスを作成してい |

る理由は不明であるが、請求人のN社に対する販売金額は請求人が保存するインボイスの控えに記載している3,350円である。

　N社が保存するインボイスと請求人が保存するインボイスの控えとの差額は現金で回収している。

ハ　請求人は、Q社らではなく、中国の取引先に紙おむつパックを販売したものであり、中国の取引先に対する紙おむつパックの売上単価は、請求人が所持するインボイスの控えに記載のとおり3,350円ないし3,450円である。

　なお、販売金額とQ社らが振り込んだ金額との差額は、中国の取引先が指示した人物から現金で回収している。

ニ　原処分庁の指摘する入出金に関しては、銀行は同じでも支店が異なっていたり、入出金の時間に二時間以上の間隔があるものもあり、入出金が同じ現金でなされたと判断するのは無理がある。そもそも、本件仕入先は、請求人から入金された代金を出金して仕入代金に充てており、請求人は、本件仕入先へ仕入代金を振り込んだ後、本件仕入先から金銭を受領した事実はない。

ハ　N社が保存するインボイスに記載された最も高い単価は1,290円であると認められ、請求人がQ社らに販売した際の単価は、Q社ら宛の請求書記載のとおり、1,100円ないし1,200円（税込み）であると認められることから、本件請求書に記載された仕入単価3,150円ないし3,600円は当該売上単価に比し高額であると認められる。

ニ　請求人は営利企業であり、前記ハのとおり国内又は国外に商品を販売した単価のうち最も高い金額であると認められる単価（1,290円）を大きく上回る単価3,150円ないし3,600円で商品を仕入れることには経済的合理性がなく、通常の商取引では考えられないことから、本件請求書に記載された仕入単価3,150円ないし3,600円は水増しした金額であると認められる。

ホ　請求人は、本件仕入先へ支払った仕入代金のうち一部を本件請求人口座へ戻させていると認められることから、上記イ

| | |
|---|---|
| ないしニの事実と併せ鑑みると本件請求書に記載された仕入単価は水増しされた取引単価であると強く推認される。 | |

(3) 争点3（R社との仕入取引及び本件仕入れについて、消費税法第30条第7項に規定する帳簿及び請求書等を保存しない場合に当たるか否か。）について

| 原処分庁 | 請求人 |
|---|---|
| 次のとおり、R社との仕入取引及び本件仕入れについては、帳簿及び請求書等を保存しない場合に当たる。 | 次のとおり、R社との仕入取引及び本件仕入れについては、帳簿及び請求書等を保存しない場合に当たらない。 |
| イ　R社からの仕入れについて、請求人が保存するR社の社名が記載された請求書は、R社が交付した請求書ではなく、また、仕入れの相手方であるR社の確認を受けていないことから、消費税法第30条第9項の請求書等に該当しない。 | イ　R社からの仕入れについて、取引金額に誤りはなく、請求人はR社の請求書を保存しているから、消費税法第30条第9項の請求書等を保存していることになる。 |
| ロ　本件仕入れについて、請求人が保存する本件請求書は、上記(2)の原処分庁の主張の内容のとおり、本件仕入先から仕入れた紙おむつパックの正しい取引金額が記載されていないことから、消費税法第30条第9項の請求書等を保存していないものと認められる。 | ロ　本件仕入れについて、請求人が保存する本件請求書は、請求人が作成したものではなく、本件仕入先が作成したものであり、請求人は請求書に基づいて請求代金を支払っていることから、消費税法第30条第9項の請求書等を保存していることになる。 |

(4) 争点4（本件仕入れの金額を課税仕入れに係る支払対価の額に含めて申告したことについて、通則法第68条第1項に規定する「隠蔽し、又は仮装し」に該当する事実があるか否か。）について

| 原処分庁 | 請求人 |
|---|---|
| 請求人が、本件仕入れの金額を課税仕入 | 請求人が、本件仕入れの金額を課税仕入 |

| | |
|---|---|
| れに係る支払対価の額に含めて申告したことには、次のとおり、事実の隠蔽又は仮装がある。 | れに係る支払対価の額に含めて申告したことには、次のとおり、事実の隠蔽又は仮装はない。 |
| イ　N社が保存するインボイスに記載された単価が請求人の売上単価であるにもかかわらず、N社が保存するインボイスと請求人が保存するインボイスの控えの差額の売掛金を現金入金時に回収したとして総勘定元帳に記載することで請求人はあたかもN社に対して紙おむつパックを3,350円ないし3,500円の単価で販売したかのように外見を整え、帳簿書類を作成した。 | イ　N社に対する販売金額は請求人が保存するインボイスの控えに記載している3,350円である。<br><br>　　　N社が所持するインボイスと請求人が所持するインボイスの控えとの差額は、現金で回収している。 |
| ロ　請求人がQ社らに販売した紙おむつパックの単価は、最も高い金額で1,200円（税込み）であったにもかかわらず、請求人は、あたかも輸出先に対して紙おむつパックを単価3,350円ないし3,450円で販売したかのようにインボイスの控えの外見を整え、帳簿書類を作成した。 | ロ　請求人は、Q社らではなく、中国の取引先に紙おむつパックを販売したものであり、中国の取引先に対する紙おむつパックの売上単価は、請求人が所持するインボイスの控えに記載のとおり3,350円ないし3,450円である。 |
| ハ　請求人は、上記イ及びロの正当な売上単価に見合う仕入単価で本件仕入先から紙おむつパックを仕入れたにもかかわらず、本件仕入先と通謀して、本件請求書の仕入単価を3,150円ないし3,600円（税込み）であるかのように水増しして作成させ、当該仕入金額に係る消費税等の額を請求人の控除対象仕入税額に含めた。 | ハ　請求人は、本件仕入先に対し、本件請求書に基づいて、仕入代金を支払っている。 |

(5)　争点5（請求人の平成29年12月期の帳簿書類について、法人税法第127条第1項

第3号に規定する青色申告の承認の取消事由があるか否か。）について

| 原処分庁 | 請求人 |
|---|---|
| 　上記(4)の原処分庁の主張のとおり、請求人は、紙おむつパックの売上単価及び仕入単価を水増ししていると強く推認されることから、総勘定元帳の商品売上高勘定、商品仕入高勘定、売掛金勘定及び現金勘定について、事実の隠蔽又は仮装がある。<br>　したがって、請求人の平成29年12月期の帳簿書類について、法人税法第127条第1項第3号に規定する青色申告の承認の取消事由がある。 | 　上記(2)及び(4)の請求人の主張のとおり、N社に対する販売金額は請求人が保存するインボイスの控えに記載している額が正当であり、差額も現金で回収しており、売上単価の水増しの事実はない。<br>　また、請求人は、本件仕入先へ仕入代金を振り込んだ後、本件仕入先から金銭を受領した事実はなく、本件仕入れの金額も請求人計上額が正当であり、仕入単価の水増しの事実はない。<br>　したがって、総勘定元帳は正当に記載されており、法人税法第127条第1項第3号に規定する青色申告の承認の取消事由に該当しない。 |

(6)　争点6（請求人が求めた法人税等の各更正の請求は、通則法第23条第1項各号に規定する事由に該当するか否か。）について

| 請求人 | 原処分庁 |
|---|---|
| 　上記(2)の請求人の主張からすると、平成29年12月期及び平成30年12月期の法人税の各更正処分には誤りがあり、更正の請求前の平成30年12月期の法人税額及び平成30年12月課税事業年度の地方法人税額は○○○○円にはならず、また、上記(5)の請求人の主張のとおり、本件青色申告取消処分は取り消されるべきであるから、法人税等の各更正の請求は、通則法第23条第1項各号に | 　法人税の各更正の請求は、次のとおり、通則法第23条第1項各号に規定する事由に該当しない。 |

| | |
|---|---|
| 規定する事由に該当する。 | イ　平成30年12月期の法人税及び平成30年12月課税事業年度の地方法人税に係る各更正の請求について<br><br>　原処分によって、請求人の法人税及び地方法人税の額は○○○○円となっていることから、「更正後の税額が過大である」事実はない。<br>ロ　令和元年12月期の法人税及び令和元年12月課税事業年度の地方法人税に係る各更正の請求について<br><br>　上記(5)の原処分庁の主張のとおり、本件青色申告取消処分は適法であり、請求人は平成29年12月期以降に生じた欠損金額を令和元年12月期に繰り越すことはできないため、「更正後の純損失の金額が過少であるか又は更正通知書に純損失等の金額の記載がなかった」事実はない。<br>　したがって、令和元年12月期の法人税額及び令和元年12月課税事業年度の地方法人税額に変動は生じない。 |

(7)　争点7（本件繰戻還付請求は認められるか否か（具体的には、請求人は、令和2年12月期の法人税の確定申告について、法人税法第80条第1項の青色申告書である確定申告書を提出していたか否か。）。）について

| 原処分庁 | 請求人 |
|---|---|
| 　請求人は、本件青色申告取消処分により、平成29年12月期以後の法人税の青色申告の承認を取り消されていることから、請 | 　原処分庁が行った本件青色申告取消処分は違法であり取り消されるべきであるから、請求人は、欠損事業年度に青色申告書 |

| 求人が令和3年2月5日付でした本件繰戻還付請求において欠損事業年度とした令和2年12月期に係る法人税の確定申告書は、青色申告書とは認められない。<br>　したがって、請求人は、法人税法第80条第1項に規定する欠損事業年度に青色申告書である確定申告書を提出していないことから、本件繰戻還付請求は認められない。 | である確定申告書を提出していることとなり、本件繰戻還付請求は認められるべきである。 |
| --- | --- |

5　当審判所の判断

(1)　争点1（本件輸出取引は、請求人による消費税法第7条第1項第1号に規定する本邦からの輸出として行われる資産の譲渡であるか否か。）について

　イ　認定事実

　　　請求人提出資料、原処分関係資料及び当審判所の調査によれば、次の事実が認められる。

　　(イ)　Q社らは、中国所在の売上先から紙おむつパックの販売を受注し、請求人へ紙おむつパックを発注するとともに、輸出申告手続及び中国所在の売上先への配送を請求人に依頼していた。

　　(ロ)　請求人は、Q社らから受注した紙おむつパックをd市の倉庫でコンテナに積載し、輸出に係る手続及び海上輸送を港湾運送業者に委託して、Q社らの指定する中国所在の販売先に搬送するとともに、請求人名義の輸出許可通知書を保存していた。

　　(ハ)　請求人は、輸出手続終了後、Q社ら宛の請求書並びに荷送人をQ社らとするインボイス、パッキングリスト及び船荷証券をQ社らにそれぞれメールで送信していた。

　　(ニ)　Q社らは、請求人から受領した上記(ハ)のインボイスを基に売上先へ提出するインボイスを作成して、パッキングリスト及び船荷証券と併せて売上先へ送付し、売上代金を海外送金により受領していた。

　　(ホ)　Q社らは、上記(ハ)のQ社ら宛の請求書に記載された金額を請求人に支払い、商品仕入れとして計上した。

ロ　検討

　(イ)　本件輸出取引について

　　　消費税法第7条第1項第1号は、本邦からの輸出として行われる資産の譲渡を輸出免税の対象としているところ、「輸出」とは、内国貨物を外国に向けて送り出すことをいう（関税法第2条）から、資産の譲渡に際し、当該資産を国内から国外に向けて送り出した者において輸出免税の対象となる資産の譲渡が行われたこととなる。そして、消費税法第7条第2項は、その課税資産の譲渡等が輸出取引等に該当するものであることにつき、財務省令で定めるところにより証明されたものでない場合には、同条第1項の規定は適用しない旨規定しているところ、この財務省令で定めるところにより証明がされたものとは、消費税法施行規則第5条第1項第1号において、当該資産の輸出に係る保税地域の所在地を所轄する税関長から交付を受ける輸出の許可があったことを証する書類を整理し、当該輸出取引を行った日の属する課税期間の末日の翌日から2月を経過した日から7年間、これを納税地又はその取引に係る事務所、事業所その他これらに準ずるものの所在地に保存することにより証明がされたものとする旨規定しており、税関長から交付を受ける輸出許可があったことを証する書類とは、輸出許可通知書がこれに当たる。

　　　本件においては、上記イの(イ)及び(ロ)のとおり、請求人が、Q社らの依頼に基づき、Q社らから受注した紙おむつパックを国内でコンテナに積載し、自らの名義で輸出許可を申請して国外へ搬出しているのであるから、本件輸出取引は、請求人による本邦からの輸出として行われる資産の譲渡であると認められる。そして、請求人は、請求人名義の輸出許可通知書を保存していることから、請求人において、輸出免税の適用を受けることができる。

　(ロ)　原処分庁の主張について

　　　原処分庁は、請求人とQ社らとの間の取引は、Q社らが請求人から紙おむつパックを仕入れた上で、Q社らが国外の会社に販売したものであるから、本件輸出取引は請求人による本邦からの輸出として行われる資産の譲渡ではない旨主張する。

　　　しかしながら、Q社らは、国内で紙おむつパックの引渡しを受けておらず、請求人が紙おむつパックを直接国外に搬出していることは上記イの(ロ)のとおり

である。

　　　したがって、原処分庁の主張には理由がない。

(2)　争点2（本件仕入れの金額は、過大に計上されたものであるか否か。）について

イ　はじめに

　　　請求人は、上記1の(3)のトのとおり、本件請求書に基づき、本件請求書記載の請求額（税抜き）を総勘定元帳の商品仕入高勘定に計上するとともに、消費税等の確定申告において課税仕入れに係る支払対価の額（税込み）に算入した。

　　　これに対し、原処分庁は、本件請求書に記載された紙おむつパックの単価が高額であること、本件請求書記載の請求額（単価に数量を乗じた金額）が本件仕入先の各口座に振り込まれた後に、当該各口座から現金が出金され、本件請求人口座に現金が入金されていることを指摘し、本件請求書に記載されたとおりの金額が本件仕入先に支払われた事実はないとして、本件仕入れの金額は過大に計上されたものであると主張する。

　　　そこで、以下においては、本件請求書記載の単価の正当性及び本件仕入先の預金口座と本件請求人口座の入出金の状況等を検討し、本件仕入れの金額が過大に計上されたものであるか否かを検討する。

ロ　認定事実

　　　請求人提出資料、原処分関係資料並びに当審判所の調査及び審理の結果によれば、以下の事実が認められる。

(イ)　本件請求書について

　　　本件請求書には、商品名、単価（税込み）、個数、単位及び合計金額等の記載があるところ、紙おむつパックの単価は3,150円ないし3,600円の金額で記載されており、当該単価に個数を乗じた金額が請求金額（税込み）として記載されている。

　　　なお、当審判所に対するT社の代表取締役であるXの答述によれば、本件代表者が、請求人宛のT社名義の請求書を作成することがあった。

(ロ)　R社との仕入取引について

A　請求人が保存する請求書について

　　　請求人が保存するR社名義の請求書には、商品名、単価（税込み）、個数、単位及び合計金額等の記載があるところ、紙おむつパックの単価は、3,470

円ないし3,600円の金額で記載されている。

B　請求人との間の取引に関してR社が保存する注文書について

　　R社は、請求人との取引に関する書類として、請求人から受領した注文書を保存しているが、当該注文書には、紙おむつパックの注文単価は1,198円ないし1,301円（いずれも税込み）の金額が記載されていた。

　　なお、注文書に記載された取引に対応する上記AのR社名義の請求書と当該注文書の内容を比較すると、品名及び合計金額の記載は一致しているものの、単価及び数量の記載が異なっている（例えば、注文書において、商品名○○○○、単価1,198円、数量900個、合計1,078,200円と記載されているところ、この注文書に対応するR社名義の請求書には、商品名○○○○、単価3,594円、数量300個、合計1,078,200円と記載されている。）。

　　また、当該注文書には、商品代金の支払期日が記載されており、当該支払期日は、商品の引渡し前の日付であった。

C　代金決済について

　　請求人は、上記Bの注文書に記載された商品代金を、当該注文書に記載された支払期日までに支払っていた。

D　R社の従業員の申述内容及びその信用性について

　　R社の従業員であるY氏は、原処分庁所属の調査担当職員に対し、要旨以下のとおり申述した。

　(A)　R社は、大口の顧客との取引では売買契約を締結し、注文書を受領して前払で決済してもらった後、R社の物流センターにて商品を引き渡しており、前払での決済であるため、請求書は発行していない。

　(B)　R社は、請求人に対して請求書を発行しておらず、請求人が保存するR社の社名が記載された請求書は、R社が発行したものではない。

　　上記Cのとおり、R社と請求人との取引は前払で決済が行われていたことから、R社が請求人に請求書を発行する必要はなかったと認められ、このことは、上記のR社の従業員であるY氏の申述内容と整合する。これに加えて、R社の従業員であるY氏が、原処分庁所属の調査担当職員に対して虚偽の申述をする特段の理由が存したとも認められないから、Y氏の上記申述内容は信用できる。

(ハ) 本件請求書及びR社名義の請求書の様式について

　　請求人が仕入取引に関し保管している本件請求書及びR社名義の請求書の様式は、次の点で共通している。

A　最上段中央に「御請求書」と記載されている。

B　上記Aの下の左側に「宛先住所・名義」が、右側に「日付」、「発行者住所・名義」が記載されている。

C　上記Bの下に「いつもお世話になっております。下記の通りご請求申し上げますので、よろしくお願いいたします。」との文章が記載されている。

D　上記Cの文章の下に、左から順に「商品名」、「単価（税込）」、「個数」、「単位」、「金額」の五つの項目を記載する表があり、最下段には合計金額の記載欄が設けられているが、合計金額の記載欄の右端は上段よりも右に飛び出している。

E　上記Dの表の右下には、「振込先」が記載された表があり、その記載項目は、上から「銀行名」、「支店名」、「口座番号」及び「口座名義」となっている。

(ニ) 本件各課税期間における紙おむつパックの取引相場（小売単価）

　　紙おむつパックを小売店舗で販売しているドラッグストア等9事業者の本件各課税期間における「○○○○」の小売単価は、763円ないし1,498円（いずれも税抜き）であった（○○○○□枚入りが763円、○○○○□枚入りが1,498円）。

(ホ) 請求人とQ社らとの取引金額等について

A　Q社らが請求人から受領して保存していたQ社ら宛の請求書には、商品名、数量、単価及び合計金額等が記載されているところ、単価は1,120円ないし1,200円であり、当該単価に数量を乗じた金額が合計金額に記載されている。

B　Q社らは、上記Aの請求書に記載された合計金額を本件請求人口座へ振り込むとともに、同額を商品仕入れとして計上した。

　　なお、当該請求書に基づく振込み以外にQ社らが請求人に仕入代金を支払った事実はない。

C　上記(1)のイの(ハ)のとおり、請求人は、Q社らに取引ごとにインボイスを送付して自らも当該インボイスの控えを保存していたところ、Q社らが請求人から受領して保存していたインボイスに記載された紙おむつパックの単価は、

上記Aの請求書と同額（1,120円ないし1,200円）である一方、これらのインボイスと同一のインボイス番号で商品名及び数量も一致する請求人が保存するインボイスの控えに記載された紙おむつパックの単価は3,350円ないし3,450円である。

D　Q社らが保存していた売上先から受領した注文書に記載された紙おむつパックの単価は、最も高い金額で1,200円である。

E　Q社らは、紙おむつパックの売上先から、上記Dの単価に基づく売上代金を受領していた。

F　請求人は、上記Cの自身が保存するインボイスの控えの合計金額を売掛金勘定の借方（発生）に、相手科目を商品売上高又は商品輸出売上高として計上し、上記Bの本件請求人口座への送金額を売掛金勘定の貸方（回収）に、相手科目を普通預金として計上し、摘要欄に「Q」等と記載した。

（ヘ）　N社との取引金額について

A　N社が請求人から受領して保存していたインボイスには、インボイス番号、商品名、数量、単価及び合計金額等の記載があるところ、紙おむつパックの単価は1,170円ないし1,290円の金額で記載されており、当該各インボイスに記載された合計金額と同額が外国被仕向送金として、本件請求人口座に送金された。

B　請求人は、N社が保存するインボイスと同一のインボイス番号、船名、出航予定日、商品名及び数量が記載されたインボイスの控えを保存していたが、請求人が保存するインボイスの控えに記載された紙おむつパックの単価は、3,350円ないし3,500円であり、当該単価に数量を乗じた金額が合計金額に記載されている。

C　請求人は、上記Bの合計金額を総勘定元帳の売掛金勘定の借方（発生）に相手科目を商品売上高又は商品輸出売上高として計上し、上記Aの本件請求人口座への送金額を売掛金勘定の貸方（回収）に相手科目を普通預金として計上し、摘要欄に「外国被仕向送金」と記載した。

（ト）　本件請求人口座及び本件仕入先の預金口座の入出金状況

A　本件仕入先の預金口座には、請求人からの振込入金の履歴が多数あるところ、入金時点と近接した日時に、振込入金額のほぼ全額が出金されている。

— 135 —

B　上記Aの本件仕入先の預金口座からの出金時点と近接した日時に、本件請
　　求人口座へ現金による入金がされている。

C　S口座、T口座、U口座及び本件請求人口座において、以下の入出金が行
　　われている。

(A)　平成29年2月13日、V銀行○○営業部の現金自動預払機（以下「ATM」
　　という。）において、9時10分から16分にS口座から7,000,000円が出金され、
　　9時22分から32分に本件請求人口座へ同額が入金された。

(B)　平成29年4月13日、V銀行○○支店のATMにおいて、11時2分から9
　　分にS口座から11,000,000円が出金され、11時5分から15分に本件請求人
　　口座へ同額が入金された。

(C)　平成29年6月16日、V銀行○○支店のATMにおいて、14時11分から15
　　分にS口座から6,000,000円が出金され、14時17分から22分に本件請求人口
　　座へ同額が入金された。

(D)　平成30年1月12日、V銀行○○営業部において、12時2分にT口座から
　　28,000,000円が現金で出金され、同行○○支店において、14時26分に本件
　　請求人口座へ24,000,000円が現金で入金された。

(E)　平成30年5月2日、V銀行○○支店のATMにおいて、9時11分から14
　　分にS口座から5,000,000円が出金され、同支店の窓口において9時27分に
　　本件請求人口座へ同額が入金された。

(F)　平成30年10月23日、V銀行○○営業部において、12時26分にU口座から
　　15,000,000円が現金で出金され、同行○○支店のATMにおいて、15時54
　　分から16時3分までの間に本件請求人口座へ10,000,000円が入金された。

(G)　平成30年11月22日、V銀行○○支店のATMにおいて、15時16分から19
　　分までの間にS口座から6,000,000円が出金され、15時20分から25分までの
　　間に本件請求人口座に同額が入金された。更に、15時25分から27分にS口
　　座から4,000,000円が出金され、15時28分から31分に本件請求人口座に同額
　　が入金された。

(H)　令和元年5月16日、V銀行○○支店のATMにおいて、12時42分から47
　　分にT口座から9,000,000円が出金され、同行○○支店のATMにおいて、
　　18時49分から56分までの間に本件請求人口座へ同額が入金された。

D　本件各課税期間の全期間を通じて、請求人及び本件仕入先の預金口座においては、上記Ｃと同様の現金による入出金が繰り返し行われているところ、本件各課税期間における本件請求人口座への現金入金（以下「本件現金入金」という。）の総額は、別表２の「本件現金入金の額」欄の4,365,183,000円であるが、これは、本件各課税期間に請求人が仕入代金として本件仕入先の預金口座へ振り込んだ総額6,914,238,400円の63パーセントに相当する金額である。

E　請求人は、本件現金入金について、いずれも売掛金の回収として総勘定元帳の売掛金勘定の貸方に計上しているところ、摘要欄には、「現金入金」又は「振込入金」との記載があるのみで、売上先等の記載はされていない。

また、現金勘定にも相手科目売掛金、摘要欄に「現金入金」又は「振込入金」との記載があるのみで、入金先及び売上先の記載はされていない。

ハ　検討

(イ)　本件請求書記載の単価について

上記ロの(イ)のとおり、本件請求書に記載された紙おむつパックの仕入単価は3,150円ないし3,600円であるところ、当該単価が紙おむつパックの正当な取引価額として認められるか否かについて以下検討する。

A　Ｑ社らへの売上単価

上記ロの(ホ)のＡ及びＢのとおり、Ｑ社らは、請求人から受領した請求書に基づき仕入代金を請求人に支払っていたところ、当該請求書に記載された仕入単価は、1,120円ないし1,200円であり、当該単価は、上記ロの(ニ)に記載した本件各課税期間の日本国内の紙おむつパックの小売単価（763円ないし1,498円）からしても妥当な価額と認められる。また、上記(1)のイの(イ)のとおり、Ｑ社らは、中国所在の売上先から紙おむつパックを受注して販売しており、上記ロの(ホ)のＤ及びＥのとおり、その受注単価が1,200円以下であったことからすれば、Ｑ社らが1,200円を超える仕入単価で請求人から紙おむつパックを仕入れていたとは考え難いから、Ｑ社らへの売上単価はＱ社らが保存する請求書に記載された1,120円ないし1,200円であったと考えるのが相当である。

この点に関し、請求人は、中国所在の売上先へ紙おむつパックを販売して

いたのは請求人であり、Q社らからの振込金額との差額は現金で回収してい
た旨主張するが、これを裏付ける証拠は見当たらないし、上記(1)のイの(イ)ない
し(ニ)のQ社らの取引の流れからしても、請求人が売上単価3,350円ないし
3,450円で、直接中国所在の売上先へ販売していたとは認められない。

B　N社への売上単価

　　上記ロの(ヘ)のA及びBのとおり、N社と請求人は、同一の取引について単
価及び合計金額の異なるインボイスとインボイスの控えを保存しているとこ
ろ、①上記ロの(ヘ)のAのとおり、N社は自身が保存するインボイスに基づき、
当該インボイスに記載された金額（単価1,170円ないし1,290円で計算された
金額）を本件請求人口座に送金していること、②上記Aのとおり、Q社らが
同業者である中国所在の会社と単価1,120円ないし1,200円で取引しているこ
と、③上記ロの(ニ)のとおり、本件各課税期間の日本国内の紙おむつパックの
小売単価が763円ないし1,498円であったことからすれば、N社への売上単価
はN社が保存するインボイスに記載された1,170円ないし1,290円であったと
考えるのが相当である。

　　この点に関し、請求人は、N社への売上単価は請求人が保存するインボイ
スの控えに記載された3,350円ないし3,500円であり、N社からの振込金額と
の差額は現金で回収していた旨主張するが、これを裏付ける証拠はなく、請
求人のN社への売上単価が3,350円ないし3,500円であったと認めることはで
きない。

C　R社からの仕入単価

　　上記ロの(ロ)のBのとおり、R社が保存する請求人から受領した注文書に記
載された紙おむつパックの単価は1,198円ないし1,301円であり、当該単価は、
上記ロの(ニ)の本件各課税期間における日本での小売単価と整合する金額であ
るから、R社からの仕入単価は、R社が保存する注文書に記載された1,198
円ないし1,301円であったと考えるのが相当である。

　　なお、請求人が保存する発行名義人をR社とする請求書には、紙おむつパ
ックの単価が3,470円ないし3,600円と記載されているが、上記ロの(ロ)及び(ハ)
からすると、当該請求書はR社が作成したものとは認められないから、当該
請求書に記載された単価を正当な仕入単価と認めることはできない。

D　小括

　　上記A及びBのとおり、請求人がQ社ら及びN社に紙おむつパックを販売した際の売上単価は最高でも1,290円であったと考えられるところ、本件請求書に記載された紙おむつパックの仕入単価3,150円ないし3,600円は、請求人がQ社ら及びN社に販売した際の売上単価に比し著しく高額であり、請求人が、そのような単価で取引を行うことに経済的合理性を見いだすことはできない。

　　そして、上記Cのとおり、請求人はR社から実際には仕入単価1,198円ないし1,301円で仕入れたにもかかわらず、仕入単価を3,470円ないし3,600円と記載した作成者不明の請求書を保存していたこと、上記ロの(ロ)のとおり、当該請求書と本件請求書の書式がほとんど同じであること、上記ロの(イ)のとおり、請求人宛のT社名義の請求書を本件代表者が作成することがあったことも併せ考えると、本件請求書の記載内容の信用性を疑うに十分であり、本件請求書に記載された仕入単価は過大であると認めるのが相当である。

(ロ)　本件現金入金に係る金員の原資について

　　上記ロの(ト)のAないしDのとおり、請求人から仕入代金として本件仕入先名義の預金口座に振り込まれた金員は、その振込みと近接した日時にほぼ同額が出金されており、また、上記出金時点と近接した日時に同出金額に近い金員が本件請求人口座へ入金されている。これらの各口座の入出金の状況は、請求人が本件仕入先に支払った仕入代金が、本件現金入金に係る金員の原資であることを強く推認させるものである。

　　請求人は、上記ロの(ト)のEのとおり、本件現金入金を売掛金の回収として総勘定元帳の売掛金勘定に計上しており、この点に関して本件代表者は、原処分庁所属の調査担当職員に対し、①中国では中国通貨等の送金及び持出規制があるので、円貨決済で商売を行っている旨、②売掛金の回収については、本件代表者が中国へ帰省した際に中国の売上先に依頼された中国人から中国国内で日本円を受け取り日本国内に持ち込む旨、③知人に中国国内での日本円の受取を依頼し、当該知人が日本に持ち込んだ現金を回収し、ATMで本件請求人口座に入金している旨を申述している。

　　しかしながら、上記ロの(ホ)のF及び(ヘ)のCのとおり、請求人は、売上単価

3,350円ないし3,500円に数量を乗じた金額を売上げとして計上しているが、上記(イ)のA及びBのとおり、請求人の実際の売上げは売上単価1,120円ないし1,290円に数量を乗じた金額と認められることから、売上げの反対勘定として総勘定元帳の売掛金勘定に計上された金額は過大に計上されたものであると認められる。

そして、本件現金入金は、本件各課税期間を通して約43億円に上っており、これほど高額な売掛金が存在するのであれば、通常、売掛帳等の補助簿を作成したり、総勘定元帳の摘要欄に売上先等を記載するなどして売上先別に売掛金残高の管理を行ってしかるべきところ、請求人において補助簿の作成又は総勘定元帳の記載が一切ないのは不自然であり、この点について請求人からの合理的な説明も一切ない。また、中国での現金の回収に係る本件代表者の申述についても、現金の回収を依頼した知人の氏名を明らかにしないなど、その申述には具体性がなく、合計約43億円もの現金の授受があったとしながら、領収証等その授受を裏付ける証拠も一切ないことから、当該申述を信用することはできない。そうすると、実際の売上げに係る売掛金の回収は海外送金又は振込入金により回収した金額のみであり、本件現金入金に係る金員が中国において回収した売掛金であったと認めることはできない。

以上のことからすると、本件現金入金に係る金員は、請求人が本件請求書に基づき本件仕入先に仕入代金として支払った金員を原資とするものであると認めるのが相当である。

(ハ) まとめ

上記(イ)のとおり、本件請求書に記載された仕入単価が過大であると認められること、また、上記(ロ)のとおり、本件現金入金に係る金員は、請求人が本件請求書に基づき本件仕入先に仕入代金として支払った金員を原資として、本件請求人口座に戻されたものであると認められることから、請求人は、真実の金額ではない高額な仕入単価によって金額を水増しして作成した本件請求書に基づき、本件仕入れに係る仕入金額を過大に計上した上で、水増しした金額を本件請求人口座に入金し、売掛金の回収として経理処理していたものと認められる。

そうすると、本件各課税期間の全期間において計上された本件仕入れの金額のうち、本件仕入先から本件請求人口座に戻された本件現金入金の合計金額

4,365,183,000円（税込み）は過大に計上された金額であると解するのが相当である（本件各課税期間の過大計上額は別表４のとおり）。

ニ　請求人の主張について

　(イ)　請求人は、上記４の(2)の「請求人」欄のイのとおり、本件仕入先は、小売店の販売数に制限があったので、人海戦術により各小売店から仕入れているため、単価は、小売店からの購入金額に仕入れを委託した委託先の経費が加算された金額となるので、小売店の販売価格より高額になるのは当然である旨主張する。

　　しかしながら、小売店での購入価格に委託者への委託手数料を上乗せするとしても、本件仕入先が小売価格の３倍もの高額な金額で買い取るということ自体疑わしい上に、上記ハの(イ)のＡ及びＢのとおり、請求人における売上単価は1,120円ないし1,290円と認められるところ、営利企業である請求人が、売上単価をおよそ３倍も上回る単価で商品を仕入れることに経済的合理性を見いだすことはできない。

　　よって、請求人の主張には理由がない。

　(ロ)　請求人は、上記４の(2)の「請求人」欄のロのとおり、Ｎ社に対する販売金額は、請求人が保存するインボイスの控えに記載した3,350円であり、Ｎ社からの送金額との差額は現金で回収している旨、また、Ｑ社らからの送金額と請求人が保存するインボイスの控えとの差額は現金で回収している旨主張する。

　　しかしながら、請求人の主張が認められないことは、上記ハの(イ)のＡ及びＢで述べたとおりである。

　(ハ)　請求人は、上記４の(2)の「請求人」欄のニのとおり、本件仕入先へ仕入代金を振り込んだ後、本件仕入先から金銭を受領した事実はない旨主張する。

　　しかしながら、本件現金入金に係る金員は、請求人が本件請求書に基づき本件仕入先に仕入代金として支払った金員であると認められることは、上記ハの(ロ)のとおりであるから、請求人の主張に理由はない。

(3)　争点３（Ｒ社との仕入取引及び本件仕入れについて、消費税法第30条第７項に規定する帳簿及び請求書等を保存しない場合に当たるか否か。）について

　イ　法令解釈

　　消費税法第30条第７項は、当該課税期間の課税仕入れ等の税額の控除に係る帳簿及び請求書等が税務職員による検査の対象となり得ることを前提にして、別紙

２の３の(3)のとおり規定しており、事業者が同項に規定する帳簿及び請求書等を保存していない場合には同条第１項の規定が適用されないことになるが、このような法的不利益が特に定められたのは、資産の譲渡等が連鎖的に行われる中で、広く公平に資産の譲渡等に課税するという消費税により適正な税収を確保するには、当該帳簿及び請求書等という確実な資料を保存させることが必要不可欠であると判断されたためであると考えられる。

そして、消費税法第30条第８項は、同条第７項に規定する帳簿とは次に掲げる事項が記載されているものをいう旨規定して、別紙２の３の(4)の事項を掲げ、また、同条第９項は、同条第７項に規定する請求書等とは次に掲げる事項が記載されているものをいう旨規定して、別紙２の３の(5)の事項を掲げているから、同条第７項に規定する帳簿及び請求書等が、課税仕入れの相手方又は書類の作成者の氏名又は名称、課税仕入れに係る支払対価の額などの列挙された事項の全てが記載されたものを意味することは明らかであるし、上記のような同項の規定の趣旨からすれば、当該記載は真実の記載であることが当然に要求されているというべきであり、事業者がその要件を具備した帳簿及び請求書等を保存していない場合には、当該課税仕入れに係る消費税額について同条第１項の規定を適用して仕入税額控除をすることはできないと解される。

ロ　検討

(イ)　Ｒ社との仕入取引について

消費税法第30条第９項柱書及び同項第１号は、同条第７項に規定する請求書等とは、課税資産の譲渡等を行う取引の相手方が交付するものである旨規定するところ、上記(2)のロの(ロ)及び(ハ)の事実からすると、請求人が保存するＲ社を発行名義人とする請求人宛の請求書は、Ｒ社が作成して請求人に交付したものとは認められないから、同条第９項第１号の請求書等に該当しない。また、請求人は、Ｒ社との仕入取引について、仕入明細書、仕入計算書その他これらに類する書類を作成してＲ社の確認を得ることもしていないから、同項第２号の請求書等の保存もない。

したがって、請求人は、Ｒ社との仕入取引に関して、消費税法第30条第７項に規定する「請求書等を保存しない場合」に該当する。

(ロ)　本件仕入れについて

上記イで述べたとおり、帳簿及び請求書等に記載された事項は、真実の記載であることが求められるところ、上記(2)のハの(ハ)のとおり、本件請求書に記載された仕入単価及び合計金額は、真実の金額ではなく、水増しされたものであることから、本件請求書は、消費税法第30条第9項第1号の請求書等に該当しない。

　また、請求人は、本件仕入れに関して、当該請求書に基づき、総勘定元帳の商品仕入高にも真実の取引金額とは異なる水増し後の金額で記載していることから、当該総勘定元帳も消費税法第30条第8項の帳簿に該当しない。

　したがって、請求人は、本件仕入れについて、消費税法第30条第7項に規定する「帳簿及び請求書等を保存しない場合」に該当する。

(4)　争点4（本件仕入れの金額を課税仕入れに係る支払対価の額に含めて計算したことについて、通則法第68条第1項に規定する「隠蔽し、又は仮装し」に該当する事実があるか否か。）について

イ　法令解釈

　通則法第68条に規定する重加算税は、過少申告加算税、無申告加算税又は不納付加算税を課すべき納税義務違反が事実の隠蔽又は仮装という不正な方法に基づいて行われた場合に、違反者に対して課せられる行政上の措置である。ここでいう「事実の隠蔽」とは、課税標準又は税額の計算の基礎となる事実について、これを隠蔽し又は故意に脱漏することをいい、また、「事実の仮装」とは、所得及び財産あるいは取引上の名義等に関しあたかも真実であるかのように装う等、故意に事実をわい曲することをいうものと解される。

ロ　当てはめ

　上記(2)のハの(イ)ないし(ハ)のとおり、請求人は、本件仕入れについて、水増しした単価及び請求金額を記載した本件請求書を基に仕入代金を本件仕入先の各口座に振り込んだ後、その一部を回収し、回収した金員が売掛金の回収であるかのごとく総勘定元帳に虚偽の記載を行っていた。そして、請求人は、本件請求書に基づき水増しした本件仕入れの金額を総勘定元帳の商品仕入高勘定に計上していた。このような一連の行為は、水増しした本件仕入れの金額があたかも真実の金額であるように装い、故意に真実をわい曲した行為であると評価できるから、通則法第68条第1項に規定する課税標準等又は税額等の計算の基礎となるべき事実の一

部を仮装し、その仮装したところに基づき納税申告書を提出していた場合に該当する。

　ハ　請求人の主張について

　　　請求人は、上記４の(4)の「請求人」欄のとおり、請求人が保存するインボイスの控えの売上単価は正当であり、本件仕入先に対し、本件請求書に基づいて仕入代金を支払っているから、事実の隠蔽又は仮装はない旨主張する。

　　　しかしながら、請求人が、水増しした本件仕入れの金額を本件仕入先の各口座に振り込んだ後、その一部を回収し、回収した金員を売掛金の回収に仮装していたことは上記ロで述べたとおりであり、請求人の主張には理由がない。

(5)　争点５（請求人の平成29年12月期の帳簿書類について、法人税法第127条第１項第３号に規定する青色申告の承認の取消事由があるか否か。）について

　イ　法令解釈

　　　法人税法第127条第１項第３号は、青色申告の承認を受けた内国法人につき、その事業年度に係る帳簿書類に取引の全部又は一部を隠蔽し又は仮装して記載し又は記録した場合に、税務署長は青色申告の承認を取り消すことができる旨規定するところ、ここにいう「隠蔽」又は「仮装」については、上記(4)のイの通則法第68条第１項に規定する「隠蔽」又は「仮装」と別異に解すべき理由はないから、その意義は同一であると解される。

　ロ　当てはめ

　　　上記(4)のとおり、請求人は、水増しした本件仕入れの金額があたかも真実の金額であるように故意に装い、帳簿書類に取引を仮装して記載したのであるから、請求人の平成29年12月期の帳簿書類には、法人税法127条第１項第３号の取消事由がある。

　ハ　請求人の主張について

　　　請求人は、上記４の(5)の「請求人」欄のとおり、売上単価及び仕入単価に水増しの事実はなく、総勘定元帳は正当に記載されている旨主張する。

　　　しかしながら、請求人が総勘定元帳の商品仕入高勘定及び売掛金勘定に虚偽の記載をしていたことは上記(4)のとおりであるから、請求人の主張には理由がない。

(6)　争点６（請求人が求めた法人税等の各更正の請求は、通則法第23条第１項各号に規定する事由に該当するか否か。）について

イ　平成30年12月期及び平成30年12月課税事業年度について

　　上記１の(4)のホのとおり、令和３年７月５日付の平成30年12月期の法人税及び平成30年12月課税事業年度の地方法人税の各更正処分により、請求人の納付すべき税額はいずれも○○○○円となっていることから、通則法第23条第１項第１号に規定する更正後の税額が過大であるときには該当しない。

　　また、上記(5)のとおり、請求人の平成29年12月期以後の青色申告の承認は適法に取り消されており、請求人は、平成30年12月期に生じた欠損金を令和元年12月期に繰り越すことはできないから、通則法第23条第１項第２号に規定する更正後の純損失等の金額が過少又は記載がなかったときにも該当しない。

ロ　令和元年12月期及び令和元年12月課税事業年度について

　　上記イのとおり、平成30年12月期の欠損金は翌事業年度以降に繰り越すことはできず、令和元年12月期の損金の額に算入することはできないから、令和元年12月期の法人税額及び令和元年12月課税事業年度の地方法人税額に変動はなく、通則法第23条第１項第１号に規定する税額が過大であるときに該当しない。

ハ　請求人の主張について

　　請求人は、上記４の(6)の「請求人」欄のとおり、法人税の各更正処分には誤りがあり、また、本件青色申告取消処分は取り消されるべきであるから、法人税及び地方法人税の各更正の請求は、通則法第23条第１項各号に規定する事由に該当する旨主張する。

　　しかしながら、上記(2)のとおり、本件仕入れの金額は過大に計上されたものと認められるから、当該事実に基づいてされた法人税の各更正処分に誤りがあるとは認められない。また、上記(5)のとおり、請求人には青色申告の承認の取消事由がある。

　　したがって、請求人の主張には理由がない。

(7)　争点７（本件繰戻還付請求は認められるか否か（具体的には、請求人は、令和２年12月期の法人税の確定申告について、法人税法第80条第１項の青色申告書である確定申告書を提出していたか否か。））について

　　法人税法第80条第１項によれば、還付請求を行うためには、当該還付請求に係る欠損事業年度に青色申告書である確定申告書を提出していることが要件となる。そして、法人税法第127条第１項の規定によれば、青色申告の承認の取消しがあった

ときは、当該事業年度開始の日以後その内国法人が提出したその承認に係る青色申告書は、青色申告書以外の申告書とみなされる。

　これを本件についてみると、上記(5)のとおり、請求人の平成29年12月期の帳簿書類には青色申告の承認の取消事由があり、請求人の青色申告の承認は適法に取り消されているから、請求人が提出した欠損事業年度である令和2年12月期の法人税の確定申告書は、青色申告書とは認められない。そうすると、当該事業年度の欠損金は、法人税法第80条第1項に規定する青色申告書である確定申告書を提出する事業年度において生じた欠損金に該当せず、令和元年12月期の損金の額に算入することはできない。

　したがって、本件繰戻還付請求は認められない。

(8) 本件消費税等各更正処分の適法性について

イ　平成29年2月課税期間ないし平成30年3月課税期間、平成30年8月課税期間及び平成31年1月課税期間

　上記(3)のロのとおりR社との仕入取引及び本件仕入れに係る消費税等の額は仕入税額控除を適用することができない。これに基づき納付すべき消費税等の額を計算すると、原処分と同額になる。そして、平成29年2月課税期間ないし平成30年3月課税期間、平成30年8月課税期間及び平成31年1月課税期間（以下「本件17課税期間」という。）の各更正処分のその他の部分については、請求人は争わず、当審判所に提出された証拠資料等によっても、これを不相当とする理由は認められない。

　したがって、本件17課税期間の各更正処分は適法である。

ロ　平成30年4月課税期間ないし平成30年7月課税期間、平成30年9月課税期間ないし平成30年12月課税期間及び平成31年2月課税期間ないし令和元年5月課税期間

　上記(1)のロの(イ)のとおり、本件輸出取引は、請求人による本邦からの輸出として行われる資産の譲渡であると認められ、消費税法第7条第1項の規定（輸出免税等）の適用がある。また、上記(3)のロのとおり、R社との仕入取引及び本件仕入れに係る消費税等の額は仕入税額控除を適用することができない。これらに基づき納付すべき消費税等の額を計算すると、別表5の「審判所認定額」欄の「納付すべき税額」のとおりとなり、原処分の額を下回ることとなる。

そして、平成30年4月課税期間ないし平成30年7月課税期間、平成30年9月課税期間ないし平成30年12月課税期間及び平成31年2月課税期間ないし令和元年5月課税期間（以下「本件12課税期間」という。）の各更正処分のその他の部分については、請求人は争わず、当審判所に提出された証拠資料等によっても、これを不相当とする理由は認められない。

　　したがって、本件12課税期間の消費税等の更正処分は、その一部を別紙3－1ないし別紙3－12の「取消額等計算書」のとおり取り消すべきである。

(9)　本件各賦課決定処分の適法性について

　イ　重加算税の各賦課決定処分

　　上記(4)のとおり、本件各課税期間の請求人の行為は、通則法第68条第1項に規定する仮装行為に該当し、請求人は、その仮装したところに基づいて本件各課税期間の消費税等の確定申告書を提出したものであり、また、原処分関係資料及び当審判所の調査の結果によれば、いずれも、その他の重加算税の賦課要件も満たしていると認められる。

　　そこで、これを前提に、当審判所において本件各課税期間の重加算税の額を計算すると、いずれも本件各賦課決定処分に係る重加算税の額と同額となる。

　　したがって、本件各課税期間の重加算税の各賦課決定処分はいずれも適法である。

　ロ　過少申告加算税の各賦課決定処分

　(イ)　平成29年2月課税期間ないし平成30年3月課税期間、平成30年8月課税期間及び平成31年1月課税期間

　　　上記(8)のイのとおり、本件17課税期間の各更正処分は適法であり、当該各更正処分により納付すべき税額の計算の基礎となった事実が更正処分前の税額の計算の基礎とされていなかったことについて、通則法第65条《過少申告加算税》第4項に規定する正当な理由があるとは認められない。そして、当審判所においても、本件17課税期間の過少申告加算税の額は、いずれも原処分と同額であると認められる。

　　　したがって、本件17課税期間の過少申告加算税の各賦課決定処分は適法である。

　(ロ)　平成30年4月課税期間ないし平成30年7月課税期間、平成30年9月課税期間

ないし平成30年12月課税期間及び平成31年2月課税期間ないし令和元年5月課
税期間

　　上記(8)のロのとおり、本件12課税期間の各更正処分はいずれもその一部を取
り消すべきである。また、納付すべき税額の計算の基礎となった事実が更正処
分前の税額の計算の基礎とされていなかったことについて、通則法第65条第4
項に規定する正当な理由があるとは認められない。

　　したがって、通則法第65条第1項及び同条第2項の規定に基づいて計算され
た請求人の過少申告加算税の額は、別表5の「審判所認定額」欄のとおりとな
り、いずれも原処分を下回るから、本件12課税期間の過少申告加算税の各賦課
決定処分は、いずれもその一部を別紙3-1ないし別紙3-12の「取消額等計
算書」のとおり取り消すべきである。

(10)　本件青色申告取消処分の適法性について

　　上記(5)のとおり、請求人の平成29年12月期の帳簿書類については、法人税法第
127条第1項第3号に規定する青色申告承認の取消事由があると認められる。そし
て、本件青色申告取消処分のその他の部分について、請求人は争わず、当審判所に
提出された証拠資料等によっても、これを不相当とする理由は認められない。

　　したがって、本件青色申告取消処分は適法である。

(11)　本件各通知処分の適法性について

　　上記(6)のとおり、請求人のした法人税等の各更正の請求には更正をすべき理由は
なく、また、上記(7)のとおり、請求人は本件繰戻還付請求をすることができない。
そして、本件各通知処分のその他の部分については、請求人は争わず、当審判所に
提出された証拠資料等によっても、これを不相当とする理由は認められない。

　　したがって、本件各通知処分は適法である。

(12)　結論

　　よって、審査請求には理由があるから、原処分の一部を取り消すこととする。

別表1　本件仕入れの内容（省略）

別表2　本件仕入先への振込額及び本件現金入金の額の内容（省略）

別表3－1　審査請求に至る経緯（法人税）（省略）

別表3－2　審査請求に至る経緯（地方法人税）（省略）

別表3－3　審査請求に至る経緯（消費税等）（省略）

別表4　本件仕入れの過大計上の内容（省略）

別表5　審判所認定額（省略）

別紙1（省略）

別紙2　関係法令

別紙3－1から3－12　取消額等計算書（省略）

別紙2

# 関係法令

## 1　国税通則法

(1)　国税通則法（以下「通則法」という。）第23条《更正の請求》（平成30年3月31日以前に開始する事業年度については平成27年法律第9号による改正前のもの。以下同じ。）第1項は、納税申告書を提出した者は、同項各号のいずれかに該当する場合には、当該申告書に係る国税の法定申告期限から5年（同項第2号に掲げる場合のうち法人税に係る場合については、10年（平成30年3月31日以前に開始する事業年度については、9年））以内に限り、税務署長に対し、その申告に係る課税標準等又は税額等（当該課税標準等又は税額等に関し、通則法第24条《更正》又は同法第26条《再更正》の規定による更正があった場合には、当該更正後の課税標準等又は税額等）につき更正をすべき旨の請求をすることができる旨規定し、同項第1号は、当該申告書に記載した課税標準等若しくは税額等の計算が国税に関する法律の規定に従っていなかったこと又は当該計算に誤りがあったことにより、当該申告書の提出により納付すべき税額（当該税額に関し更正があった場合には、当該更正後の税額）が過大であるときを、同項第2号は、同項第1号に規定する理由により、当該申告書に記載した純損失等の金額（当該金額に関し更正があった場合には、当該更正後の金額）が過少であるときを、同項第3号は、同項第1号に規定する理由により、当該申告書に記載した還付金の額に相当する税額（当該税額に関し更正があった場合には、当該更正後の税額）が過少であるときを、それぞれ掲げている。

(2)　通則法第24条は、税務署長は、納税申告書の提出があった場合において、その納税申告書に記載された課税標準等又は税額等の計算が国税に関する法律の規定に従っていなかったとき、その他当該課税標準等又は税額等がその調査したところと異なるときは、その調査により、当該申告書に係る課税標準等又は税額等を更正する旨規定している。

(3)　通則法第68条《重加算税》第1項は、同法第65条《過少申告加算税》第1項の規定に該当する場合において、納税者がその国税の課税標準等又は税額等の計算の基礎となるべき事実の全部又は一部を隠蔽し、又は仮装し、その隠蔽し、又は仮装し

たところに基づき納税申告書を提出していたときは、当該納税者に対し、過少申告加算税の額の計算の基礎となるべき税額に係る過少申告加算税に代え、当該基礎となるべき税額に100分の35の割合を乗じて計算した金額に相当する重加算税を課する旨規定している。

2　法人税法関係

(1)　法人税法第80条《欠損金の繰戻しによる還付》（令和2年法律第8号による改正前のもの。以下同じ。）第1項は、内国法人の青色申告書である確定申告書を提出する事業年度において生じた欠損金額がある場合には、その内国法人は、当該確定申告書の提出と同時に、納税地の所轄税務署長に対し、当該欠損金額に係る事業年度（以下「欠損事業年度」という。）開始の日前1年以内に開始したいずれかの事業年度の所得に対する法人税の額に、当該いずれかの事業年度（以下「還付所得事業年度」という。）の所得の金額のうちに占める欠損事業年度の欠損金額に相当する金額の割合を乗じて計算した金額に相当する法人税の還付を請求することができる旨規定している。また、同条第3項は、第1項の規定は、同項の内国法人が還付所得事業年度から欠損事業年度の前事業年度までの各事業年度について連続して青色申告書である確定申告書を提出している場合であって、欠損事業年度の青色申告書である確定申告書をその提出期限までに提出した場合（税務署長においてやむを得ない事情があると認める場合には、欠損事業年度の青色申告書である確定申告書をその提出期限後に提出した場合を含む。）に限り、適用する旨規定している。そして、同条第6項は、第1項の規定による還付の請求をしようとする内国法人は、その還付を受けようとする法人税の額、その計算の基礎その他財務省令で定める事項を記載した還付請求書を納税地の所轄税務署長に提出しなければならない旨規定している。

(2)　法人税法第127条《青色申告の承認の取消し》第1項柱書及び同項第1号は、青色申告法人につき、その事業年度に係る帳簿書類の備付け、記録又は保存が同法第126条第1項に規定する財務省令で定めるところに従って行われていない事実がある場合、また、同項柱書及び同項第3号は、その事業年度に係る帳簿書類に取引の全部又は一部を隠蔽し又は仮装して記載し又は記録し、その他その記載又は記録をした事項の全体についてその真実性を疑うに足りる相当の理由がある場合には、納税地の所轄税務署長は、当該事業年度まで遡って、その承認を取り消すことができ

る旨規定している。

3　消費税法関係

(1)　消費税法第7条《輸出免税等》第1項第1号は、事業者が国内において行う課税
　　資産の譲渡等のうち、本邦からの輸出として行われる資産の譲渡又は貸付け（以下
　　「輸出取引」という。）については消費税を免除する旨規定し、同条第2項は、第
　　1項の規定は、その課税資産の譲渡等が同項各号に掲げる資産の譲渡等に該当する
　　ものであることにつき、財務省令で定めるところにより証明がされたものでない場
　　合には、適用しない旨規定している。

(2)　消費税法第30条《仕入れに係る消費税額の控除》第1項柱書及び同項第1号は、
　　事業者が、国内において行う課税仕入れについては、その課税仕入れを行った日の
　　属する課税期間の課税標準額に対する消費税額から、当該課税期間中に国内におい
　　て行った課税仕入れに係る消費税額を控除する旨規定している（以下、同項の規定
　　による控除を「仕入税額控除」という。）。

(3)　消費税法第30条第7項本文は、同条第1項の規定は、事業者が当該課税期間の仕
　　入税額控除に係る帳簿及び請求書等を保存しない場合には、当該保存がない課税仕
　　入れに係る消費税額については、適用しない旨規定している。

(4)　消費税法第30条第8項柱書及び同項第1号は、同条第7項に規定する帳簿とは、
　　課税仕入れ等の税額が課税仕入れに係るものである場合には、次に掲げる事項が記
　　載されているものをいう旨規定している。

　　イ　課税仕入れの相手方の氏名又は名称（同号イ）

　　ロ　課税仕入れを行った年月日（同号ロ）

　　ハ　課税仕入れに係る資産又は役務の内容（同号ハ）

　　ニ　課税仕入れに係る支払対価の額（同号ニ）

(5)　消費税法第30条第9項柱書及び同項第1号は、同条第7項に規定する請求書等と
　　は、事業者に対し課税資産の譲渡等を行う他の事業者が、当該課税資産の譲渡等に
　　つき当該事業者に交付する請求書、納品書その他これらに類する書類で次に掲げる
　　事項が記載されているものをいう旨規定している。

　　イ　書類の作成者の氏名又は名称（同号イ）

　　ロ　課税資産の譲渡等を行った年月日（同号ロ）

　　ハ　課税資産の譲渡等に係る資産又は役務の内容（同号ハ）

ニ　課税資産の譲渡等の対価の額（同号ニ）

ホ　書類の交付を受ける当該事業者の氏名又は名称（同号ホ）

(6)　消費税法施行規則（平成31年3月31日以前の資産の譲渡等については平成31年財務省令第10号による改正前のもの、同年4月1日以後の資産の譲渡等については令和3年財務省令第18号による改正前のもの。以下同じ。）第5条《輸出取引等の証明》第1項は、消費税法第7条第2項に規定する財務省令で定めるところにより証明がされたものは、輸出取引等に該当するものを行った事業者が、当該輸出取引等につき、次のイ及びロに掲げる場合の区分に応じそれぞれに定める書類又は帳簿を整理し、当該輸出取引等を行った日の属する課税期間の末日の翌日から2月を経過した日から7年間、これを納税地又はその取引に係る事務所等の所在地に保存することにより証明がされたものとする旨規定している。

イ　消費税法第7条第1項第1号に掲げる輸出として行われる資産の譲渡である場合（次のロに掲げる場合を除く。）　当該資産の輸出に係る税関長から交付を受ける輸出の許可（関税法第67条に規定する輸出の許可をいう。）があったことを証する書類又は当該資産の輸出の事実を当該税関長が証明した書類で、次の(イ)から(ニ)までに掲げる事項が記載されたもの（以下、これらの書類を併せて「輸出許可通知書」という。）（第1号）

(イ)　当該資産を輸出した事業者の氏名又は名称及び住所若しくは居所又は事務所等の所在地（以下「住所等」という。）

(ロ)　当該資産の輸出の年月日

(ハ)　当該資産の品名並びに品名ごとの数量及び価額

(ニ)　当該資産の仕向地

ロ　消費税法第7条第1項第1号に掲げる輸出として行われる資産の譲渡で簡易郵便物として当該資産を輸出した場合　当該輸出した事業者が上記イの(ロ)及び(ハ)に掲げる事項並びに当該簡易郵便物の受取人の氏名若しくは名称及び住所等を記載した帳簿又は当該簡易郵便物の受取人から交付を受けた物品受領書その他の書類で上記イの(イ)及び(ハ)に掲げる事項並びに当該簡易郵便物の受取人の氏名若しくは名称及び住所等並びに当該簡易郵便物の受取の年月日が記載されているもの（第2号）

事例6 （課税標準　課税資産の譲渡等の対価の額）

売上先において課税仕入れの過大計上額と認定した金額を、請求人における課税売上額の過大計上額と認定した事例（①平成28年4月1日から平成29年3月31日までの事業年度以後の法人税の青色申告の承認の取消処分、②平成28年4月1日から平成29年3月31日まで及び平成29年4月1日から平成30年3月31日までの各事業年度の法人税の各更正処分、③平成28年4月1日から平成28年6月30日まで、平成28年7月1日から平成28年9月30日まで、平成28年10月1日から平成28年12月31日まで、平成29年1月1日から平成29年3月31日まで、平成29年4月1日から平成29年6月30日まで、平成29年7月1日から平成29年9月30日まで、平成29年10月1日から平成29年12月31日まで及び平成30年1月1日から平成30年3月31日までの各課税期間の消費税及び地方消費税の各更正処分及び過少申告加算税の各賦課決定処分・①棄却、②却下、③全部取消し、一部取消し、棄却・令和4年10月25日裁決）

《ポイント》

　本事例は、当審判所が認定した請求人の売上先における請求人からの課税仕入れの過大計上額が、請求人における課税売上の過大計上額に該当すると判断したものである。

《要旨》

　原処分庁は、原処分庁が請求人の売上先の更正処分において過大であると認定した課税仕入れの額は、間接的な資料を用いて所得金額を認定する推計課税の方式により算出したものであり、請求人と当該売上先との取引に係る実額で認定された課税仕入れの額とは性質が異なるから、当該売上先の課税仕入れの額を過大であると認定したとしても、請求人の課税売上額が過大であるとは認められない旨主張する。

　しかしながら、当審判所は、当該売上先の課税仕入れの過大計上額を実額で認定しているところ、請求人と当該売上先との間の売買取引が私法上同一の取引であることは明らかであり、当該売上先における課税仕入れの金額と請求人における課税売上の金額とは一致しているから、当該売上先における課税仕入れの過大計上額は、請求人における課税売上の過大計上額と認められ、請求人の課税売上額から減額することが相当である。

（令和 4 年10月25日裁決）

《裁決書（抄）》

# 1 事 実

## (1) 事案の概要

本件は、原処分庁が、審査請求人（以下「請求人」という。）の法人税について
は法人税法第127条《青色申告の承認の取消し》第 1 項に規定する取消事由がある
として青色申告の承認の取消処分をし、また、更正処分をし、消費税等については
消費税法第30条《仕入れに係る消費税額の控除》第 7 項に規定する仕入税額控除に
係る帳簿及び請求書等を保存しない場合に当たるとして更正処分等をしたのに対し、
請求人が原処分の一部の取消しを求めた事案である。

## (2) 関係法令

関係法令は、別紙 2 のとおりである。

なお、別紙 2 で定義した略語については、以下、本文及び別表においても使用す
る。

## (3) 基礎事実

当審判所の調査及び審理の結果によれば、以下の事実が認められる。

イ 請求人は、平成27年 6 月○日に日用雑貨等の販売及び輸出を目的として設立さ
れた法人であり、設立当初からE（以下「本件代表者」という。）のみが代表取
締役を務めていた。

ロ 請求人は、平成27年 8 月 7 日、原処分庁に対し、法人税の青色申告の承認申請
を行い、平成27年 6 月○日から平成28年 3 月31日までの事業年度以後の各事業年
度の法人税について、青色申告の承認があったものとみなされた。

ハ 請求人は、平成27年 8 月 7 日、原処分庁に対し、適用開始課税期間を同年 6 月
○日から平成28年 3 月31日までの課税期間とする「消費税課税事業者選択届出
書」及び適用開始日を平成27年 6 月○日とする「消費税課税期間特例選択届出
書」を提出し、課税事業者となること及び課税期間を 3 月ごとの期間に短縮する
ことを選択した。

以下、平成28年 4 月 1 日から平成28年 6 月30日までの課税期間（以下「平成28
年 6 月課税期間」といい、他の課税期間についても同様に表記する。）、平成28年
9 月課税期間、平成28年12月課税期間、平成29年 3 月課税期間、平成29年 6 月課

税期間、平成29年9月課税期間、平成29年12月課税期間及び平成30年3月課税期間を併せて「本件各課税期間」という。

ニ 請求人は、本件各課税期間において、外国人留学生等がドラッグストア等で購入した乳児・幼児用の紙おむつのパック詰め商品（以下「紙おむつパック」という。）を、商品仕入れとして当該外国人留学生等から買い取り（以下、この買取りを「本件仕入取引」という。）、輸出業者等に販売していた。

ホ 請求人は、本件仕入取引に係る仕入金額について、平成28年4月1日から平成29年3月31日までの事業年度（以下「平成29年3月期」といい、他の事業年度も同様に表記する。）及び平成30年3月期（以下、平成29年3月期と併せて「本件各事業年度」という。）の総勘定元帳（以下「本件総勘定元帳」という。）の商品仕入高勘定に記載し、本件仕入取引に係る消費税及び地方消費税（以下「消費税等」という。）を本件各課税期間の仕入税額控除の対象としていた。

ヘ 請求人は、本件仕入取引に係る帳簿書類として本件総勘定元帳及び判取帳（以下「本件判取帳」という。）を保存していた。

ト 請求人は、平成29年3月課税期間ないし平成29年12月課税期間において、本件代表者が代表取締役を務めるD社に紙おむつパックを販売した。

チ D社は、平成31年4月、原処分庁による税務調査を受け、令和3年7月5日付で、請求人からの課税仕入れの金額が過大であるとして、消費税等の更正処分及び加算税の賦課決定処分を受けた。

(4) 審査請求に至る経緯

イ 請求人は、本件各事業年度の法人税について、青色の確定申告書に別表1-1の「確定申告」欄のとおり記載して、いずれも法定申告期限までに申告した。

ロ 請求人は、本件各課税期間の消費税等について、確定申告書に別表1-2の「確定申告」欄のとおり記載して、いずれも法定申告期限までに申告した。

ハ 原処分庁は、請求人に対し、法人税法第127条第1項第1号及び同項第3号に規定する青色申告の承認の取消事由に該当するとして、令和3年7月5日付で、平成29年3月期以後の法人税の青色申告の承認の取消処分（以下「本件青色申告取消処分」という。）をするとともに、別表1-1の「更正処分等」欄のとおり、本件各事業年度の法人税の各更正処分（以下「本件法人税各更正処分」という。）をした。

ニ　原処分庁は、請求人に対し、消費税法第30条第7項に規定する仕入税額控除に
　　係る帳簿及び請求書等を保存しない場合に当たり、仕入税額控除は認められない
　　として、令和3年7月5日付で別表1－2の「更正処分等」欄のとおり、本件各
　　課税期間の消費税等の各更正処分（以下「本件消費税等各更正処分」という。）
　　及び過少申告加算税の各賦課決定処分（以下「本件各賦課決定処分」という。）
　　をした。

ホ　請求人は、上記ハ及びニの各処分に不服があるとして、令和3年10月6日に審
　　査請求をした。

2　本件法人税各更正処分の取消しを求めることの適法性について

　　　国税通則法第75条《国税に関する処分についての不服申立て》第1項は、国税に関
　　する法律に基づく処分に不服がある者は、不服申立てをすることができる旨規定して
　　おり、処分が納税者にとって不利益なものでなければ当該処分の取消しを求める審査
　　請求の利益がないこととなるところ、法人税の更正処分が不利益な処分に当たるか否
　　かは、当該更正処分により法人税の納付すべき税額が増加したか否かにより判断すべ
　　きである。

　　　これを本件についてみると、本件各法人税更正処分は、別表1－1のとおり、納付
　　すべき税額を増加させる更正処分でないことが明らかであり、請求人の権利又は利益
　　を侵害するものとはいえないから、本件法人税各更正処分の取消しを求めることは、
　　請求の利益を欠く不適法なものである。

3　争　点

(1)　請求人の帳簿書類について、法人税法第127条第1項に規定する青色申告の承認
　　の取消事由があるか否か（争点1）。

(2)　本件仕入取引について、消費税法第30条第7項に規定する帳簿及び請求書等を保
　　存しない場合に当たるか否か（争点2）。

(3)　本件各課税期間において、課税売上額が過大であるか否か（争点3）。

4　争点についての主張

(1)　争点1（請求人の帳簿書類について、法人税法第127条第1項に規定する青色申
　　告の承認の取消事由があるか否か。）について

| 原処分庁 | 請求人 |
|---|---|
| 請求人の平成29年3月期の帳簿書類の備付け、記録又は保存は、次のとおり、法人税法第127条第1項に規定する青色申告の承認の取消事由に該当する。 | 請求人の平成29年3月期の帳簿書類の備付け、記録又は保存は、次のとおり、法人税法第127条第1項に規定する青色申告の承認の取消事由に該当しない。 |
| イ 平成29年3月期の本件総勘定元帳の商品仕入高勘定には、本件仕入取引について、財務省令に定める記載事項が記載されていないなど、請求人の保存する帳簿書類は、法人税法第126条《青色申告法人の帳簿書類》第1項に規定する財務省令で定めるところに従って、備付け、記録又は保存が行われていなかったものと認められるから、同法第127条第1項第1号の青色申告の承認の取消事由に該当する。 | イ 請求人は、平成29年3月期の本件総勘定元帳の商品仕入高勘定の「仕入先」が確認できる書類として本件判取帳を保存しており、また、品名、数量及び単価が記載されたドラッグストア等が発行したレシート（以下「本件レシート」という。）を仕入先から受領して保存していた。<br>　請求人が保存する本件総勘定元帳、本件判取帳及び本件レシートは相互に補完しあって財務省令に定める記載事項を充足しているから、請求人の帳簿書類は、法人税法第126条第1項に規定する財務省令で定めるところに従って備付け、記録又は保存が行われていたことになり、同法第127条第1項第1号の青色申告の承認の取消事由に該当しない。 |
| ロ 本件判取帳に記載された個人名の仕入れ116件のうち102件については、記載された住所又は氏名から仕入先を特定することができない。<br>　また、仕入先を特定できた14件のうち12件については、それらの者の申述内容からすると、本件判取帳に記載されたと | ロ 請求人の仕入先には外国人留学生が多数含まれており、原処分庁が仕入先の所在を確認した時点には、帰国や転居した者がいたため、特定できなかっただけであり、請求人は、商品を実際に販売しているから、商品を仕入れた事実は存在する。 |

| 原処分庁 | 請求人 |
|---|---|
| おり取引を行っていた事実が認められず、本件判取帳が真実の取引を記載したものとはいえない。<br><br>　したがって、請求人が保存する帳簿書類は、その記載又は記録した事項の全体についてその真実性を疑うに足りる相当の理由があるものと認められるから、法人税法第127条第1項第3号の青色申告の承認の取消事由に該当する。 | 　なお、請求人の仕入先及び原処分庁が請求人の仕入先として特定できた9件の内の一部の者は、本件判取帳に記載した金額で請求人と取引していると請求人に申し出ている。<br><br>　したがって、請求人が保存する帳簿書類は、その記載又は記録した事項の全体についてその真実性を疑うに足りる相当の理由があるものには該当せず、法人税法第127条第1項第3号の青色申告の承認の取消事由にも該当しない。 |

(2)　争点2（本件仕入取引について、消費税法第30条第7項に規定する帳簿及び請求書等を保存しない場合に当たるか否か。）について

| 原処分庁 | 請求人 |
|---|---|
| 　請求人の本件仕入取引に係る帳簿書類の記載及び保存状態は、次のとおり、消費税法第30条第7項に規定する帳簿及び請求書等を保存しない場合に当たる。 | 　請求人の本件仕入取引に係る帳簿書類の記載及び保存状態は、次のとおり、消費税法第30条第7項に規定する帳簿及び請求書等を保存しない場合に当たらない。 |
| イ　本件総勘定元帳には、本件仕入取引について、消費税法第30条第8項に規定する課税仕入れに係る資産又は役務の内容の記載がない。 | イ　本件総勘定元帳には、課税仕入れに係る資産又は役務の内容の記載がないが、本件レシートには当該内容が記載されており、本件レシートを保存していたのであるから、消費税法第30条第8項に規定する課税仕入れに係る資産又は役務の内容の記載があることになる。 |
| ロ　本件判取帳には、消費税法第30条第9項第2号に規定する課税仕入れに係る資産又は役務の内容の記載がない。 | ロ　本件判取帳には、課税仕入れに係る資産又は役務の内容の記載がないが、本件レシートには当該内容が記載されてお |

| | |
|---|---|
| なお、請求人が本件判取帳の明細であるとして提出した本件レシートは、本件判取帳の金額と一致しておらず、相互の関連性が不明であり本件判取帳の明細とは認められない。 | り、本件レシートを保存していたのであるから、消費税法第30条第9項第2号に規定する課税仕入れに係る資産又は役務の内容の記載があることになる。<br><br>なお、本件レシートの一部については、令和2年7月の大雨によって、請求人の倉庫が雨漏りし、紛失した。 |

(3) 争点3（本件各課税期間において、課税売上額が過大であるか否か。）について

| 請求人 | 原処分庁 |
|---|---|
| 請求人とD社との取引は、私法上同一の取引であり、請求人のD社への課税売上額とD社の請求人からの課税仕入れの額とは一致しているのであるから、原処分庁は、D社の請求人からの課税仕入れの額を過大であると認定するならば、請求人の課税売上額も過大であるとして同額を減額すべきである。 | D社の更正処分において原処分庁が認定した課税仕入れの額は、間接的な資料を用いて所得金額を認定する推計課税の方式により算出したものであり、請求人とD社との取引に係る実額の課税仕入れの額とは性質が異なる。<br><br>また、当該推計に当たり算出の基礎とした単価は、D社と請求人以外の者との間の取引に係るものであるから、D社の課税仕入れの額と請求人の課税売上額とは当然に一致するものとはいえない。<br><br>よって、D社の課税仕入れの額を過大であると認定したとしても、請求人の課税売上額が過大であるとは認められない。 |

5 当審判所の判断

(1) 争点1（請求人の帳簿書類について、法人税法第127条第1項に規定する青色申告の承認の取消事由があるか否か。）について

イ 法令解釈等

青色申告制度は、誠実かつ信頼性のある記帳をすることを約束した納税義務者

が、これに基づき所得金額を正しく算出して申告納税することを期待し、かかる納税義務者に特典を付与するものであり、青色申告の承認の取消しは、青色申告の承認を受けた納税義務者について、特典等の付与を継続することが青色申告制度の趣旨・目的に反することとなる一定の事情がある場合には、その承認を取り消すことができるものとすることによって、青色申告制度の適正な運用を図ろうとするものであると解される。

　この青色申告の承認の取消しは、形式上法人税法第127条第1項各号に該当する事実があれば必ず行われるというものではなく、現実に取り消すかどうかは、個々の場合の事情に応じ、処分庁が合理的裁量によって決すべきである（最高裁判所第一小法廷昭和49年4月25日判決）が、その裁量権の行使は、上記青色申告制度の趣旨及び青色申告の承認の取消しの意義に照らし、当該納税義務者に係る具体的な同項各号該当事由の内容、程度、さらにはその者の納税申告に係る信頼性の破壊の程度を総合的に考慮して、それが真に青色申告による納税申告を維持させるにふさわしくない内容、程度に達しているものといえるかどうかという観点からこれを判断すべきものである。

ロ　認定事実

　請求人提出資料、原処分関係資料及び当審判所の調査の結果によれば、以下の事実が認められる。

(イ)　平成29年3月期の本件総勘定元帳に記載された本件仕入取引1,030件総額997,716,947円（税抜き）のうち現金仕入れである929件総額821,286,975円（税抜き）の取引については、日付及び金額のみが記載されており、仕入先の氏名又は名称、品名その他給付内容、数量及び単価の記載がない。また、銀行振込みによる仕入れ101件総額176,429,972円の取引については、日付、金額及び氏名又は名称が記載されているが、品名、その他給付内容、数量及び単価の記載がない。

(ロ)　平成29年3月期の本件仕入取引に係る本件判取帳には、現金の領収日、金額及び受領者の氏名又は名称の記載があるが、品名、その他給付内容、数量及び単価の記載がない。

(ハ)　本件仕入取引に係る記録及び本件レシートの保管状況等は、以下のとおりであった。

A　外国人留学生等からの仕入れについては、本件代表者が、現金支払の際に本件レシートを基に紙おむつパックの種類ごとの個数と手数料の金額及び手数料を含む仕入金額の総額をメモに記載していた。

なお、当該メモは現金支払後に本件代表者が破棄していた。

B　受領した本件レシートは、受領の都度、本件代表者が段ボール箱に入れて保存し、本件判取帳に記載した取引ごとに整理することはなく、本件判取帳の明細として照合できる状況にはなかった。

C　請求人の仕入先である外国人留学生等が本件判取帳に記載する際に、同一日の一つの取引を何件かに分割して記載したことがあり、そうした取引については、本件判取帳に記載された取引が本件レシートのうちどのレシートに係る仕入代金かを確認することはできない。

(ニ)　原処分庁の調査（以下「本件調査」という。）においては、平成29年３月期の本件仕入取引に係る本件判取帳に記載された仕入先116件のうち102件の個人の所在が確認できなかった。

なお、個人の所在が特定できなかった102件のうち、48件については実在しない住所地が記載され、26件については地名や番地の記載がなく、住所地自体が特定できなかった。

(ホ)　本件調査において本件判取帳の記載者を特定できた取引は14件で、そのうち６件の氏名は仮名又は借名であり、一人が３種類の仮名又は借名を記載していたものもあった。これら６件の仕入先は、振込みにより仕入代金を受領しており、仕入代金を現金で受領したことはなかった。

(ヘ)　上記(ホ)の６件の他に、34件の取引先が仮名又は借名で本件判取帳に記載していた。

(ト)　上記(ホ)及び(ヘ)の他、本件代表者の配偶者であるＨが、本件代表者から依頼されて、仕入先である外国人留学生等への支払額に相当する金額を、自己が受領したとして本件判取帳に自己の住所氏名を記載したものが２件あった。

(チ)　上記(ト)のＨの名で記載された取引については、仕入先である外国人留学生等への支払を証する帳簿書類は無い。

ハ　検討

請求人は、上記１の(3)のへのとおり、平成29年３月期における本件仕入取引に

係る帳簿書類として本件総勘定元帳及び本件判取帳を保存しているところ、上記ロの(イ)のとおり、本件仕入取引のうち大部分を占める現金仕入れについては、本件総勘定元帳に日付と金額しか記載がない。そして、本件判取帳に仕入先として記載された116件のうち6割超の74件については本件判取帳に記載された住所が実在しないか、又は住所地を特定することができず、28件については記載された住所地において仕入先である個人の所在が確認できない。

また、原処分庁の調査により記載者が特定できた14件のうち6件は、本件判取帳に記載された氏名が仮名又は借名であり、中には一人の者が複数の仮名又は借名を使用しているものもあった。さらに、上記ロの(ト)及び(チ)のとおり、仕入先ではない本件代表者の配偶者が、仕入先として自己の氏名等を記載していたことなどからすれば、本件判取帳に記載された仕入先が、全て真実の仕入先であるとは認められない。

そして、上記ロの(ハ)のとおり、請求人は、商品の種類、数量及び手数料を含む仕入金額の総額を記載したメモを破棄し、本件判取帳の明細であるとする本件レシートも本件仕入取引の内容と逐一照合することができるよう整理、保存していないから、本件仕入取引において、請求人が誰から何をいくらでどれだけの数量仕入れたのか全く不明であり、請求人が本件総勘定元帳に記載した本件仕入取引に係る取引金額の全体について、その真実性を疑わざるを得ない。このような請求人の帳簿書類の備付け、記録又は保存の状況からすれば、請求人の帳簿書類は、法人税法第127条第1項第3号後段に規定する「その記載又は記録をした事項の全体についてその真実性を疑うに足りる相当の理由があること」に該当し、その内容及び程度は、青色申告制度の趣旨及び青色申告の承認の取消しの意義に照らし、真に青色申告による納税申告を維持させるにふさわしくない内容及び程度に達しているといえる。そうすると、請求人の帳簿書類の備付け、記録又は保存が法人税法第126条第1項に規定する財務省令で定めるところに従って行われていなかったか否か、そして同法第127条第1項第1号に該当するか否かにかかわらず、請求人の帳簿書類について、同項第3号に規定する青色申告の承認の取消事由がある。

ニ　請求人の主張について

　　請求人は、本件仕入取引に係る仕入先が本件判取帳に記載した住所、氏名は真

実であり、また、請求人が実際に商品を販売していることから本件仕入取引が存在することは明らかであるから、請求人が保存する帳簿書類は、その記載又は記録した事項の全体についてその真実性を疑うに足りる相当の理由があるものには該当しない旨主張する。

　しかしながら、請求人が保存する帳簿書類には、その記載又は記録した事項の全体についてその真実性を疑うに足りる理由があることは、上記ハのとおりであるから、実際に仕入れた商品を販売しているから本件仕入取引の事実は存在するとの請求人の主張には理由がない。

(2)　争点2（本件仕入取引について、消費税法第30条第7項に規定する帳簿及び請求書等を保存しない場合に当たるか否か。）について

　イ　法令解釈等

　　　消費税法第30条第7項が、課税仕入れに係る同条第8項第1号所定の事項が記載されている帳簿（以下「法定帳簿」という。）及び同条第9項第1号所定の事項が記載されている請求書等（以下「法定請求書等」という。）の保存がある場合に限り、仕入税額控除を認めることとしたのは、資産の譲渡等が連鎖的に行われる中で、広く公平に資産の譲渡等に課税するという消費税により適正な税収を確保するには、法定帳簿及び法定請求書等という確実な資料を保存させることが必要不可欠であると判断されたためであると考えられる。

　　　そして、平成6年改正前の消費税法が、帳簿又は請求書等の保存を要求することにより、事業者の自己記帳に基づく帳簿の保存だけでも仕入税額控除を認めていたのに対し、制度の信頼性や正確性等の観点から、請求書、納品書その他取引の事実を証する書類のいずれかを保存することをその要件に加えることが適当である旨の税制調査会の答申を受けてなされた平成6年改正後の消費税法が、上記の確実な資料として、事業者の自己記帳に基づく法定帳簿及び取引の相手方が作成した法定請求書等の双方の保存を要求することとしたことは明らかである。

　ロ　検討

　　(イ)　本件総勘定元帳について

　　　　　請求人が保存する本件総勘定元帳には、上記(1)のロの(イ)のとおり、本件仕入取引のうち現金仕入れの取引について、消費税法第30条第8項第1号所定の記載事項である①課税仕入れの相手方の氏名又は名称（同号イ）、②課税仕入れ

に係る資産又は役務の内容（同号ロ）が記載されておらず、銀行振込みによる仕入取引について、課税仕入れに係る資産又は役務の内容（同号ロ）が記載されていないから、本件総勘定元帳は法定帳簿に該当しない。

(ロ) 本件判取帳について

本件判取帳には、取引の相手方の氏名、現金の受領日及び受領金額が記載されているが、消費税法第30条第9項第2号所定の記載事項である課税仕入れに係る資産又は役務の内容（同号ハ）の記載がないから、本件判取帳は、法定請求書等に該当しない。

なお、上記(1)のロの(ハ)のBのとおり、本件レシートは本件判取帳の明細を示すものではないから、本件判取帳と本件レシートを併せて法定請求書等に該当するということもできない。

(ハ) まとめ

上記1の(3)のへのとおり、本件仕入取引に係る帳簿書類として請求人が保存しているのは、本件総勘定元帳及び本件判取帳であるところ、上記(イ)及び(ロ)のとおり、本件総勘定元帳は法定帳簿に該当せず、本件判取帳も法定請求書等に該当しないから、請求人の本件仕入取引に係る帳簿書類の記載及び保存状態は、消費税法第30条第7項に規定する仕入税額控除に係る帳簿及び請求書等を保存しない場合に当たる。

そして、当審判所の調査によっても、請求人に災害その他やむを得ない事情により当該保存をすることができなかったことを認めるに足る証拠はないから、本件仕入取引に係る消費税等の額について消費税法第30条第1項の規定は適用されず、仕入税額控除をすることはできない。

ハ 請求人の主張について

請求人は、本件総勘定元帳は、消費税法第30条第8項第1号所定の記載事項が不足しているものの、この不足している事項は、本件判取帳及び本件レシートにより補足でき、これらの書類を合わせると、同号所定の記載事項の全てが記載されていたことになるから、同条第7項の帳簿及び請求書等を保存しない場合に当たらない旨主張する。

しかしながら、上記イのとおり、消費税法第30条第7項は法定帳簿と法定請求書等の双方の保存を要求しているところ、上記ロの(イ)のとおり、本件総勘定元帳

— 165 —

は、法定帳簿に該当しない。そうすると、仮に、本件判取帳及び本件レシートにより本件仕入取引に係る同号所定の記載事項が確認できるとしても、同条第7項に規定する帳簿及び請求書等の保存があったと認めることはできない。なお、本件判取帳が法定請求書等に該当しないことは上記ロの(ロ)のとおりである。

　　　したがって、請求人の主張には理由がない。

(3)　争点3（本件各課税期間において、課税売上額が過大であるか否か。）について

　イ　検討

　　　請求人からD社への課税売上額のうち、当審判所の調査により認定した過大計上額は、D社が仕入代金として請求人の預金口座に振り込んだ後、当該預金口座から出金されてD社の預金口座に入金されたと認められる金額であり、D社において課税仕入れの額を過大に計上していたと認められる金額である。

　　　請求人とD社との間の売買取引が私法上同一の取引であることは明らかであり、D社における課税仕入れの額と請求人における課税売上額は一致しているから、D社において課税仕入れを過大に計上した額が、請求人における課税売上額の過大計上額と認められる。そして、その金額は、下表の「課税期間」欄に記載した平成29年3月課税期間、平成29年6月課税期間、平成29年9月課税期間及び平成29年12月課税期間について、それぞれ「過大計上額（税抜き）」欄に記載した金額であり、合計959,642,266円である。

　　　よって、当該各課税期間に係る課税売上額から当該各金額を減額することが相当である。

| 課　税　期　間 | 過大計上額（税抜き） |
|---|---|
| 平成28年6月課税期間 | 0円 |
| 平成28年9月課税期間 | 0円 |
| 平成28年12月課税期間 | 0円 |
| 平成29年3月課税期間 | 126,943,492円 |
| 平成29年6月課税期間 | 270,736,578円 |
| 平成29年9月課税期間 | 420,453,706円 |
| 平成29年12月課税期間 | 141,508,490円 |
| 合　　　計 | 959,642,266円 |

　ロ　原処分庁の主張について

原処分庁は、D社の更正処分における課税仕入れの額は、間接的な資料を用い
て所得金額を認定する推計課税の方式により算出したものであり、請求人とD社
との取引に係る実額で認定された課税仕入れの額とは性質が異なる旨主張する。

　　しかしながら、当審判所は、上記イのとおり、請求人の預金口座から支出され
てD社の預金口座に入金されたと認められる金額を課税売上額の過大計上額であ
ると認定したものであり、原処分庁がD社の課税仕入れの額をどのように算出し
たかは、上記の判断に影響しない。

(4) 本件青色申告取消処分の適法性について

　　上記(1)のハのとおり、請求人の平成29年3月期の帳簿書類については、法人税法
第127条第1項第3号に規定する青色申告の承認の取消事由があると認められる。

　　そして、本件青色申告取消処分のその他の部分について、請求人は争わず、当審
判所に提出された証拠資料等によっても、これを不相当とする理由は認められない。

　　したがって、本件青色申告取消処分は適法である。

(5) 本件消費税等各更正処分の適法性について

　イ　平成28年6月課税期間、平成28年9月課税期間及び平成28年12月課税期間

　　　上記(3)のイのとおり、平成28年6月課税期間、平成28年9月課税期間及び平成
28年12月課税期間（以下「本件3課税期間」という。）については、請求人の課
税売上額を減額すべき金額はなく、また、上記(2)のロのとおり、本件仕入取引に
係る消費税等の額について仕入税額控除を適用することができない。これに基づ
き、消費税等の納付すべき税額を計算すると、原処分と同額になる。

　　　そして、本件3課税期間の消費税等の各更正処分のその他の部分については、
請求人は争わず、当審判所に提出された証拠資料等によっても、これを不相当と
する理由は認められない。

　　　したがって、本件3課税期間の消費税等の各更正処分は適法である。

　ロ　平成29年3月課税期間

　　　上記(3)のイのとおり、請求人の平成29年3月課税期間の課税売上額は過大に計
上されたものであるから、課税売上額を再計算すると○○○○円となる。

　　　また、上記(2)のロのとおり、本件仕入取引に係る消費税等の額は仕入税額控除
を適用することができない。これに基づき、消費税等の納付すべき税額を計算す
ると、別表2の「審判所認定額」欄のとおりとなり、原処分を下回ることとなる。

そして、当該課税期間の消費税等の更正処分のその他の部分については、請求人は争わず、当審判所に提出された証拠資料等によっても、これを不相当とする理由は認められない。

したがって、当該課税期間の消費税等の更正処分は、その一部を別紙3の「取消額等計算書」のとおり取り消すべきである。

ハ 平成29年6月課税期間

請求人は、平成29年6月課税期間の消費税等の確定申告において課税売上額を〇〇〇〇円としているが、本件総勘定元帳に計上された課税売上額は〇〇〇〇円であり、当該金額が正当な課税売上額と認められる。そして、上記(3)のイのとおり、請求人の当該課税期間の課税売上額は過大に計上されたものであるから、課税売上額を再計算すると〇〇〇〇円となる。

また、上記(2)のロのとおり、本件仕入取引に係る消費税等の額は仕入税額控除を適用することができない。これに基づき、消費税等の納付すべき税額を計算すると、別表2の「審判所認定額」欄のとおりとなり、原処分を下回ることとなる。

そして、当該課税期間の消費税等の更正処分のその他の部分については、請求人は争わず、当審判所に提出された証拠資料等によっても、これを不相当とする理由は認められない。

したがって、当該課税期間の消費税等の更正処分は、その一部を別紙4の「取消額等計算書」のとおり取り消すべきである。

ニ 平成29年9月課税期間

請求人は、平成29年9月課税期間の消費税等の確定申告において課税売上額を〇〇〇〇円としているが、本件総勘定元帳に計上された課税売上額は〇〇〇〇円であり、当該金額が正当な課税売上額と認められる。そして、上記(3)のイのとおり、請求人の当該課税期間の課税売上額は過大に計上されたものであるから、課税売上額を再計算すると〇〇〇〇円となる。

また、上記(2)のロのとおり、本件仕入取引に係る消費税等の額は仕入税額控除を適用することができない。これに基づき、消費税等の納付すべき税額を計算すると、別表2の「審判所認定額」欄のとおりとなり、原処分を下回ることとなる。

そして、当該課税期間の消費税等の更正処分のその他の部分については、請求人は争わず、当審判所に提出された証拠資料等によっても、これを不相当とする

理由は認められない。

　　　したがって、当該課税期間の消費税等の更正処分は、その一部を別紙5の「取消額等計算書」のとおり取り消すべきである。

　ホ　平成29年12月課税期間

　　　請求人は、平成29年12月課税期間の消費税等の確定申告において課税売上額を○○○○円としているが、本件総勘定元帳に計上された課税売上額は○○○○円であり、当該金額が正当な課税売上額と認められる。そして、上記(3)のイのとおり、請求人の当該課税期間の課税売上額は過大に計上されたものであるから、課税売上額を再計算すると○○○○円となる。

　　　また、上記(2)のロのとおり、本件仕入取引に係る消費税等の額は仕入税額控除を適用することができない。これに基づき、消費税等の納付すべき税額を計算すると、別表2の「審判所認定額」欄のとおりとなり、原処分を下回ることとなる。

　　　そして、当該課税期間の消費税等の更正処分のその他の部分については、請求人は争わず、当審判所に提出された証拠資料等によっても、これを不相当とする理由は認められない。

　　　したがって、当該課税期間の消費税等の更正処分は、その一部を別紙6の「取消額等計算書」のとおり取り消すべきである。

　ヘ　平成30年3月課税期間

　　　請求人は、平成30年3月課税期間の消費税等の確定申告において課税売上額を○○○○円として計上しているが、本件総勘定元帳に計上された課税売上額は○○○○円であり、当該金額が正当な課税売上額と認められる。そして、上記(3)のイのとおり、請求人の課税売上額を減額すべき金額はなく、また、上記(2)のロのとおり、本件仕入取引に係る消費税等の額について仕入税額控除を適用することができない。これに基づき、消費税等の納付すべき税額を計算すると、別表2の「審判所認定額」欄のとおりとなり、確定申告の額を下回ることとなるから、当該課税期間の消費税等の更正処分は違法であり、その全部を取り消すべきである。

(6)　本件各賦課決定処分の適法性について

　イ　平成28年6月課税期間、平成28年9月課税期間及び平成28年12月課税期間

　　　上記(5)のイのとおり、本件3課税期間の消費税等の各更正処分は適法であり、当該各更正処分により納付すべき税額の計算の基礎となった事実が更正処分前の

税額の計算の基礎とされていなかったことについて、国税通則法第65条《過少申告加算税》（平成28年法律第15号による改正前のもの）第4項第1号（同改正前の第4項）に規定する正当な理由があるとは認められない。そして、当審判所においても、本件3課税期間の過少申告加算税の額は、いずれも原処分と同額であると認められる。

したがって、本件3課税期間の各賦課決定処分は適法である。

ロ　平成29年3月課税期間ないし平成29年12月課税期間

平成29年3月課税期間ないし平成29年12月課税期間の消費税等の各更正処分は、上記(5)のロないしホのとおり、いずれもその一部を取り消すべきであるから、当該各課税期間の各賦課決定処分の基礎となる税額は、別表2の「審判所認定額」欄のとおりとなる。

また、これらの税額の計算の基礎となった事実が更正処分前の税額の計算の基礎とされていなかったことについては、国税通則法第65条第4項第1号に規定する正当な理由があるとは認められない。

したがって、国税通則法第65条第1項及び第2項の規定に基づいて計算された請求人の過少申告加算税の額は、別表2の「審判所認定額」欄のとおりとなり、いずれも原処分を下回るから、当該課税期間の各賦課決定処分は、いずれもその一部を別紙3ないし別紙6の「取消額等計算書」のとおり取り消すべきである。

ハ　平成30年3月課税期間

上記(5)のへのとおり、平成30年3月課税期間の消費税等の更正処分は違法であり、その全部を取り消すべきであるから、これを前提とする当該課税期間の賦課決定処分も、その全部を取り消すべきである。

(7)　結論

よって、審査請求には理由があるから、原処分の一部を取り消すこととする。

別表1－1　審査請求に至る経緯（法人税）（省略）

別表1－2　審査請求に至る経緯（消費税等）（省略）

別表2　審判所認定額（消費税等）（省略）

別紙1（省略）

別紙2　関係法令

別紙3から6　取消額等計算書（省略）

# 関係法令

## 1　法人税法関係

　法人税法第127条《青色申告の承認の取消し》第1項柱書及び同項第1号は、青色申告法人につき、その事業年度に係る帳簿書類の備付け、記録又は保存が同法第126条第1項に規定する財務省令で定めるところに従って行われていない事実がある場合、また、同項柱書及び同項第3号は、その事業年度に係る帳簿書類に取引の全部又は一部を隠蔽し又は仮装して記載し又は記録し、その他その記載又は記録をした事項の全体についてその真実性を疑うに足りる相当の理由がある場合には、納税地の所轄税務署長は、当該事業年度まで遡って、その承認を取り消すことができる旨規定している。

## 2　消費税法関係

(1)　消費税法第30条《仕入れに係る消費税額の控除》第1項柱書及び同項第1号は、事業者が、国内において行う課税仕入れについては、その課税仕入れを行った日の属する課税期間の課税標準額に対する消費税額から、当該課税期間中に国内において行った課税仕入れに係る消費税額を控除する旨規定している（以下、同項の規定による控除を「仕入税額控除」という。）。

(2)　消費税法第30条第7項本文は、同条第1項の規定は、事業者が当該課税期間の仕入税額控除に係る帳簿及び請求書等を保存しない場合には、当該保存がない課税仕入れに係る消費税額については、適用しない旨規定している。

(3)　消費税法第30条第8項柱書及び同項第1号は、同条第7項に規定する帳簿とは、課税仕入れ等の税額が課税仕入れに係るものである場合には、次に掲げる事項が記載されているものをいう旨規定している。

　　イ　課税仕入れの相手方の氏名又は名称（同号イ）

　　ロ　課税仕入れを行った年月日（同号ロ）

　　ハ　課税仕入れに係る資産又は役務の内容（同号ハ）

　　ニ　課税仕入れに係る支払対価の額（同号ニ）

(4)　消費税法第30条第9項柱書及び同項第1号は、同条第7項に規定する請求書等とは、事業者に対し課税資産の譲渡等を行う他の事業者が、当該課税資産の譲渡等に

つき当該事業者に交付する請求書、納品書その他これらに類する書類で次に掲げる事項が記載されているものをいう旨規定している。

イ　書類の作成者の氏名又は名称（同号イ）

ロ　課税資産の譲渡等を行った年月日（同号ロ）

ハ　課税資産の譲渡等に係る資産又は役務の内容（同号ハ）

ニ　課税資産の譲渡等の対価の額（同号ニ）

ホ　書類の交付を受ける当該事業者の氏名又は名称（同号ホ）

**事例7 （仕入税額控除　仕入税額控除の不適用　帳簿等の不提示）**

---

**帳簿及び請求書等の保存要件を充足するとして消費税の仕入税額控除の適用を認めた**
**事例**（①平成26年分以後の所得税の青色申告の承認の取消処分、②平成26年分から平
成29年分及び令和元年分の所得税及び復興特別所得税の各更正処分並びに過少申告加
算税及び重加算税の各賦課決定処分、③平成30年分の所得税及び復興特別所得税の更
正処分並びに重加算税の賦課決定処分、④平成26年分及び令和元年分の所得税及び復
興特別所得税の各再更正処分、⑤平成29年分及び平成30年分の所得税及び復興特別所
得税の各再更正処分並びに過少申告加算税の各賦課決定処分、⑥平成27年分及び平成
28年分の所得税及び復興特別所得税の各再更正処分並びに過少申告加算税及び重加算
税の各変更決定処分、⑦平成26年1月1日から平成28年12月31日までの各課税期間の
消費税及び地方消費税の各更正処分並びに過少申告加算税及び重加算税の各賦課決定
処分、⑧平成29年1月1日から平成30年12月31日までの各課税期間の消費税及び地方
消費税の各更正処分並びに重加算税の各賦課決定処分、⑨平成26年1月から令和元年
6月までの各期間の源泉徴収に係る所得税及び復興特別所得税の各納税告知処分並び
に重加算税の各賦課決定処分・①③⑧棄却、②一部取消し、棄却、却下、④⑤⑦一部
取消し、棄却、⑥却下、⑨一部取消し・令和4年11月9日裁決）

《ポイント》

　本事例は、原処分庁が調査を行った日において消費税の請求書等の保存を要する期
間を経過していた課税期間について、当該課税期間の帳簿は保存されていたことから
帳簿及び請求書等の保存要件を充足しているとして、当該課税期間に係る支払対価の
額が3万円以上の取引についても仕入税額控除が適用されるとしたものである。

---

《要旨》

　請求人は、平成26年1月1日から同年12月31日まで（平成26年課税期間）、平成27年
1月1日から同年12月31日まで（平成27年課税期間）及び平成28年1月1日から同年12
月31日まで（平成28年課税期間）の各課税期間（本件3課税期間）の消費税法第30条
《仕入れに係る消費税額の控除》第7項の規定に係る帳簿（法定帳簿）及び請求書等
（法定請求書等）は、消費税等の実地の調査の初日に保存があり、調査担当職員に対し

法定帳簿を提示し、また法定請求書等についても提示しようとしていたことなどから、本件3課税期間においては課税仕入れに係る支払対価の額の合計額が3万円以上の取引についても仕入税額控除が適用されるべきである旨主張する。

　しかしながら、法定請求書等を実際に保存している場合において、税務職員が法定請求書等を検査することができるときに限り、仕入税額控除の適用が認められるところ、平成27年課税期間及び平成28年課税期間については、請求人は調査担当職員に対して法定請求書等を、その保存を要する期間内に適時に提示しなかったのであるから、課税仕入れに係る支払対価の額の合計額が3万円以上の取引については仕入税額控除が認められない。一方で、原処分庁は、本件3課税期間の法定請求書等の保存はない旨主張するが、平成26年課税期間の処分の適法性に関し具体的に主張しておらず、同課税期間については、調査初日において法定請求書等の保存を要する期間を経過しており、よって、平成26年課税期間の消費税等については、課税仕入れに係る支払対価の額の合計額が3万円以上の取引についても仕入税額控除が適用される。

《参照条文等》
　消費税法第30条第1項、第7項
　消費税法施行令第50条第1項
　消費税法施行規則第15条の3

《参考判決・裁決》
　平成15年6月26日裁決（裁決事例集 No.65）

（令和 4 年11月 9 日裁決）

《裁決書（抄）》

1　事　実

(1)　事案の概要

　　　本件は、原処分庁が、農業を営む審査請求人（以下「請求人」という。）に対し、請求人の弟名義の農産物取引に係る収益は請求人に帰属するなどとして、青色申告の承認の取消処分、所得税等及び消費税等の更正処分等並びに源泉所得税等の納税告知処分等をしたのに対し、請求人が、当該収益は請求人に帰属しないなどとして、原処分の全部の取消しを求めた事案である。

(2)　関係法令等

　　　関係法令等は、別紙 7 のとおりである。

　　　なお、別紙 7 で定義した略語については、以下、本文でも使用する。

(3)　基礎事実

　　　当審判所の調査及び審理の結果によれば、以下の事実が認められる。

　イ　請求人について

　　(イ)　請求人は、野菜の生産及び販売を事業として営む個人事業者である。

　　　　　なお、請求人は、平成15年 6 月○日に設立された J 社（以下「本件法人」という。）の代表取締役を務めている。

　　(ロ)　請求人は、平成24年12月28日、個人事業の開業届出書、所得税の青色申告承認申請書及び青色事業専従者給与に関する届出書を原処分庁に提出し、平成25年分以後の所得税について青色申告の承認を受け、請求人の配偶者である K（以下「本件配偶者」という。）を青色事業専従者とした。

　　(ハ)　請求人は、平成24年12月28日、所得税法第216条《源泉徴収に係る所得税の納期の特例》の規定による源泉所得税の納期の特例の承認に関する申請書を原処分庁に提出し、同申請は承認された。

　ロ　請求人の事業について

　　(イ)　請求人は、平成24年12月28日に、本件法人との間で、平成25年 1 月 1 日以降農業用設備を賃借する旨契約し、平成26年分から令和元年分までの各年分（以下、これらの各年分を併せて「本件各年分」という。）において、本件法人に当該賃借に係るリース料を支払っていた。

(ロ)　請求人は、請求人及び本件法人の名義で農産物を出荷しており、その販売代金は、Ｌ農業協同組合（以下「本件農協」という。）〇〇支店の請求人名義の普通貯金口座（以下「本件請求人農協口座」という。）に振り込まれていた。

　　なお、本件法人名義での農産物の出荷に係る収益が請求人に帰属することについて、当事者間に争いはない。

　(ハ)　本件配偶者は、請求人の事業に係る経理に従事し、現金の管理や現金出納帳の作成のほか、小作料の支払を管理するため、小作帳（以下「本件小作帳」という。）を作成していた。

　(ニ)　請求人は、請求人の事業に係る従業員として外国人技能実習生を雇用していた。

ハ　請求人の弟名義の取引等について

　(イ)　請求人の弟であるＭ（以下「本件弟」という。）は、平成24年５月の贈与及び平成25年２月の売買により農地をそれぞれ取得し、令和元年12月31日までの期間を通じて所有していた。

　(ロ)　本件弟名義でＮ社（以下「本件出荷先法人」という。）又は本件農協へ出荷された農産物（以下、これらを併せて「本件農産物」といい、本件農産物の生産及び出荷に係る事業を「本件事業」という。）の各販売代金は、本件農協〇〇支店の本件弟名義の普通貯金口座（以下「本件弟農協口座」という。）に振り込まれていた。

　(ハ)　Ｐ信用金庫〇〇支店の本件弟名義の普通預金口座（以下「本件弟信金口座」という。）には、平成26年１月から平成31年１月までの期間、毎月〇〇〇〇円の金員（以下「本件各金員」という。）が振り込まれていた。

　(ニ)　本件弟名義で、上記ロ(ニ)とは別の外国人技能実習生が雇用されていた。

　(ホ)　本件弟に係る本件各年分の所得税及び復興特別所得税（以下「所得税等」という。）についての各確定申告書は、いずれも法定申告期限までに原処分庁に提出されており、当該各確定申告書には農業所得用の青色申告決算書がそれぞれ添付されていた。

(4)　審査請求に至る経緯

イ　請求人は、本件各年分の所得税等について、それぞれ確定申告書に別表１の「確定申告」欄のとおり記載して、いずれも法定申告期限までに申告した。当該

各申告において、請求人は本件事業から生ずる収益を請求人の事業所得の金額に算入していなかった。

　なお、原処分庁は、請求人から平成28年3月28日に提出された平成27年分の所得税等の更正の請求書に基づき、更正をすべき理由があるとして、平成28年6月17日付で別表1の「更正処分」欄のとおり更正処分をした。

ロ　請求人は、平成26年1月1日から同年12月31日までの課税期間（以下「平成26年課税期間」といい、他の課税期間についても同様に表記する。また、平成26年課税期間から平成28年課税期間までを併せて「本件3課税期間」という。）から平成30年課税期間までの課税期間（以下、これらを併せて「本件各課税期間」という。）の消費税及び地方消費税（以下「消費税等」という。）について、それぞれ確定申告書に別表2の「確定申告」欄のとおり記載して、いずれも法定申告期限までに申告した。

ハ　原処分庁及びQ国税局長所属の調査担当職員（以下、両者を併せて「本件調査担当職員」という。）は、請求人に対し、令和2年12月1日に本件各年分の所得税等、本件各年分の源泉徴収に係る所得税等（以下「源泉所得税等」という。）及び本件各課税期間の消費税等の実地の調査（以下「本件調査」という。）を開始した。

ニ　請求人は、本件調査が継続中の令和3年3月17日に、平成28年分、平成29年分及び令和元年分の所得税等並びに平成28年課税期間及び平成29年課税期間の消費税等について、別表1及び別表2の各「修正申告」欄のとおり記載した各修正申告書を提出した。

ホ　原処分庁は、本件調査に基づき、請求人に対し、令和3年4月13日付で、①平成26年分以後の所得税の青色申告の承認の取消処分（以下「本件青色承認取消処分」という。）、②本件各年分の所得税等について、別表1の「更正処分等」欄のとおり各更正処分（以下「本件所得税等各当初更正処分」という。）並びに過少申告加算税及び重加算税の各賦課決定処分、③本件各課税期間の消費税等について、別表2の「更正処分等」欄のとおり各更正処分（以下「本件消費税等各更正処分」という。）並びに過少申告加算税及び重加算税の各賦課決定処分（以下「本件消費税等各賦課決定処分」という。）、④平成26年1月から令和元年6月までの源泉所得税等について、別表3のとおり各納税告知処分（以下「本件各納税

告知処分」という。）及び重加算税の各賦課決定処分（以下「本件源泉所得税等
各賦課決定処分」という。）をした。

　ヘ　請求人は、上記ホの各処分に不服があるとして、令和3年6月14日に審査請求
　　をした。

　ト　原処分庁は、請求人が本件法人から受けていた経済的利益に係る給与所得の金
　　額に誤りがあるなどとして、令和3年10月27日付で、別表1の「再更正処分等」
　　欄のとおり、①本件各年分の所得税等の各再更正処分、②平成29年分及び平成30
　　年分の所得税等に係る過少申告加算税の各賦課決定処分、③平成27年分及び平成
　　28年分の所得税等に係る過少申告加算税及び重加算税を減額する各変更決定処分
　　をした（以下、令和3年10月27日付で行われた上記①から③までの各処分を総称
　　して「本件各再更正処分等」といい、当該各処分に係る調査を「本件再更正調
　　査」という。）。

　チ　請求人は、上記トの各処分に不服があるとして、令和4年1月17日に審査請求
　　をした。

　リ　当審判所は、通則法第104条《併合審理等》第1項の規定を適用して、上記ヘ
　　及びチの各審査請求を併合審理する。

2　争　点
(1)　本件各再更正処分等は、違法な本件再更正調査に基づくものであり取り消すべき
　　か否か（争点1）。

(2)　本件事業から生ずる収益及び資産の譲渡等の対価は、請求人に帰属するか否か
　　（争点2）。

(3)　本件各金員は、請求人から本件弟に対して支給された給与等に該当するか否か
　　（争点3）。

(4)　請求人に、通則法第68条第1項及び同条第3項に規定する「隠蔽し、又は仮装
　　し」に該当する事実があったか否か（争点4）。

(5)　請求人に、通則法第70条第5項第1号及び同法第73条第3項に規定する「偽りそ
　　の他不正の行為」に該当する事実があったか否か（争点5）。

(6)　請求人に、所得税法第150条第1項第3号に規定する青色申告の承認の取消事由
　　に該当する事実があったか否か（争点6）。

(7)　本件3課税期間において、課税仕入れに係る支払対価の額の合計額が3万円以上

の取引について、仕入税額控除が適用されるか否か（争点7）。

(8) 平成29年分及び平成30年分の所得税等の各再更正処分により納付すべき税額の計算の基礎となった事実がその更正前の税額の計算の基礎とされていなかったことについて、通則法第65条第4項に規定する「正当な理由」があると認められるか否か（争点8）。

3 争点についての主張

(1) 争点1（本件各再更正処分等は、違法な本件再更正調査に基づくものであり取り消すべきか否か。）について

| 原処分庁 | 請求人 |
|---|---|
| 原処分庁は、本件各再更正処分等をするに当たり、原処分庁内部における調査を行ったが、請求人に対する通則法第74条の11第6項の規定にいう質問検査等は行っていない。そして、通則法第26条に規定する調査には課税庁内部における調査も含まれると解されるところ、質問検査等は更正処分の要件ではないため、本件各再更正処分等は適法である。 | 原処分庁は、本件調査の結果説明を行った時点において、本件各再更正処分等の理由となった給与所得の金額の情報を有していたところ、その後に新たな情報はないため、通則法第74条の11第6項の規定により質問検査等（再調査）をすることはできないはずであるが、本件所得税等各当初更正処分における計算間違いや加算漏れ等を補正するために調査を行った。<br><br>このように法令に違反し、職権を濫用して行われた本件再更正調査に基づいて行われた本件各再更正処分等は取り消すべきである。 |

(2) 争点2（本件事業から生ずる収益及び資産の譲渡等の対価は、請求人に帰属するか否か。）について

| 原処分庁 | 請求人 |
|---|---|
| イ 本件事業は、以下の(イ)から(ト)までに掲げた事項を総合勘案すれば、本件弟が行っていたものとは認められず、請求人が行っていたものと認められることから、 | イ 請求人と本件弟は、互いに農地を出資し共同事業によって効率化を図り、本件事業を含む農業経営を行ってきた。農業経営に当たっては、相互に意思の疎通を |

本件事業から生ずる収益及び資産の譲渡等の対価は、全て請求人に帰属する。

図り、意思決定には互いが関与し、営業活動、管理部門などそれぞれの役割を分担し、農地の持分割合を基本に収入の約２割を本件弟に分配することで合意している。本件農産物の販売代金は、当該合意に基づき本件弟の分としたものである。

　よって、本件事業から生ずる収益及び資産の譲渡等の対価は、本件弟に帰属する。

　また、以下のとおり、原処分庁が総合勘案したとする事項は、事実認定又は判断に誤りがある。

(イ)　本件農産物の生産

　請求人及び本件弟の申述からすると、本件弟は本件事業において、請求人の指示を受けて従業員として従事していたものと認めるのが相当である。

　また、請求人は、どの畑の農産物をどこに出荷するかは特に決まっていない旨申述していることからすれば、請求人名義で出荷している農産物と本件農産物とを区分して生産していたとは認められない。

　したがって、請求人は本件農産物も生産していたものと認められる。

(イ)　本件農産物の生産

　本件弟は、農作業に関して請求人より詳しく、請求人が本件弟に指示を出すことはない。

　また、農業委員会が発行した耕作証明書が示すように、本件弟は十分な畑を所有しており、それらを出資して請求人との共同事業を行っている。そして、本件弟は、請求人とその都度協議の上生産の責任者として現場に立ち、ほとんど全ての農産物を生産しているのであって、請求人が本件農産物も生産していたとの認定は全て思い込みである。

(ロ)　本件農産物の出荷

　請求人は、本件出荷先法人との取引

(ロ)　本件農産物の出荷

　本件弟と本件出荷先法人は、合意の

について自らが出荷量を決めて、連絡や出荷の手配を行っている旨申述し、本件弟は本件出荷先法人との取引について詳細は分からない旨申述していること及び本件出荷先法人の担当職員が農産物の出荷量を決める契約は請求人と行っている旨申述していることからすれば、本件弟は本件農産物の出荷に係る意思決定に関与していたとは認められず、本件農産物の出荷は、請求人が主体となって行っていたものと認められる。

(ハ) 本件弟農協口座

本件農産物の販売代金は本件弟農協口座に入金されているところ、①本件弟は当該口座の通帳を管理しているのは請求人である旨、②請求人は当該通帳を自らが所有しており入出金は本件配偶者に依頼している旨、③本件配偶者は自らが当該口座から現金を引き出している旨それぞれ申述しており、このことは本件農協の信用窓口担当職員の申述や、当該口座の払戻請求書に本人確認として本件配偶者の名前が記載されている事実と合致していることからすれば、当該口座は請求人が管理していたものと認められる。

(ニ) 本件事業の必要経費の負担

A　本件弟は、本件事業の経理やお金

上で、取引を正当に行っていた。

本件農産物の出荷量は本件出荷先法人との契約に基づいてあらかじめ決められており、本件弟は、相場を見て自分の判断で出荷量を調整の上決定し、出荷の手配も外国人技能実習生を使って行っている。

なお、本件出荷先法人の担当職員の申述は、本件調査担当職員が作ったストーリーに沿った質問に対する回答であり、信用性がない。

(ハ) 本件弟農協口座

請求人と本件弟は、農業経営に当たり、生産を本件弟、販売を請求人、管理を本件配偶者と分担していた。本件弟は、農産物生産のために畑仕事に専念していたため銀行等に行く暇がないことから本件配偶者に当該口座の入出金の手続を任せていただけのことである。

本件弟農協口座は、本件弟が代表者を務めていた法人の普通預金を解約した資金を原資として開設したものであり、間違いなく本件弟の貯金である。

(ニ) 本件事業の必要経費の負担

A　必要経費については、請求人が本

の管理はしておらず、支払は請求人が行っている旨申述していることから、本件弟が本件事業に係る経費の負担を行っていたとは認められない。

　また、農産物の種等の仕入先の担当者は、取引の際の状況について、請求人から連絡があり、注文品を請求人の自宅近くの倉庫へ届け、納品書及び請求書を請求人に送付等し、代金が振り込まれている旨申述していることに加え、請求人が農業用設備のリースの契約をしていたことからみても、請求人が負担した種苗費等及び農業用設備のリース料は請求人等の名義で出荷されている農産物だけでなく本件農産物の生産にも充てられたものとみるのが相当である。

B　本件配偶者は、請求人及び本件弟の各名義で契約した外国人技能実習生の給与をまとめて管理し、本件請求人農協口座及び本件弟農協口座から現金を引き出して支払っている旨申述しており、上記(ハ)のとおり、本件弟農協口座の通帳は請求人が管理していることからすれば、請求人は本件弟名義で雇用している外国人技能実習生に給与を支払っていたもの

件弟の分もまとめて支払っていたが、そもそも請求人と本件弟は共同事業を行っているのであって、労力の過不足を金銭、物品で精算したものや農業用機械を貸した代わりにその分を手間で返すこともあった。また、請求人が支払う種苗代や購買代の負担金を本件弟から年末に出してもらっていた。

B　外国人技能実習生は、本件弟が自分の畑の農作業をさせるために雇っていたものである。

と認められる。

C 上記(イ)のとおり、本件弟は請求人の従業員として従事しており、当該従事の対価について、請求人は毎月〇〇〇〇円の給与を支払っている旨申述し、本件弟も請求人から給与をもらっている旨申述している。そして、本件弟農協口座を原資として本件弟信金口座に本件各金員が振り込まれていることから、請求人は、本件弟に対して給与を支払っていたものと認められる。

D したがって、本件事業の必要経費の負担は、請求人が行っていたものと認められる。

(ホ) 本件事業の経理及び申告

請求人は、①本件農産物の収入は自らの収入になるところ、外国人技能実習生の雇用を増やすために自らの収入を分散させて本件弟の確定申告書を作成したが、本件弟には当該申告書の控えを渡していない旨、②本件弟の確定申告に係る納税の手続は本件配偶者に依頼していた旨申述している。また、本件弟は、本件事業の経理や支払等は請求人が行っており、自らが保存している書類や帳簿はなく、自らの確定申告について確認していない旨申述している。このことからすれば、本件事業の

C 請求人は、本件弟に給与を支払ったことは一度もなく、給与明細の作成や、給与計算もしていない。

D したがって、本件事業の必要経費の負担を請求人が行っていたという事実はない。

(ホ) 本件事業の経理及び申告

本件弟は、事務処理や経理面などに疎いため、請求人が本件弟の確定申告書を作成していただけである。

また、原処分庁は、請求人が外国人技能実習生をより多く雇うための外形を作り出すために自らの収入を分散させた旨主張するが、外国人技能実習生は本件弟が自分の畑の農作業をさせるために雇っていたものである。

経理及び申告について本件弟が関与していたとは認められず、請求人が、本件農産物に係る収入が自身の収入になることを認識していながら、外国人技能実習生をより多く雇うための外形を作り出すために、本件事業の経理及び申告を行っていたものと認められる。

(ヘ) 本件事業から生ずる収益の費消

本件農産物の販売代金が振り込まれる本件弟農協口座を請求人が管理していることは上記(ハ)のとおりであるところ、令和元年10月23日に本件配偶者が本件農協の窓口で行った手続の内容からすると、同日に本件弟農協口座から出金された現金4,000万円は、請求人がT社製の車両（以下「本件車両」という。）を購入する資金に充てられていると認められることなどから、本件事業から生ずる収益を費消していたのは請求人であったとみるのが相当である。

なお、請求人は、上記の主張に係る証拠について、本件調査が終了した後に新たに行われた違法な調査により収集されたものである旨主張するが、課税処分に対する行政上の不服申立ての追行等に関する必要な調査も質問検査権を行使できる調査の範囲に含まれると解されるので、原処分庁の対応に違

(ヘ) 本件事業から生ずる収益の費消

本件弟農協口座は、名義のとおり本件弟自身の所有物であり、請求人が費消しているという事実はない。

本件弟農協口座から現金4,000万円が引き出されているのは、請求人が本件弟から当該現金を借用したものであるが、令和3年1月に返済している。

なお、当該現金を請求人が本件車両を購入する資金に充てたという原処分庁の主張に係る証拠は、本件調査が終了した後に新たに行われた違法な調査により収集されたもので、採用するべきではない。

法性はない。

(ト) 関係者の認識

　請求人の各取引先の各申述は、請求人と本件弟がそれぞれ農業を経営していると考えている旨のものもあるが、大半は、本件弟は請求人の従業員である又は本件弟が請求人の農業を手伝っている若しくは請求人と本件弟は農業を一緒にやっているという旨のものであることからすると、請求人の関係者の多くは、本件事業は請求人が主体となって本件弟と一緒に行っていたと認識していたものと認められる。

ロ　請求人及び本件弟は、原処分庁が処分の根拠とした各申述の内容が記載された各質問応答記録書に署名しており、両者の申述内容の趣旨はおおむね一致することからも、それぞれの申述は信用性があるものと認められる。

(ト) 関係者の認識

　農業という特殊な事業形態は、真の経営者が誰であるか第三者では分かり得ない。請求人は本件弟と共同で農業経営をしており、それぞれの分担があって成り立っているため、第三者である請求人の各取引先は直接会っている者を経営者と思い込むのは当たり前のことである。そうすると、請求人の各取引先の各申述は、本件事業の経営者を特定する根拠として不十分である。

ロ　原処分庁が処分の根拠とした請求人及び本件弟の各申述は、新型コロナウイルス感染拡大の時期に強行された本件調査において作成された調書に記載されたものであり、請求人及び本件弟は本件調査担当職員が一方的に作成した書類に署名させられた記憶があるだけで、言った覚えがない内容である上、事実と全く異なっていることから信用性がない。

　また、請求人の申述につき質問応答記録書とは別に作成された調査報告書には、法定請求書等を捨ててしまった旨の申述が記載されているが、請求人が提出した証拠が示すように法定請求書等の保存はあり、事実と明確に異なっている。このように、調査報告書はでたらめな内

| | |
|---|---|
| | 容で勝手に作成されたものであり信用性がない。<br><br>　そして、本件調査担当職員は、本件調査で把握した事実関係や請求人の各取引先に係る各調査等の内容について、請求人に反論する機会を与えなかった。上記1(4)ホの各処分は、このようにずさんな調査に基づき行われたものである。 |

(3)　争点3（本件各金員は、請求人から本件弟に対して支給された給与等に該当するか否か。）について

| 原処分庁 | 請求人 |
|---|---|
| 　上記(2)「原処分庁」欄のイ(ロ)、(ニ)及び(ホ)のとおり、本件弟は、①本件農産物の出荷に係る意思決定への関与、②本件事業の必要経費の負担、③本件事業の経理及び申告をしていたとは認められない。そうすると、本件弟は、本件事業において、自己の危険と計算により労務を提供しているとはいえず、請求人の指示に従って本件事業に従事し請求人に対して労務を提供していると認めるのが相当である。<br><br>　また、本件弟に給与を支払っている旨の請求人の申述及び請求人から給与をもらっている旨の本件弟の申述並びに請求人が管理していた本件弟農協口座の貯金を原資として本件弟信金口座に本件各金員が振り込まれていることからすれば、請求人と本件弟との間において、請求人が本件弟による | 　本件各金員の振込みは、本件弟が本件弟農協口座と本件弟信金口座との間で資金を移動しているだけであり、請求人と本件弟との間には雇用契約等はなく、本件弟は請求人から指揮命令や時間的拘束を受けておらず、社会保険等の被保険者にもなっていない。<br><br>　よって、本件各金員は、請求人から本件弟に対して支給された給与等に該当しない。 |

労務の提供に対して給与を支払うという合意があったものと認めるのが相当である。

これらのことから、本件各金員は、雇用契約又はこれに類する原因に基づき、請求人の指示に従って提供した労務の対価として、請求人が本件弟に支給しているとみるのが相当であり、請求人から本件弟に対して支給された給与等に該当する。

(4) 争点4（請求人に、通則法第68条第1項及び同条第3項に規定する「隠蔽し、又は仮装し」に該当する事実があったか否か。）について

| 原処分庁 | 請求人 |
|---|---|
| イ　所得税等及び消費税等について<br><br>　本件事業から生ずる収益及び資産の譲渡等の対価が請求人に帰属するのは上記(2)「原処分庁」欄のとおりであり、請求人はそのことを認識していたと認められるところ、請求人が本件農産物に係る販売代金の振込口座に本件弟農協口座を利用し、同販売代金について請求人の従業員として従事している本件弟が本件事業を営んでいるかのように本件弟の確定申告書等を作成して原処分庁へ提出し、本件農産物の収益等が本件弟に帰属するかのように装っていたことは、事実の仮装に該当する。そして、請求人に帰属する本件農産物に係る販売代金を本件各年分の各総勘定元帳に記載しなかったことは、事実の隠蔽に該当する。 | イ　所得税等及び消費税等について<br><br>　上記(2)「請求人」欄のとおり、本件事業から生ずる収益及び資産の譲渡等の対価は本件弟に帰属し、本件弟は自らの所得を申告していたものであり、請求人の総勘定元帳に載るはずがない。<br><br>　したがって、原処分庁が隠蔽仮装行為と認定した事実は存在しない。 |

| | |
|---|---|
| 　したがって、請求人に通則法第68条第１項に規定する「隠蔽し、又は仮装し」に該当する事実があったといえる。<br>　また、仮に上記の各行為が架空名義の利用等の積極的な行為とまで認められないとしても、請求人の上記の各行為及び本件弟の確定申告書等を作成する際には所得が少なくなるように調整していたことからすると、請求人は当初から所得等を過少に申告することを意図し、その意図を外部からうかがい得る特段の行動をした上、その意図に基づく過少申告をしたものと認められるから、重加算税の賦課要件は充足している。 | |
| ロ　源泉所得税等について<br>　上記(3)「原処分庁」欄のとおり、請求人は、本件弟に対し本件各金員を給与として支払っているにもかかわらず、本件各金員を本件各年分の各総勘定元帳に記載せず、かつ、請求人の従業員である本件弟が、本件事業を営んでいるかのように本件弟の確定申告書等を作成して原処分庁へ提出した。<br>　したがって、請求人に通則法第68条第３項に規定する「隠蔽し、又は仮装し」に該当する事実があったといえる。 | ロ　源泉所得税等について<br>　上記(3)「請求人」欄のとおり、本件各金員は請求人から本件弟へ支給された給与等に該当しない。<br>　したがって、原処分庁が隠蔽仮装行為と認定した事実は存在しない。 |

(5)　争点５（請求人に、通則法第70条第５項第１号及び同法第73条第３項に規定する「偽りその他不正の行為」に該当する事実があったか否か。）について

| 原処分庁 | 請求人 |
|---|---|
| イ　上記(4)「原処分庁」欄のとおり、請求人の一連の行為は、通則法第68条第1項及び同条第3項に規定する隠蔽仮装行為と認められることから、同法第70条第5項第1号及び同法第73条第3項に規定する「偽りその他不正の行為」にも該当する。 | イ　上記(2)「請求人」欄のとおり、本件事業から生ずる収益及び資産の譲渡等の対価は本件弟に帰属し、上記(3)「請求人」欄のとおり、本件各金員は、請求人から本件弟へ支給された給与等に該当しないので、原処分庁が「偽りその他不正の行為」であると認定した事実は存在しない。 |
| ロ　なお、請求人の本件各再更正処分等に関する主張についていえば、通則法第70条第5項の適用範囲は、偽りその他不正の行為によって免れた税額に相当する部分のみに限られるものではない。<br>　　そのため、上記イの「偽りその他不正の行為」が認められる平成26年分及び平成27年分の所得税等の再更正処分には、通則法第70条第5項第1号が適用される。 | ロ　また、本件各再更正処分等については、原処分庁のミスが原因で行われた処分であり、請求人には「偽りその他不正の行為」は存在しない。<br>　　よって、平成26年分及び平成27年分の所得税等の再更正処分には、通則法第70条第5項第1号は適用されない。 |

(6)　争点6（請求人に、所得税法第150条第1項第3号に規定する青色申告の承認の取消事由に該当する事実があったか否か。）について

| 原処分庁 | 請求人 |
|---|---|
| 　本件事業から生ずる収益が請求人に帰属するのは、上記(2)「原処分庁」欄のとおりであり、請求人はそのことを認識していたと認められるところ、請求人は本件農産物に係る販売代金を各総勘定元帳に記載しないことにより当該販売代金を請求人の収入 | 　本件事業から生ずる収益が請求人に帰属しないのは、上記(2)「請求人」欄のとおりであり、請求人の各総勘定元帳に記載がないのは当然である。<br>　したがって、請求人に青色申告の承認の取消事由に該当する事実はない。 |

金額に計上していない。

　この行為は、所得税法第150条第1項第3号に規定する「帳簿書類に取引の全部又は一部を隠蔽し又は仮装して記載し又は記録し、その他その記載又は記録をした事項の全体についてその真実性を疑うに足りる相当の理由がある」場合に該当する。

(7)　争点7（本件3課税期間において、課税仕入れに係る支払対価の額の合計額が3万円以上の取引について、仕入税額控除が適用されるか否か。）について

| 原処分庁 | 請求人 |
|---|---|
| イ　本件調査担当職員が本件調査において請求人の帳簿書類の保存状況を調査したところ、本件3課税期間の各総勘定元帳（以下「本件3課税期間各総勘定元帳」という。）及び平成29年課税期間から令和元年課税期間までの法定帳簿等の提示を受け、これらを留め置いた（以下、本件調査担当職員が留め置いた本件3課税期間各総勘定元帳を含めた各書類を「本件留置帳簿等」という。）。<br>　また、請求人が、平成28年分以前の必要経費の領収書は捨てた旨申述したことなどを踏まえ、本件調査担当職員は、請求人の関与税理士（以下「本件税理士」という。）に対して、本件3課税期間の必要経費に係る領収書は保存されていない旨及び保存がないことは消費税の税額計算に影響を及ぼすことである旨を伝え | イ　請求人は、本件3課税期間の法定帳簿及び法定請求書等は保存しており、提示しているから、課税誤りは明白である。<br>　本件調査担当職員が本件調査の初日に現物確認調査を実施した際に、請求人は、帳簿の保管場所を案内し、本件3課税期間の法定請求書等も当該保管場所に保存していた。請求人は、本件調査担当職員に対し、請求書等を分かりやすく整理して提示しようとしたところ、本件調査担当職員はこれを拒否して現物確認調査を行った。原処分庁は、現物確認調査で帳簿書類及び請求書等を把握しているのであるから、請求人は、法定帳簿及び法定請求書等を確実に提示したことになる。<br>　したがって、本件3課税期間においては、課税仕入れに係る支払対価の額の合 |

た上で、令和3年2月22日まで再三にわたり請求人が保存している本件留置帳簿等以外の法定請求書等の有無を確認して本件調査担当職員に提示するよう求めたが、請求人は、本件3課税期間に係る法定請求書等を提示しなかった。

上記事実から、請求人は、税務職員による調査に当たって、適時に本件3課税期間に係る法定請求書等を提示することが可能なように態勢を整えて保存しておらず、本件3課税期間に係る法定請求書等を保存しない場合に該当すると認められる。

なお、当該保存がなかったことについて、請求人に災害その他やむを得ない事情があったとは認められない。

したがって、本件3課税期間においては、本件3課税期間各総勘定元帳に記載された取引のうち課税仕入れに係る支払対価の額の合計額が3万円未満の取引についてのみ仕入税額控除が適用される。

ロ　本件における消費税法基本通達11-6-7の定めの適用につき、平成27年課税期間において仕入税額控除を適用するためには、保存期間が6年目となる令和3年4月1日からは法定帳簿又は法定請求書等のいずれかの保存でよいこととなるが、令和3年3月31日までの間は法定帳

計額が3万円以上の取引についても仕入税額控除が適用されるべきである。

なお、請求人は、上記の現物確認調査を除き、本件調査担当職員から本件3課税期間に係る法定請求書等について、保存の確認や、提示の要請をされたことはない。このことは、本件調査の記録において「消費税の課税仕入れについて、今回は認める」との発言記録があることや、本件調査担当職員が本件税理士に提示した本件3課税期間の消費税等の修正申告書（案）及び納付税額一覧表で、当該期間の仕入税額控除を認めていることからも明らかである。

また、請求人は、平成28年分以前の必要経費の領収書を捨てたとの申述はしておらず、本件税理士も、調査初日の状況を踏まえ、本件調査担当職員に提示していない領収書等はないと申述しただけである。

ロ　仮に、本件3課税期間の法定請求書等の保存がなかったとしても、平成26年課税期間及び平成27年課税期間については、法定帳簿を保存し、本件調査担当職員に法定帳簿を提示しているから、消費税法基本通達11-6-7の定めにより仕入税額控除は認められるべきである。

簿及び法定請求書等のいずれも保存しな
ければならないこととなる。請求人は、
平成27年課税期間の法定請求書等につい
て、令和3年2月22日までに行われた再
三の提示要請に対して提示しなかったこ
とから、令和3年3月31日まで当該法定
請求書等を保存していたとは認められ
ず、法定帳簿等の保存要件を充足してい
ない。

　したがって、平成27年課税期間におい
て、支払対価の額の合計額が3万円以上
の取引に係る仕入税額控除は適用できな
い。

(8)　争点8（平成29年分及び平成30年分の所得税等の各再更正処分により納付すべき
　　税額の計算の基礎となった事実がその更正前の税額の計算の基礎とされていなかっ
　　たことについて、通則法第65条第4項に規定する「正当な理由」があると認められ
　　るか否か。）について

| 請求人 | 原処分庁 |
|---|---|
| 　平成29年分及び平成30年分の所得税等の各再更正処分は、原処分庁が犯した計算間違いや加算漏れ等のミスが原因で行われた処分であるから、通則法第65条第4項に規定する「正当な理由」がある。 | 　平成29年分及び平成30年分の所得税等の各再更正処分は、請求人が本件法人から受けていた経済的利益に係る給与所得の金額を是正したものであるが、先行の各更正処分において原処分庁が当該是正をしていない事実をもって当該経済的利益が課税の対象から免除されるものではない。そして、請求人が当該経済的利益を所得税等の各確定申告に含めて申告していなかったことについて、原処分庁が誤った指導を行ったと |

| | いう事実があったとは認められず、本件調 |
| --- | --- |
| | 査においても当該経済的利益を申告しなく |
| | てもよいとする明示の行動等もしていない |
| | から、真に請求人の責めに帰することので |
| | きない客観的な事情があり、過少申告加算 |
| | 税の趣旨に照らしてもなお請求人に過少申 |
| | 告加算税を賦課することが不当又は酷にな |
| | る場合に該当するとはいえず、通則法第65 |
| | 条第4項に規定する「正当な理由」がある |
| | とは認められない。 |

4 当審判所の判断

(1) 審査請求の適法性について

　　請求人は、①令和3年10月27日付でされた平成27年分及び平成28年分の所得税等の各再更正処分並びに過少申告加算税及び重加算税の各変更決定処分の取消しを求めているが、当該各処分は、いずれも納付すべき税額を減額するものであり、請求人の権利利益を侵害するものではないから、請求人にはその取消しを求める不服申立ての利益はない。よって、これらの処分に対する審査請求は不適法である。

　　また、②令和3年4月13日付でされた平成27年分及び平成28年分の所得税等の各更正処分並びに過少申告加算税及び重加算税の各賦課決定処分のうち、上記①の各処分により減額された部分については、その効力が消滅しているから、上記②の各処分に対する審査請求のうち、当該部分の取消しを求める部分は不服申立ての利益を欠き不適法である。

　　そこで、以下においては、これらを除いた各処分に係る審査請求について、審理する。

(2) 争点1（本件各再更正処分等は、違法な本件再更正調査に基づくものであり取り消すべきか否か。）について

　イ　法令解釈

　　　通則法第26条は、税務署長は、申告納税方式を採用している国税について同法第24条、第25条又は第26条の規定による更正又は決定があった場合に、その「調

査」により当該更正又は決定に係る課税標準等又は税額等を更正する旨を規定しており、同条にいう「調査」は、課税庁の更正又は決定によって確定された課税標準等又は税額等を更に変更するために行われるものであるから、同条の「調査」とは、課税標準等又は税額等を認定するに至る判断過程の一切を意味し、課税庁の証拠資料の収集、証拠資料の評価あるいは経験則を通じての課税要件事実の認定、租税法その他の法令解釈適用を含む税務調査全般を指すものと解され、質問検査等を行うことがない、いわゆる机上調査のような課税庁内部における調査も、上記「調査」に含まれるものと解される。

　また、通則法第74条の11第6項の規定は、納税者の負担の軽減を図りつつ、適正公平な課税の確保を図る観点から、一旦ある納税者に対して調査が行われ、その後、更正決定等をした後等においては、税務職員は、新たに得られた情報に照らし非違があると認める場合に再び質問検査等を行うことができることとしたものであり、質問、検査又は提示若しくは提出の要求（質問検査等）を伴わない調査（質問検査権の行使を伴わない調査）については、同項の規定は適用されないと解するのが相当である。

ロ　認定事実

　当審判所の調査及び審理の結果によれば、原処分庁所属の調査担当職員が行った本件再更正調査の内容は以下のとおりであり、いずれも質問検査権の行使はなかったと認められる。

㈰　請求人の所得税等に関する内部資料を検討し、給与所得の金額に誤りがあることを把握した。

㈪　上記㈰に加え、本件所得税等各当初更正処分の内容を再確認したところ、計算誤りがあることを把握した。

㈫　上記㈰及び㈪に基づき、本件各年分の所得税等について、課税標準等及び税額等の再検討を行った。

ハ　検討及び請求人の主張について

　請求人は、上記3⑴の「請求人」欄のとおり、原処分庁は、新たに得られた情報がないにもかかわらず、通則法第74条の11第6項に規定する質問検査等（再調査）を行っており、そのような違法な本件再更正調査に基づいて行われた本件各再更正処分等は取り消されるべきである旨主張する。

しかしながら、原処分庁が本件各再更正処分等に当たり行った本件再更正調査
は、上記ロのとおり課税庁内部の資料を確認して課税標準等及び税額等を再検討
したものであり、質問、検査又は提示若しくは提出の要求（質問検査等）のいず
れも行っていないことから、上記イのとおり通則法第74条の11第6項の規定は適
用されない。

　　また、上記ロのとおり、本件各再更正処分等は、原処分庁所属の調査担当職員
による本件各年分の所得税額の計算等の結果を踏まえてされたものである。そし
て、上記イのとおり、課税庁内部において収集した資料等を基礎として正当な課
税標準等及び税額等を計算することも、通則法第26条に規定する「調査」に当た
るから、本件各再更正処分等が同条に規定する「調査」を欠くものとは認められ
ない。

　　したがって、本件各再更正処分等は、通則法第26条に規定する「調査」に基づ
いて適法に行われたものであり、取り消すべき違法はないから、請求人の主張に
は理由がない。

(3) 争点2（本件事業から生ずる収益及び資産の譲渡等の対価は、請求人に帰属する
か否か。）について

　イ　法令解釈

　　(イ)　所得税法第12条は、いわゆる実質所得者課税の原則を規定しているところ、
その趣旨は、担税力に応じた公平な税負担を実現するため、収益の法律上の形
式的帰属者（名義人）と法律上の実質的帰属者が相違する場合、後者を収益の
帰属者とするというものと解される。

　　　そして、事業（農業）から生ずる収益を享受する者が誰であるかは、その事
業を経営していると認められる者（事業主）が誰であるかにより判定すべきで
あり、その事業を経営していると認められる者（事業主）が誰であるかという
点は、実質所得者課税の原則を規定した所得税法第12条の趣旨に鑑み、農産物
の生産及び出荷、口座の管理、必要経費の負担、事業の経理及び申告、関係者
の認識等を総合勘案してその事業の経営方針の決定につき支配的影響力を有す
ると認められる者が当該事業の事業主に該当すると判定すべきである。

　　(ロ)　また、消費税法第13条第1項も、法律上資産の譲渡等を行ったとみられる者
が単なる名義人であって、その資産の譲渡等に係る対価を享受せず、その者以

外の者がその資産の譲渡等に係る対価を享受する場合には、当該資産の譲渡等は、当該対価を享受する者が行ったものとして、同法を適用する旨規定しており、所得税法と同様の実質課税の原則を規定したものと解されるから、その事業に係る資産の譲渡等の対価を享受する者が誰であるかという点は、上記(イ)と同様に判定すべきである。

ロ　認定事実

請求人提出資料、原処分関係資料並びに当審判所の調査及び審理の結果によれば、以下の事実が認められる。

(イ)　本件弟の申告関係書類について

A　原処分庁は、平成25年1月28日に、開業の日が同年1月○日と記載された本件弟の個人事業の開業届出書及び平成25年分以後の各年分の所得税についての青色申告承認申請書を収受した。

B　原処分庁は、平成31年3月4日に、同年1月○日に法人を設立したことにより廃業した旨の記載がある本件弟の個人事業の廃業届出書を収受した。

(ロ)　本件弟農協口座の出金等の状況等について

A　本件各年分において、別表4のとおり本件弟農協口座から現金の引出しがあり、また、別表5のとおり本件弟農協口座から本件弟信金口座への振込みがあった。

B　平成26年1月から同年12月までの期間に本件弟農協口座から毎月100万円を、また、平成27年1月から平成31年1月までの期間に本件弟農協口座から毎月150万円を現金で引き出したのは、いずれも本件配偶者であった。

C　本件配偶者は、本件請求人農協口座及び本件弟農協口座から現金を引き出し、外国人技能実習生の賃金を現金で支払っていた。なお、本件各年分において毎月、外国人技能実習生の賃金台帳の作成をしていたのも本件配偶者であった。

D　本件各金員の本件弟信金口座への振込みは、平成26年1月から同年12月までは定時自動送金依頼書に基づき本件弟農協口座からの口座振替（別表5）により行われていた。また、平成27年1月から平成31年1月までは上記Bの現金の引出しと同日に本件配偶者が作成した振込依頼書により現金で本件弟信金口座に振り込まれていた。

E　本件各年分において、上記BからDまで以外の本件弟農協口座に係る本件
　　農協の窓口での入出金や振込み等の取引に係る手続についても、本件配偶者
　　が常に行っていた。

F　本件調査担当職員は、令和2年12月1日、本件弟の所得税等及び消費税等
　　の調査のため本件弟の自宅に臨場し、本件弟に対し帳簿等の保存状況の確認
　　を行ったところ、本件弟信金口座の通帳は提示されたが、本件弟農協口座の
　　通帳は、本件弟の自宅に保管されておらず提示されなかった。

(ハ)　本件小作帳の記載について

　　本件小作帳には、本件弟の氏名又は名前及び金額（50,000円。ただし、平成
26年分及び令和元年分については、金額の記載はない。）が記載されている年
分があった。

(二)　農業用設備について

　　本件弟は、請求人が上記1(3)ロ(イ)の契約に基づいて本件法人から賃借した農
業用設備（以下「本件農業用設備」という。）を使用していた。

　　なお、請求人と本件法人が、本件農業用設備の賃貸借に当たり作成した平成
24年12月28日付及び平成30年5月28日付の各契約書には、請求人は本件農業用
設備を第三者に転貸することや取り扱わせることをしない旨及び本件農業用設
備の使用は請求人の管理監督の下で請求人の責任において行うものとする旨の
記載があった。

(ホ)　本件出荷先法人の担当者の各申述について

　　本件出荷先法人の担当者は、令和2年12月3日、本件調査担当職員に対し、
要旨以下の内容の申述を行った。

A　請求人から本件出荷先法人への○○の出荷量を決める契約方法は私が担当
　　者となった10年くらい前から変わっておらず、年に2回私が請求人の自宅に
　　行き、その年の出荷量を決める契約を口頭で行う。契約後は、請求人から出
　　荷準備が整った都度電話をもらい、私が出荷物とその出荷量が書かれた「送
　　り状」を請求人の自宅にFAXで送った上で請求人の自宅まで○○を取りに
　　行く。○○を集荷した後、私が仕切書を作成し請求人の自宅に郵送した後、
　　請求人から指定された口座へ振込みにより代金を支払う。

B　請求人と本件出荷先法人が取引する際の名義は、10年くらい前は請求人が

代表をしていた本件法人名義だったが、請求人が個人として営業するように
なった平成25年から本件弟名義に変わっている。

　　C　本件弟と契約や出荷のやり取りを行うことはなかった。本件弟とは一度も
　　会ったことがなく、電話で話したこともない。

ハ　請求人及び本件弟の各申述の信用性について

　　請求人は、上記3(2)の「請求人」欄ロのとおり、本件事業から生ずる収益及び
　資産の譲渡等の対価の帰属に関し、原処分庁が処分の根拠とした請求人及び本件
　弟の各申述は、当人らが言った覚えがない内容であり、事実と全く異なっている
　などと、各申述の存在自体を否定するとともにその信用性を争う趣旨と解される
　主張をしているため、以下、各申述の存否及び信用性の有無について検討する。

(イ)　請求人の各申述要旨

　　本件調査担当職員が作成した質問応答記録書又は調査報告書には、請求人が
　令和2年12月1日又は同月10日、本件調査担当職員に対し、要旨以下の内容の
　申述を行った旨がそれぞれ記載されている。

　A　請求人の事業と本件弟との関係について

　(A)　元々農業は私が母から引き継ぎ、その後本件法人として私が経営してい
　　たものである。本件弟は、途中から入ってきて外国人技能実習生の指導役
　　として私のいうとおりに畑で作業をしているだけで、私から給料として月
　　に○○○○円をもらっていると思っているはずである。

　(B)　本件弟が申告した本件農協及び本件出荷先法人に出荷している野菜によ
　　る収入は、私の収入になる。本件弟は元々私の仕事を手伝っており、本件
　　弟を個人事業主にして外国人技能実習生を増やそうと思ったのがきっかけ
　　で私の収入金額を分散させた。

　(C)　(なぜ、収入を分散させる際に本件弟に事業を譲らなかったのかという
　　質問に対して)本件弟に毎月○○○○円の給料を支払っている状況で事業
　　を譲ると、損をすると考えたからである。

　(D)　(本件法人が経営していた農業を請求人と本件弟の名義に変えたのは
　　つかという質問に対して)名義を変える前の年、平成24年の年末に税務署
　　へ開業と青色申告の届出をしたので平成25年分からである。

　(E)　外国人技能実習生の受入手続を、私と本件弟の2人の名義で申請するこ

とは私が1人で決めたことで、申請の手続上、私と本件弟がそれぞれ申告
している必要があったので書類上はそのようにした。

B　本件農産物の出荷について

(A)　私は本件農協のほかいくつかの市場に出荷しているが、そのうち本件弟
の名前で出荷の登録をしていた本件出荷先法人への出荷分を本件弟の収入
としている。本件弟はそれほど広い畑を持っていないし、出荷先ごとに畑
を分けているわけではないので、どの畑の作物をどこに出荷するかは特に
決まっていない。

(B)　私の名前で出荷登録している本件農協や市場への出荷のほか、本件弟の
名前で出荷登録している本件出荷先法人との取引についても出荷量を決め
るのは私で、日々の連絡や出荷の手配は私が電話で行っている。

C　請求人及び本件弟の経理・申告等について

(A)　私は毎年年明けに「〇〇〇〇」という会計ソフトを使って自分の売上げ
を入力している。売上げについては、本件請求人農協口座に入金されてい
るもの以外はない。経費については、本件配偶者が現金出納帳に領収書な
どから転記している。このように計算した売上げと経費で確定申告書を作
成し、提出している。

(B)　私の確定申告書の基となった帳簿書類として、「〇〇〇〇」に入力した
総勘定元帳をパソコンのデータで保存していた。

現金出納帳と経費の領収書については、平成28年分以前は、書類がかさ
ばるので、毎年、過去3年分を保存するようにして4年前の分については
その年の確定申告が終わったら捨ててしまっていた。

(C)　本件弟の確定申告書は私が作成している。経費については、外国人技能
実習生に支払った給料と外国人技能実習生の管理費用以外は、全て架空の
経費で、実際に支払ったものはない。

(D)　私が本件弟の確定申告額を計算していた。売上げについては、本件弟農
協口座に振り込まれた金額を計算して、私が金額を決めており、年間
3,000万円程度になるように売上げを調整していた。

(E)　本件弟農協口座の通帳も私が常に持っていて、入金や出金が必要なとき
は本件配偶者に頼んでしてもらっている。

(F) 本件弟には、税金のことはやっておくから大丈夫と言ってあるだけで、一度も確定申告書の写しを渡したことがないし、税金の納付も毎回私が本件配偶者に頼んでしてもらっていたので、本件弟は農業でどのくらいの利益があったかについても、申告していた内容についても知らない。

(ロ) 本件弟の各申述要旨

本件調査担当職員が作成した質問応答記録書には、本件弟が令和2年12月1日、本件調査担当職員に対し、要旨以下の内容の申述を行った旨が記載されている。

A 請求人の事業と本件弟との関係について

(A) 私は○歳であり、兄である請求人の下で従業員として働いている。○歳から請求人の農業を手伝うようになり、今まで同じように働いてきた。

私は畑で○○を育てるのが仕事で、経理などのお金の管理はしていない。普通のサラリーマンと同じで給与をもらって生活している。

(B) 給与は請求人から本件弟信金口座に振り込まれる。

以前は月○○○○円だったが、今は月○○○○円が振り込まれる。

金額は請求人が決め、私は金額について何か言ったりはしない。

B 本件農産物の出荷について

(A) 実家の農業を手伝っていた頃に、将来に向けて母が私名義の出荷用の番号を登録したので、その登録番号を使って本件出荷先法人に出荷している。

本件農協の登録番号なので、おそらく私名義の本件農協の口座に入金されていると思うが、請求人が私の通帳を管理しているので詳細は分からない。

(B) 私名義で取引しているのは外国人技能実習生を雇うためであり、請求人が書類等を揃えてその手続をしてくれている。

C 本件弟の経理及び申告等について

(A) お金に関することは全て請求人に任せており、細かい経理や支払・管理も請求人が行っている。書類を受け取ることもないし、保存している書類や帳簿ももちろんない。

(B) 確定申告関係は請求人と義理の兄に任せており、申告されている内容について説明できない。

確定申告が済んだことは聞いていたが、それは私の会社員としての月○

　　○○○円の給与についての申告が済んだものと思っていた。

　　　確定申告書の控えをもらうことがなかったので、今までどんな申告がさ

　　れていたのか確認していなかった。

(ハ)　本件調査時の状況について

　A　本件調査担当職員は、令和2年12月1日及び同月10日、請求人に対し、通

　　則法第74条の2の規定に基づく質問を行った。これに対し、請求人は、令和

　　2年12月1日は、質問応答の要旨を記録した本件調査担当職員作成の質問応

　　答記録書の内容について追記を申し出た上で問答末尾に署名するとともに、

　　各ページの右下にそれぞれ署名し、また、同月10日は、質問応答の要旨を記

　　録した本件調査担当職員作成の質問応答記録書の内容について訂正を申し出

　　ることなく、問答末尾に署名するとともに、各ページの右下にそれぞれ署名

　　した。

　B　本件調査担当職員は、令和2年12月1日、本件弟に対し、通則法第74条の

　　2の規定に基づく質問を行ったところ、本件弟は、質問応答の要旨を記録し

　　た本件調査担当職員作成の質問応答記録書の内容について訂正を申し出るこ

　　となく、問答末尾に署名するとともに、各ページの右下にそれぞれ署名した。

(ニ)　申述の信用性等の検討

　A　上記(ハ)Aのとおり、請求人は、各質問応答記録書の内容について、令和2

　　年12月1日は追記を申し出て記載内容を一部補完し、同月10日は訂正を申し

　　出ることなく、問答末尾に署名するとともに、各ページの右下にそれぞれ署

　　名している。また、上記(ハ)Bのとおり、本件弟は、質問応答記録書の内容に

　　ついて、訂正を申し出ることなく、問答末尾に署名するとともに、各ページ

　　の右下にそれぞれ署名している。さらに、これらの署名が強制されたもので

　　あるなどの事情も認められない。これらのことからすれば、請求人及び本件

　　弟は、本件調査において各質問応答記録書に記載された各申述をしたものと

　　認められる。そして、請求人の申述が記載されている各調査報告書について

　　も、本件調査担当職員が故意に虚偽の報告書を作成したというような事情は

　　認められない。

　B　そして、上記(イ)の請求人の各申述は、請求人の事業と本件弟との関係、本

件農産物の出荷並びに経理及び申告の状況に関して、いずれも詳細かつ具体的で不自然な点がない上、上記(ロ)の本件弟の各申述と主要な点において整合しており、相互に信用性を補完し合っている。加えて、請求人が平成24年12月28日に個人事業の開業届出書及び所得税の青色申告承認申請書を原処分庁に提出したこと（上記1(3)イ(ロ)）、原処分庁に提出された本件弟の個人事業の開業届出書において開業日が平成25年1月○日と記載されていたこと（上記ロ(イ)A）及び本件弟農協口座に係る窓口での入出金は本件配偶者が常に行っていたこと（上記ロ(ロ)E）などの客観的事実とも整合している。そして、本件農産物の出荷に関しては、上記ロ(ホ)の本件出荷先法人の担当者の各申述とも整合しており、相互に信用性を補完し合っている。

　　　また、本件弟には、請求人の事業や経理・申告等に関し請求人にとって不利益な虚偽の事実をあえて述べる動機は見当たらないところ、上記(ロ)の本件弟の各申述は具体的かつ詳細であり、さらに、請求人の各申述とも整合するほか、本件弟信金口座に本件各金員が毎月振り込まれていたこと（上記1(3)ハ(ハ)）や、本件弟農協口座について本件農協の窓口での取引に係る手続を本件配偶者が常に行っており、本件調査担当職員が臨場した際、本件弟農協口座の通帳が本件弟の自宅に保管されていなかったこと（上記ロ(ロ)BからFまで）などの客観的事実とも整合している。

C　一方、請求人は上記(イ)及び(ロ)の各申述について、上記3(2)の「請求人」欄ロのとおり、請求人及び本件弟は本件調査担当職員が一方的に作成した書類に署名させられた旨主張するところ、各質問応答記録書については、上記Aのとおり、請求人及び本件弟は内容を確認した上で署名しており、本件調査担当職員が一方的に作成した書類であるとはいえない。

D　また、請求人は、上記3(2)の「請求人」欄ロのとおり、調査報告書に記載された法定請求書等を捨ててしまった旨の請求人の申述（上記(イ)C(B)）は、請求人が法定請求書等の保存をしていた事実と明確に異なっているから、原処分庁が作成した調査報告書には信用性がなく、でたらめな内容で勝手に作成されたものである旨主張し、法定請求書等の保存をしていた証拠として平成26年分から平成28年分までの請求書及び領収書のうちの一部を当審判所に提出した。

しかしながら、上記(イ)Ｃ(B)の請求人の申述は、現金出納帳と経費の領収書
について確定申告が終わったら廃棄していた旨は述べられているものの、請
求書を廃棄したとは述べられていない。また、領収書を廃棄した具体的な時
期や範囲については触れられておらず、平成26年分から平成28年分までの領
収書について、申述した時点で全てを廃棄していたことが明確に述べられて
いるとは認められない。

　　したがって、当該申述は、平成26年分から平成28年分の請求書及び領収書
のうちの一部が当審判所に提出されたことと矛盾するものではなく、事実と
明確に異なっているとはいえない。

　　そして、各調査報告書に記載された請求人の各申述は、本件弟の各申述や
客観的事実と整合するものであることは上記Ｂのとおりであり、各調査報告
書がでたらめな内容で勝手に作成されたものであるとはいえない。

Ｅ　以上の検討からすれば、請求人がその信用性を争う上記(イ)及び(ロ)の各申述
は、いずれも請求人及び本件弟によって実際にされたものであることを否定
する事情は認められず、客観的事実と整合し、詳細かつ具体的で不自然な点
がなく、相互に補完し合っていることなどに照らすと、いずれも信用するこ
とができるから、各申述の信用性に関する請求人の主張は採用することはで
きない。

ニ　検討

(イ)　本件農産物の生産及び出荷

Ａ　請求人の上記ハ(イ)Ａ及びＢの各申述、本件弟の上記ハ(ロ)Ａ及びＢの各申述
並びに上記ロ(ニ)の本件農業用設備の契約の内容及び使用の状況から、本件弟
は、請求人の指示の下で請求人が本件法人から賃借した本件農業用設備を使
用し、農作業及び外国人技能実習生の指導を行っていたことが認められる。

　　また、上記ロ(ハ)の本件小作帳の記載や、請求人の上記ハ(イ)Ｂの各申述から、
請求人は本件弟が所有する畑についても、請求人の事業に係る農産物を生産
するために使用していたことが認められる。

Ｂ　上記ロ(ホ)の本件出荷先法人の担当者の各申述について、請求人は、上記3
(2)の「請求人」欄イ(ロ)のとおり、本件調査担当職員が作った ストーリーに沿
った質問に対する回答であり、信用性がない旨主張するが、当該各申述は、

第三者による具体的な内容の申述であって、上記ハ(二)Bのとおり請求人の各申述と相互に信用性を補完し合っており、信用性の高いものと認められる。そして、当該各申述及び請求人の上記ハ(イ)B(B)の申述によると、本件出荷先法人との取引に係る連絡や出荷の手配は請求人が行っており、本件出荷先法人への出荷量は請求人が決定していたと認められる。

　また、請求人の上記ハ(イ)A(B)の申述によると、本件弟名義で本件農協に出荷した農産物による収入についても本件出荷先法人に出荷したものと同様に請求人の収入であると認識していると認められるから、本件農協に対する農産物の出荷も本件出荷先法人に対する出荷と同様の状況であったと認められる。

C　これらのことからすると、本件農産物は、請求人又は本件法人の名義で出荷された農産物と同様に、請求人が本件弟の労働力及び請求人が営む事業で利用する畑を使用することにより生産されたものであり、その出荷も全て請求人の意思決定により行われたものと認められる。

(ロ)　本件弟農協口座の管理

　上記1(3)ハ(ロ)のとおり、本件弟農協口座は本件農産物の販売代金の入金先であるところ、上記ロ(ホ)A及びBの本件出荷先法人の担当者の各申述によれば、本件農産物の販売代金の入金先として本件弟農協口座を指定したのは請求人であること、上記ロ(ロ)BからEまでの各事実及び請求人の上記ハ(イ)C(E)の申述によれば、本件弟農協口座の窓口での入出金や振込みの手続は全て請求人の指示の下で本件配偶者が行っていることがそれぞれ認められる。また、上記ロ(ロ)Fのとおり、本件弟の実地の調査において本件調査担当職員が本件弟に帳簿等の保存状況の確認を行った際に本件弟農協口座の通帳が本件弟の自宅に保管されていなかったことや、請求人の上記ハ(イ)C(E)の申述及び本件弟の上記ハ(ロ)B(A)の申述からすると、請求人が本件弟農協口座の通帳を保管していると認められる。その他、別表4の現金の引出し状況においても、本件弟が私的に現金を引き出していたような形跡も見当たらないことからすると、本件弟が本件弟農協口座にある金員を自由に使える状態にあったとはいえない。

　したがって、これらの事情を勘案すれば、本件弟農協口座の管理は請求人が行っていたと認められる。

(ハ) 本件事業の必要経費の負担

　　　請求人の上記ハ(イ)C(C)の申述及び本件弟の上記ハ(ロ)Cの各申述によれば、本件弟は本件事業における経理などの金銭の管理や確定申告を請求人に任せており、本件弟の確定申告における経費のうち外国人技能実習生の給料と管理費用以外は全て架空で実際に支払ったものはなかったと認められる。また、別表4のとおり、本件各年分のうち、上記ロ(イ)Bで本件弟が個人事業を廃業したとの届出がされた令和元年分を除いては、毎年12月に本件弟農協口座から上記ロ(ロ)Bのほかにも現金の引出しがあり、「コメント」欄には「支払い代」、「小作代」、「購買代金」又は取引先の名称などの記載があるものの、本件弟が負担すべき費用を具体的に算定したことを示す証拠はなく、本件弟農協口座から引き出された現金が実際に請求人との間で本件事業の必要経費の精算に使われたことを示す証拠もない。

　　　したがって、本件弟が本件事業の必要経費を明確に区分して負担していたとは認められない。

(ニ) 本件事業の経理及び申告

　　　上記(ロ)のとおり、本件弟農協口座の窓口での入出金や振込みの手続は請求人の指示の下で本件配偶者が行っており、上記ロ(ロ)Cのとおり、外国人技能実習生の賃金台帳の作成や賃金の支払事務についても本件配偶者が行っていることからすると、本件事業の経理は、本件配偶者を通して請求人が行っていると認められる。

　　　そして、上記(ロ)のとおり、本件農産物の販売代金が入金される本件弟農協口座は請求人が管理していることに加え、請求人の上記ハ(イ)C(C)及び(D)並びに本件弟の上記ハ(ロ)Cの各申述からすれば、本件弟の確定申告書及び青色申告決算書の作成は、本件弟農協口座への入金額を基に請求人が行っていると認められる。

(ホ) 関係者の認識

　　　上記ロ(ホ)の各申述によれば、本件農産物の出荷先である本件出荷先法人の担当者は、本件農産物についての取引は請求人との取引であると認識していたことが認められる。

(ヘ) 小括

上記(イ)から㈬までの事実を総合的に勘案すると、請求人は、請求人が営むとする農業のみならず、本件事業も含めて一体的に運営し、本件事業における経営方針の決定等について支配的影響力を有する者であると認められるから、本件事業から生ずる収益及び資産の譲渡等の対価は、請求人に帰属すると認めるのが相当である。

ホ　請求人の主張について

　(イ)　請求人は、上記3(2)の「請求人」欄イのとおり、請求人と本件弟は互いに農地を出資し共同事業によって農業経営を行ってきた旨や、経営に当たっての意思決定には互いが関与し、農地の持分割合を基本に収入の約2割を本件弟に分配することで合意している旨主張し、合意の証拠として平成21年1月1日という日付が書かれた書面を当審判所に提出した。

　　　当該書面には、請求人及び本件弟の住所氏名が記載され印鑑が押されており、収入の約2割を本件弟とする旨及び仕事ができなくなったら老後の資金を用意しておく旨が記載されている。

　　　しかしながら、仮に、当該合意が平成21年当時からあったというのであれば、このような重要な合意の存在を、本件調査の段階で請求人及び本件弟がこれに沿う申述を一切することなく、審査請求の段階で初めて明らかにすること自体が極めて不自然であるということに加え、当審判所の調査によっても、本件各年分において請求人と本件弟との間で当該合意に基づく収益の分配が実際に行われていたことを認めるに足りる的確な証拠は見当たらない。

　　　また、上記ニ(ハ)及び(ヘ)のとおり、本件弟が本件事業の必要経費を明確に区分して負担していたとは認められず、本件事業における経営方針の決定等についても、請求人が支配的影響力を有していたと認められる。

　　　これらのことからすると、当該書面の存在をもって、請求人と本件弟が共同事業を行っているとは認められず、当該書面は、本件の判断に影響を与えるものではないから、請求人の主張には理由がない。

　(ロ)　請求人は、上記3(2)の「請求人」欄イ(イ)のとおり、本件弟は、農作業に関して請求人より詳しく、請求人が本件弟に指示を出すことはない旨及び農業委員会が発行した耕作証明書が示すように、本件弟は畑を所有して事業を行っている旨主張する。

しかしながら、本件弟が農作業に関して請求人より詳しいかどうかは、請求人が本件事業に係る支配的影響力を有するとの判断を左右するものではない。

　　また、事業から生ずる収益の帰属は、上記イ(イ)のとおり、法律上の形式的帰属者（名義人）ではなく、その事業を経営していると認められる者が誰であるかにより判定することとなるところ、上記ニ(ヘ)のとおり本件事業を経営していると認められる者は請求人であるから、請求人の主張には理由がない。

(ハ)　請求人は、上記3(2)の「請求人」欄イ(ロ)のとおり、本件農産物は本件弟が出荷の手配を行っており、出荷量を自分の判断で決めていると主張するが、当該主張は上記ロ(ホ)の本件出荷先法人の担当者の各申述と相違するものである。そして、本件農産物の出荷量は請求人が決定していたと認められることは上記ニ(イ)Bのとおりであるから、請求人の主張には理由がない。

(ニ)　請求人は、上記3(2)の「請求人」欄イ(ハ)のとおり、本件弟農協口座は本件弟が代表者を務めていた法人の普通預金を解約した資金を原資として開設したものであり、本件弟の貯金である旨主張するが、上記ニで検討するに当たり総合勘案したのは本件農産物の販売代金が入金された本件弟農協口座の管理についてであり、当該口座を開設した原資が何であるかは当該口座を請求人が管理していた旨の判断を左右するものではないから、請求人の主張には理由がない。

(ホ)　請求人は、上記3(2)の「請求人」欄イ(ニ)のとおり、請求人は本件弟との間で労力の過不足を金銭、物品で精算したことや農業用機械を貸した代わりに手間で返したこともあった旨及び請求人が支払う種苗代や購買代の負担金を本件弟から年末に出してもらっていた旨主張する。

　　しかしながら、請求人が主張するところの労力の過不足及び種苗代や購買代の精算が行われていたことを裏付ける客観的な証拠は見当たらないから、請求人が主張する事実を認めることはできない。したがって、請求人の主張には理由がない。

(ヘ)　請求人は、上記3(2)の「請求人」欄イ(ニ)及び(ホ)のとおり、請求人が本件事業の必要経費を負担していた事実はないという主張及び外国人技能実習生をより多く雇用するための外形を作り出したという原処分庁の主張への反論として、外国人技能実習生は本件弟が自分の畑の農作業をさせるために雇っているものであると主張する。

しかしながら、本件弟の名義で外国人技能実習生が雇用されていたのは上記1(3)ハ(ニ)のとおりではあるが、請求人の上記ハ(イ)A(E)の申述からすれば、本件弟の名前で外国人技能実習生を受け入れることを決めたのは請求人であると認められ、さらに、上記ニ(イ)Aのとおり外国人技能実習生は本件弟の指導を受けて請求人の農作業を行っているのであるから、請求人の主張には理由がない。

(ト) 請求人は、上記3(2)の「請求人」欄イ(ヘ)のとおり、本件弟農協口座から引き出された現金4,000万円を請求人が本件車両を購入する資金に充てたという原処分庁の主張に係る証拠は、本件調査が終了した後に行われた違法な調査により収集されたもので、採用するべきではない旨主張する。

しかしながら、本件事業から生ずる収益及び資産の譲渡等の対価は、請求人に帰属すると認めるのが相当であるという判断は、上記ニ(イ)から(ホ)までの事実を総合勘案したものであり、当該証拠によるものではない。よって、請求人の主張は当該判断を左右するものではないから、請求人の主張には理由がない。

(チ) 請求人は、上記3(2)の「請求人」欄イ(ト)のとおり、取引先は本件事業の経営者が誰であるかを知ることはできないから取引先の申述は根拠として不十分である旨主張するが、上記ニで行った判断は、取引先の申述のみならず、本件事業の経営に関する事実を総合的に勘案して行ったものであるから、請求人の主張には理由がない。

(リ) 請求人は、上記3(2)の「請求人」欄ロのとおり、本件調査担当職員は本件調査で把握した事実関係や各取引先に係る調査の内容について請求人に反論する機会を与えず、上記1(4)ホの各処分はずさんな調査に基づき行われたものである旨主張する。

しかしながら、課税処分を行うに当たり課税庁が行った調査について納税者に反論する機会を与えなければならない旨の法令の規定はなく、本件調査担当職員が本件調査で把握した事実関係等について、仮に、請求人に反論の機会を与えなかったとしても、それをもって本件調査がずさんであるということもできない。また、上記ハ及びニのとおり、信用性が認められる申述その他証拠資料等に基づき、本件事業から生ずる収益及び資産の譲渡等の対価が請求人に帰属する旨判断したものであるから、請求人の主張には理由がない。

(4) 争点3（本件各金員は、請求人から本件弟に対して支給された給与等に該当する

か否か。）について

イ　法令解釈

　　所得税法第28条第1項は、給与所得とは、給与等（俸給、給料、賃金、歳費及び賞与並びにこれらの性質を有する給与）に係る所得をいう旨規定しているところ、ここでいう給与所得とは、雇用契約又はこれに類する原因に基づき使用者の指揮命令に服して提供した労務の対価として使用者から受ける給付をいうものと解される。

ロ　検討

　　上記(3)ニ(ヘ)のとおり、請求人は、請求人が営むとする農業のみならず、本件事業も含めて一体的に運営し、本件事業における経営方針の決定等について支配的影響力を有する者であることからすれば、本件弟は、農業経営の方針の決定につき支配的影響力を有しておらず、請求人の指揮命令の下にあったと認められるところ、上記(3)ニ(イ)Aのとおり、本件弟は、請求人の指示の下で、農作業及び外国人技能実習生の指導に継続して従事していたと認められる。

　　また、上記(3)ロ(ロ)Dのとおり、本件各金員は本件事業に係る販売代金の入金先である本件弟農協口座からの口座振替又は本件弟農協口座から引き出した現金により本件弟信金口座へ振り込まれていたところ、上記(3)のとおり、本件事業から生ずる収益は請求人に帰属することから、本件弟は、本件事業から生ずる収益を原資として請求人から本件各金員の支払を受けていたと認められる。

　　そして、当審判所の調査の結果によれば、本件各金員が支払われていた平成26年1月から平成31年1月までの期間のうち、毎年7月から10月までは本件弟農協口座への本件事業に係る販売金額の入金がなかったと認められ、このような入金額の変動があったにもかかわらず、本件各金員の本件弟信金口座への振込みは、毎月定額であった。

　　上記に加え、上記(3)ハ(イ)A(C)の請求人の申述及び上記(3)ハ(ロ)A(B)の本件弟の申述も考慮すれば、本件各金員は、請求人の事業において、本件弟が雇用契約又はこれに類する原因に基づき請求人の指揮命令の下で農作業及び外国人技能実習生の指導に従事した労務の対価として、請求人から本件弟に支払われたものとみるのが相当である。

　　したがって、本件各金員は、請求人から本件弟に対して支給された給与等に該

当すると認められる。

ハ　請求人の主張について

　　請求人は、上記3(3)の「請求人」欄のとおり、本件各金員の振込みは、本件弟が本件弟農協口座から本件弟信金口座に資金を移動しているだけであり、請求人と本件弟との間には雇用契約等はなく、本件弟は請求人から指揮命令や時間的拘束を受けておらず、社会保険等の被保険者にもなっていない旨主張する。

　　しかしながら、上記(3)ニ(ロ)のとおり、本件弟農協口座は請求人が管理していたものであるから、上記1(3)ハ(ハ)の本件各金員の振込みが単なる資金移動であるとは認められない。また、本件弟が雇用契約又はこれに類する原因に基づき請求人の指揮命令の下にあったことは上記ロのとおりであり、社会保険等の被保険者になっていないことは上記判断を左右するものではないから、請求人の主張には理由がない。

(5)　争点4（請求人に、通則法第68条第1項及び同条第3項に規定する「隠蔽し、又は仮装し」に該当する事実があったか否か。）について

イ　法令解釈

　　通則法第68条第1項及び同条第3項に規定する事実の「隠蔽」とは、国税の課税標準等又は税額等の計算の基礎となるべき事実について、これを隠蔽しあるいは故意に脱漏することをいい、また、事実の「仮装」とは、所得、財産あるいは取引上の名義等に関し、あたかも、それが真実であるかのように装う等、故意に事実をわい曲することをいうものと解される。

ロ　認定事実

　　原処分関係資料によれば、本件各年分の請求人の各総勘定元帳には、本件事業に係る収益に関する記載はなく、また、本件各金員の支払に関する記載もなかったと認められる。

ハ　検討

(イ)　所得税等及び消費税等について

　　上記(3)のとおり、本件事業から生ずる収益及び資産の譲渡等の対価は請求人に帰属するところ、請求人は本件農産物を本件弟名義で出荷し、その販売代金を請求人が管理している本件弟農協口座に入金させたと認められる。そして、請求人はその状況を利用し、当該収益を本件弟の収益であるとして本件弟の確

定申告書及び青色申告決算書を作成するなどして、あたかも、本件事業に係る収益が本件弟に帰属するかのように装うとともに、上記ロのとおり、当該収益につき請求人の総勘定元帳に一切記載せず、本件事業から生ずる収益及び対価の享受に係る事実を隠蔽し、又は仮装したところに基づき、請求人の本件各年分の所得税等及び本件各課税期間の消費税等の確定申告書並びに青色申告決算書を作成し、提出したものと認められる。

そうすると、このような請求人の一連の行為が通則法第68条第1項に規定する事実の隠蔽又は仮装に該当することは明らかであるから、請求人に、同項に規定する「隠蔽し、又は仮装し」に該当する事実があったと認められる。

(ロ) 源泉所得税等について

上記(4)のとおり、請求人は本件各金員を本件弟に対する給与等として支給していたところ、請求人は、請求人の指揮命令の下で農作業及び外国人技能実習生の指導に従事した本件弟に対し、労務の対価として本件各金員を支払っていたにもかかわらず、上記ロのとおり、本件各年分の請求人の各総勘定元帳には本件各金員の支払に関する記載はなかった。このことからすると、請求人は本件弟に対して給与等を支給した事実について本件各年分の各総勘定元帳に一切記載しないことで、あたかも、本件事業に係る収益が本件弟に帰属し、請求人が給与等の支払者でないかのように装い、これに基づいて源泉所得税等を法定納期限までに納付しなかったものと認められる。

そうすると、このような請求人の一連の行為が通則法第68条第3項に規定する事実の隠蔽又は仮装に該当することは明らかであるから、請求人に、同項に規定する「隠蔽し、又は仮装し」に該当する事実があったと認められる。

(ハ) 以上のとおり、請求人には、通則法第68条第1項及び同条第3項に規定する「隠蔽し、又は仮装し」に該当する事実があったと認められる。

ニ 請求人の主張について

請求人は、上記3(4)の「請求人」欄のとおり、本件事業から生ずる収益及び資産の譲渡等の対価は本件弟に帰属し、本件各金員は請求人から本件弟に対して支給された給与等に該当しないのであるから、「隠蔽し、又は仮装し」に該当する事実はない旨主張する。

しかしながら、請求人に通則法第68条第1項及び同条第3項に規定する「隠蔽

し、又は仮装し」に該当する事実があったことは、上記ハのとおりであるから、請求人の主張には理由がない。

(6) 争点5（請求人に、通則法第70条第5項第1号及び同法第73条第3項に規定する「偽りその他不正の行為」に該当する事実があったか否か。）について

イ　法令解釈

通則法第70条第5項は、「偽りその他不正の行為」によって国税の税額の全部又は一部を免れた納税者がある場合に、これに対して適正な課税を行うことができるよう、それ以外の場合よりも長期の除斥期間を規定したものであるから、ここにいう「偽りその他不正の行為」とは、税の賦課徴収を不能又は著しく困難にするような何らかの偽計その他の工作を伴う不正な行為を行うことをいうものと解するのが相当である。

また、通則法第73条第3項にいう「偽りその他不正の行為」も、これと同趣旨のものであると認められる。

ロ　検討

本件では、上記(5)ハの請求人の行為について、通則法第68条第1項及び同条第3項の規定の要件（隠蔽又は仮装）を充足していたものと認められるところ、同行為は、税の賦課徴収を不能又は著しく困難にするような偽計その他の工作を伴う不正な行為であるということができるから、請求人に、同法第70条第5項第1号及び同法第73条第3項に規定する「偽りその他不正の行為」に該当する事実があったと認められる。

ハ　請求人の主張について

請求人は、上記3(4)の「請求人」欄と同様の理由から、請求人に通則法第70条第5項第1号及び同法第73条第3項に規定する「偽りその他不正の行為」に該当する行為がない旨主張するが、請求人の行為が「偽りその他不正の行為」に該当することは、上記ロのとおりであるから、請求人の主張には理由がない。

また、請求人は、上記3(5)の「請求人」欄ロのとおり、本件各再更正処分等は原処分庁のミスが原因で行われた処分であり、請求人には「偽りその他不正の行為」は存在しないから、平成26年分及び平成27年分の所得税等の再更正処分には通則法第70条第5項第1号は適用されない旨も主張する。

しかしながら、通則法第70条第5項は、上記イのとおり、「偽りその他不正の

行為」によって国税の税額の全部又は一部を免れた納税者がある場合、これに対して適正な課税を行うことができるように、同条第1項各号に掲げる更正又は賦課決定の除斥期間を同項の規定にかかわらず7年とすることを規定したものであって、その適用範囲は「偽りその他不正の行為」によって免れた税額に相当する部分に限られるものではない。そして、平成26年分及び平成27年分において「偽りその他不正の行為」に該当する事実があったことは上記ロのとおりであり、請求人の平成26年分及び平成27年分の所得税等には通則法第70条第5項第1号の規定が適用される。したがって、請求人の主張には理由がない。

(7) 争点6（請求人に、所得税法第150条第1項第3号に規定する青色申告の承認の取消事由に該当する事実があったか否か。）について

イ 検討

所得税法第150条第1項は、同法第143条の青色申告の承認を受けた居住者につき同法第150条第1項各号のいずれかに該当する事実がある場合には、納税地の所轄税務署長は、当該各号に掲げる年まで遡って、その承認を取り消すことができる旨規定し、同項第3号として、その年における事業所得を生ずべき業務に係る帳簿書類に取引の全部又は一部を隠蔽し又は仮装して記載し又は記録し、その他その記載又は記録をした事項の全体についてその真実性を疑うに足りる相当の理由があることを掲げている。

これを本件についてみると、上記(5)ハ(イ)のとおり、請求人は、本件事業から生ずる収益は請求人に帰属するものであるにもかかわらず、当該収益につき請求人の本件各年分の総勘定元帳に一切記載せず、本件事業から生ずる収益の享受に係る事実を隠蔽し、又は仮装したものと認められるところ、このことは、所得税法第150条第1項第3号に規定する「帳簿書類に取引の全部又は一部を隠蔽し又は仮装して記載し」たことに該当するから、請求人には、同号に規定する青色申告の承認の取消事由に該当する事実があったと認められる。

ロ 請求人の主張について

請求人は、上記3(6)の「請求人」欄のとおり、本件事業から生ずる収益は請求人に帰属しないのであるから、請求人の各総勘定元帳に記載がないのは当然であるとして、所得税法第150条第1項第3号に規定する青色申告の承認の取消事由はない旨主張する。

しかしながら、請求人に、所得税法第150条第１項第３号に規定する青色申告の承認の取消事由があることは上記イのとおりであるから、請求人の主張には理由がない。

(8)　争点７（本件３課税期間において、課税仕入れに係る支払対価の額の合計額が３万円以上の取引について、仕入税額控除が適用されるか否か。）について

イ　法令解釈

(イ)　消費税等に係る申告が適正になされることを確保するため、消費税法第58条《帳簿の備付け等》は事業者に課税仕入れ等に関する帳簿の保存を義務付け、通則法第74条の２は税務職員にこれらの帳簿書類を検査することを認めている。このように課税仕入れ等に係る帳簿及び請求書等が税務職員による検査の対象となることを前提として、消費税法第30条第７項は、事業者が課税仕入れ等の税額に係る法定帳簿及び法定請求書等の保存をしている場合において、税務職員がこれらの法定帳簿及び法定請求書等を検査することができるときに限り、仕入税額控除を適用できることを明らかにしたものであると解される。

　このことからすれば、事業者が仕入税額控除の適用を受けるには、消費税法施行令第50条第１項が規定するとおり、消費税法第30条第７項に規定する法定帳簿及び法定請求書等を整理し、これらを所定の期間及び場所において、通則法第74条の２の規定に基づく税務職員による検査に当たって適時に提示することが可能なように態勢を整えて保存することを要し、事業者がこれを行っていなかった場合には、消費税法第30条第７項の規定により、事業者が災害その他やむを得ない事情によりこれをすることができなかったことを証明しない限り（同項ただし書）、仕入税額控除は適用されないというべきである。

(ロ)　また、仕入税額控除の適用を受けるための法定帳簿及び法定請求書等の保存期間について、消費税法施行令第50条第１項本文は、７年間の保存が必要である旨規定し、同項ただし書及び消費税法施行規則第15条の３は、法定帳簿又は法定請求書等のいずれかを７年間保存する場合には、法定帳簿又は法定請求書等のもう一方は５年を超えて保存することは要しない旨規定している。

　そして、消費税法基本通達11－６－７は、法定帳簿及び法定請求書等の保存期間のうち６年目及び７年目について、上記の規定により法定帳簿又は法定請求書等のいずれかを保存すればよい旨留意的に定めており、当審判所において

も当該取扱いは相当であると認められる。

ロ　認定事実

　　原処分関係資料並びに当審判所の調査及び審理の結果によれば、以下の事実が認められる。

(イ)　本件調査担当職員は、令和2年12月1日、請求人から平成29年分から令和元年分までの各総勘定元帳、現金出納帳、請求書、領収書及び青色申告基礎資料、並びに本件小作帳及び本件農協の販売代金精算書の提示を受け、これを留め置いた。

(ロ)　本件調査担当職員は、令和2年12月10日、請求人から本件3課税期間各総勘定元帳の提示を受け、これを留め置いた。なお、当該各総勘定元帳には法定請求書等の交付を受けなかったことにつき、やむを得ない理由についての記載はなかった。

(ハ)　本件調査担当職員は、令和3年1月13日、本件税理士の事務所に臨場し、本件税理士に対し、請求人には平成26年分から平成28年分までの必要経費に係る領収書の保存がない旨を伝え、本件調査担当職員が上記(イ)及び(ロ)で預かった本件留置帳簿等以外で保存している帳簿書類等がないか請求人に確認して提示するよう依頼した。

　　その後、本件調査担当職員は本件税理士に対し、令和3年2月10日及び同月22日にも同様の依頼をした。

(ニ)　本件税理士は、令和3年3月3日、本件調査担当職員が本件税理士の事務所に臨場した際、請求人には本件留置帳簿等以外の資料の保存はない旨回答した。

(ホ)　原処分庁は、令和3年4月13日付で行った本件3課税期間の消費税等の各更正処分において、法定帳簿の保存があったことは認めるが、法定請求書等の保存がなかったとして、課税仕入れに係る支払対価の額の合計額が3万円以上の取引について仕入税額控除を認めなかった。

ハ　検討

(イ)　本件3課税期間については、上記ロ(ホ)のとおり、法定帳簿の保存があることを前提として消費税等の各更正処分が行われており、当該処分時において法定帳簿の保存があったと認めるのが相当であるから、仕入税額控除の適用を受けるためには、消費税法施行令第50条第1項ただし書、消費税法施行規則第15条

の３、租税特別措置法第86条の４第１項及び租税特別措置法施行令第46条の２第２項の各規定（別紙７の５(4)及び(5)）のとおり、法定請求書等について、その受領した日の属する課税期間に係る消費税等の確定申告書の法定申告期限の翌日から５年間保存すれば足りることとなる。

　したがって、請求人が本件３課税期間について法定請求書等の保存が必要な期間は、平成26年課税期間については令和２年３月31日まで、平成27年課税期間については令和３年３月31日まで、及び平成28年課税期間については令和４年３月31日までとなる。

　また、上記イ(イ)のとおり消費税法第30条第７項が法定帳簿及び法定請求書等の保存を仕入税額控除の要件としているのは、課税仕入れ等に係る帳簿及び請求書等が税務職員による検査の対象となることを前提としていることからすると、仕入税額控除の適用を受けるためには、法定帳簿及び法定請求書等の保存を要する期間内に、税務職員から提示の要請が行われた場合には、それらを適時に提示することが必要となる。

(ロ)　以上を前提に、本件３課税期間についてみると、平成26年課税期間は、本件調査が開始された令和２年12月１日において、法定請求書等の保存を要しないこととなっており、同月10日に総勘定元帳が提示されているのであるから、保存要件を充足しているものと認められる。

　一方、平成27年課税期間及び平成28年課税期間においては、上記ロ(ロ)から(ニ)までのとおり、本件調査担当職員は、令和２年12月10日に本件３課税期間各総勘定元帳の提示を受け、これを留め置いた後、令和３年１月13日、同年２月10日及び同月22日に、本件留置帳簿等以外で保存している帳簿書類等の提示を求めているが、これに対して本件税理士は、法定請求書等の保存を要する期間内である令和３年３月３日に、請求人には本件留置帳簿等以外の資料の保存はない旨回答し、本件留置帳簿等以外の帳簿書類等の提示をしなかったことが認められる。そうすると、平成27年課税期間及び平成28年課税期間については、法定請求書等の保存を要する期間において、税務職員からの提示の要請に対して適時に提示せず、法定請求書等の保存要件を充足していないものと認められ、法定請求書等を保存することができなかったことについて災害その他やむを得ない事情があったとも認められない。そして、請求人は、上記(イ)のとおり法定

帳簿を保存していたと認められるが、上記ロ(ロ)及び当審判所に提出された証拠資料等によっても、法定帳簿に法定請求書等の交付を受けなかったことにつきやむを得ない理由についての記載があったとは認められないから、消費税法第30条第7項及び消費税法施行令第49条第1項の規定により、課税仕入れに係る支払対価の額の合計額が3万円以上である取引について仕入税額控除は認められない。

(ハ) よって、請求人の平成26年課税期間の消費税等については、課税仕入れに係る支払対価の額の合計額が3万円以上の取引についても仕入税額控除が適用されるが、平成27年課税期間及び平成28年課税期間の消費税等については、課税仕入れに係る支払対価の合計額が3万円以上である取引について、仕入税額控除は適用されない。

ニ 請求人の主張等について

(イ) 請求人は、上記3(7)の「請求人」欄イのとおり、本件3課税期間の法定請求書等は、本件調査の初日に請求人が本件調査担当職員を帳簿の保管場所に案内した際に保存があり、請求人は本件調査担当職員に対し提示しようとしたのだから、請求人は法定請求書等を確実に提示したことになる旨、及び請求人が本件調査担当職員から法定請求書等の保存の確認や提示の要請をされた事実はないことは、本件調査中の本件調査担当職員の発言の記録や本件調査担当職員が提示した本件3課税期間の修正申告書案等において仕入税額控除が適用されていたことなどからも明らかである旨主張する。

しかしながら、法定請求書等を実際に保存している場合において、税務職員が法定請求書等を検査することができるときに限り、仕入税額控除の適用が認められることは上記イ(イ)のとおりであるところ、請求人が本件調査担当職員に対して法定請求書等を適時に提示しなかったことは上記ハ(ロ)のとおりである。また、本件調査中の本件調査担当職員の発言や本件調査担当職員が提示した修正申告案は、法令に規定する調査結果を説明するためのものではないから、そこで仕入税額控除の適用を認めていたとしても、本件調査担当職員が法定請求書等の提示を受けていたことにはならないし、本件税理士に対して法定請求書等の保存について確認していなかったことにもならない。

したがって、請求人の主張には理由がない。

(ロ)　なお、請求人は、上記(3)ハ(ニ)Dのとおり、法定請求書等の保存をしていた証拠として平成27年分及び平成28年分の請求書及び領収書のうちの一部を当審判所に提出した。

しかしながら、当該請求書及び領収書が本件調査時に提示されていないことは上記ハ(ロ)のとおりであるから、これらに係る取引についても仕入税額控除の対象とはならない。

ホ　原処分庁の主張について

原処分庁は、上記3(7)の「原処分庁」欄のとおり、本件3課税期間の法定請求書等の保存はない旨主張し、平成27年課税期間については、その提示がなかった時期について主張するが、平成26年課税期間の処分の適法性に関し、具体的に主張していない。

この点、平成26年課税期間の消費税等については、課税仕入れに係る支払対価の額の合計額が3万円以上の取引についても仕入税額控除が適用されることは上記ハ(ハ)のとおりである。

(9)　争点8（平成29年分及び平成30年分の所得税等の各再更正処分により納付すべき税額の計算の基礎となった事実がその更正前の税額の計算の基礎とされていなかったことについて、通則法第65条第4項に規定する「正当な理由」があると認められるか否か。）について

イ　法令解釈

通則法第65条に規定する過少申告加算税は、過少申告による納税義務違反の事実があれば、原則としてその違反者に対し課されるものであり、これによって、当初から適法に申告し納税した納税者との間の客観的不公平の実質的な是正を図るとともに、過少申告による納税義務違反の発生を防止し、適正な申告納税の実現を図り、もって納税の実を挙げようとする行政上の措置である。この趣旨に照らせば、通則法第65条第4項に規定する「正当な理由」があると認められる場合とは、真に納税者の責めに帰することのできない客観的な事情があり、上記のような過少申告加算税の趣旨に照らしてもなお、納税者に過少申告加算税を賦課することが不当又は酷になる場合をいうものと解するのが相当である。

ロ　検討及び請求人の主張について

請求人は、上記3(8)の「請求人」欄のとおり、平成29年分及び平成30年分の所

得税等の各再更正処分は、原処分庁の犯したミスが原因で行われた処分であるから、通則法第65条第４項に規定する「正当な理由」があると主張する。

しかしながら、上記１(4)トのとおり、上記各再更正処分は、請求人が本件法人から受けていた経済的利益に係る給与所得の金額等を是正するものであるところ、原処分庁が更正処分をする際に当該是正をしていなかったからといって、請求人が適正な申告をする義務を免れるものではない。そして、申告の誤りが判明した時点で是正を行うことは何ら違法又は不当なものではないから、請求人の過少申告について、真に請求人の責めに帰することができない客観的な事情があり、請求人に過少申告加算税を賦課することが不当又は酷になる場合に当たるとは認められない。したがって、請求人の主張には理由がなく、通則法第65条第４項に規定する「正当な理由」があるとは認められない。

(10) 原処分の適法性について

イ　本件青色承認取消処分について

上記(7)のとおり、本件青色承認取消処分は、争点についてこれを取り消すべき理由はなく、また、本件青色承認取消処分のその他の部分については、請求人は争わず、当審判所に提出された証拠資料等によっても、これを不相当とする理由は認められない。

したがって、本件青色承認取消処分は適法である。

ロ　本件各年分の所得税等に係る各更正処分等について

(イ)　平成26年分及び平成27年分について

上記(2)及び(3)のとおり、平成26年分の所得税等の更正処分及び再更正処分並びに平成27年分の更正処分（令和３年10月27日付でされた再更正処分によりその一部が取り消された後のもの。以下同じ。）には、争点についてこれを取り消すべき理由はない。

また、上記(6)のとおり、請求人には、通則法第70条第５項第１号に規定する偽りその他不正の行為があったと認められ、請求人は当該行為によりその一部の所得税等の税額を免れたのであるから、所得税等に係る更正はその法定申告期限から７年を経過する日まですることができる。

これらを前提に、請求人の平成26年分及び平成27年分の所得税等の総所得金額及び納付すべき税額を計算すると、それぞれ別表６の各「審判所認定額」欄

のとおりとなり、いずれも平成26年分の更正処分及び再更正処分並びに平成27
年分の更正処分の金額と同額又はこれを上回る。

そして、平成26年分の更正処分及び再更正処分並びに平成27年分の更正処分
のその他の部分については、請求人は争わず、当審判所に提出された証拠資料
等によっても、これを不相当とする理由は認められない。

したがって、平成26年分の更正処分及び再更正処分並びに平成27年分の更正
処分は適法である。

(ロ)　平成28年分から令和元年分までについて

上記(2)及び(3)のとおり、平成28年分の更正処分（令和3年10月27日付でされ
た再更正処分によりその一部が取り消された後のもの。以下同じ。）並びに平
成29年分から令和元年分までの各更正処分及び各再更正処分には、争点につい
てこれを取り消すべき理由はない。

ところで、当審判所の調査によれば、原処分庁は請求人の平成28年分から令
和元年分までの各総勘定元帳の雑収入勘定に記載されていた別表7の各収入に
ついて、請求人の事業所得の金額の計算上総収入金額に含めて各処分を行って
いるが、当該各収入は本件農協の貯金利息であり、所得税法第23条《利子所
得》に規定する利子所得に当たる。そして、当該利子所得には租税特別措置法
第3条《利子所得の分離課税等》の規定が適用され、所得税法第22条《課税標
準》第2項に規定する総所得金額に含まれないから、別表7の各収入の金額を
総収入金額から除外することが相当である。

これらを前提に当審判所で認定した平成28年分から令和元年分までの事業所
得及び総所得金額の金額は、それぞれ別表6の各「審判所認定額」欄のとおり
となる。

そして、上記に基づき請求人の平成28年分から令和元年分までの所得税等の
納付すべき税額を計算すると、それぞれ別表6の各「審判所認定額」欄のとお
りとなり、平成28年分の更正処分及び平成29年分から令和元年分までの各再更
正処分の金額を下回り、平成29年分から令和元年分までの各更正処分の金額を
上回る。

なお、平成28年分の更正処分並びに平成29年分から令和元年分までの各更正
処分及び各再更正処分のその他の部分については、請求人は争わず、当審判所

に提出された証拠資料等によっても、これを不相当とする理由は認められない。

　したがって、平成28年分の更正処分及び平成29年分から令和元年分までの各再更正処分は、いずれもその一部を別紙１から別紙４までの「取消額等計算書」のとおり取り消すべきであり、平成29年分から令和元年分までの各更正処分は適法である。

ハ　本件消費税等各更正処分について

　(イ)　平成26年課税期間について

　　上記(3)のとおり、本件事業から生ずる資産の譲渡等の対価は請求人に帰属する。

　　なお、上記(6)のとおり、請求人には、通則法第70条第５項第１号に規定する偽りその他不正の行為があったと認められ、請求人は当該行為によりその一部の消費税等の税額を免れたのであるから、消費税等に係る更正はその法定申告期限から７年を経過する日まですることができる。

　　一方、上記(8)のとおり、平成26年課税期間については、課税仕入れに係る支払対価の額の合計額が３万円以上の取引についても仕入税額控除が適用される。

　　また、平成26年課税期間の消費税等の更正処分に係る課税標準額に計算誤りが認められるので、補正が必要である。

　　これらに基づき、平成26年課税期間における請求人の消費税の課税標準額及び納付すべき税額を計算すると、別表８の「審判所認定額」欄のとおりとなり、平成26年課税期間の更正処分の金額を下回る。

　　そして、平成26年課税期間の更正処分のその他の部分については、請求人は争わず、当審判所に提出された証拠資料等によっても、これを不相当とする理由は認められない。

　　したがって、平成26年課税期間の更正処分は、その一部を別紙５の「取消額等計算書」のとおり取り消すべきである。

　(ロ)　平成27年課税期間から平成30年課税期間までについて

　　上記(3)及び(8)のとおり、平成27年課税期間から平成30年課税期間までの消費税等の各更正処分には、争点についてこれを取り消すべき理由はない。

　　なお、上記(6)のとおり、請求人には、通則法第70条第５項第１号に規定する偽りその他不正の行為があったと認められ、請求人は当該行為によりその一部

の消費税等の税額を免れたのであるから、平成27年課税期間の消費税等に係る更正はその法定申告期限から7年を経過する日まですることができる。

これらに基づき、請求人の平成27年課税期間から平成30年課税期間までの消費税等の課税標準額及び納付すべき税額を計算すると、別表8の各「審判所認定額」欄のとおりとなり、いずれも各更正処分の額と同額であると認められる。

そして、平成27年課税期間から平成30年課税期間までの各更正処分のその他の部分については、請求人は争わず、当審判所に提出された証拠資料等によっても、これを不相当とする理由は認められない。

したがって、平成27年課税期間から平成30年課税期間までの各更正処分は適法である。

ニ　本件各納税告知処分について

上記(4)のとおり、本件各納税告知処分には、争点についてこれを取り消すべき理由はない。

なお、上記(6)のとおり、請求人には、通則法第73条第3項に規定する偽りその他不正の行為があったと認められ、請求人は当該行為によりその一部の源泉所得税等の税額を免れたのであるから、平成26年1月から同年6月まで、同年7月から同年12月まで、平成27年1月から同年6月まで及び同年7月から同年12月までの各期間の源泉所得税等に係る納税告知処分はその法定納期限から7年を経過する日まですることができる。

また、本件各納税告知処分に係る源泉所得税等の金額の算定に誤りが認められるので、補正が必要である。

これらに基づき、請求人の納付すべき源泉所得税等の額を計算すると、別表9の「本税」欄の「審判所認定額」欄のとおりとなり、いずれも「原処分の額」欄の各金額を下回る。

そして、本件各納税告知処分のその他の部分については、請求人は争わず、当審判所に提出された証拠資料等によっても、これを不相当とする理由は認められない。

したがって、本件各納税告知処分は、いずれもその一部を別紙6の「取消額等計算書」のとおり取り消すべきである。

ホ　本件各年分の所得税等に係る各賦課決定処分の適法性について

(イ)　平成26年分について

　　上記ロ(イ)のとおり、平成26年分の所得税等の更正処分は適法であり、また、上記(6)のとおり、請求人には通則法第70条第5項第1号に規定する偽りその他不正の行為があったと認められ、請求人は当該行為によりその一部の所得税等の税額を免れたのであるから、所得税等に係る加算税の賦課決定は、その納税義務の成立の日から7年を経過する日まですることができる。

　　なお、上記(5)のとおり、請求人には、通則法第68条第1項に規定する「隠蔽し、又は仮装し」に該当する事実があると認められることから、重加算税の賦課要件を満たしている。

　　また、当該更正処分により納付すべき税額の計算の基礎となった事実が更正前の税額の計算の基礎とされていなかったことについて、通則法第65条第4項に規定する正当な理由があるとは認められないから、同条第1項及び第2項並びに同法第68条第1項の規定に基づきなされた平成26年分の所得税等に係る各賦課決定処分は適法である。

(ロ)　平成27年分について

　　上記ロ(イ)のとおり、平成27年分の所得税等の更正処分は適法であり、また、上記(6)のとおり、請求人には通則法第70条第5項第1号に規定する偽りその他不正の行為があったと認められ、請求人は当該行為によりその一部の所得税等の税額を免れたのであるから、所得税等に係る加算税の賦課決定は、その納税義務の成立の日から7年を経過する日まですることができる。

　　なお、上記(5)のとおり、請求人には、通則法第68条第1項に規定する「隠蔽し、又は仮装し」に該当する事実があると認められることから、重加算税の賦課要件を満たしている。

　　また、当該更正処分により納付すべき税額の計算の基礎となった事実が更正前の税額の計算の基礎とされていなかったことについて、通則法第65条第4項に規定する正当な理由があるとは認められないから、同条第1項及び第2項並びに同法第68条第1項の規定に基づきなされた平成27年分の所得税等に係る各賦課決定処分（令和3年10月27日付でされた変更決定によりその一部が取り消された後のもの。）は適法である。

(ハ)　平成28年分について

上記ロ(ロ)のとおり、平成28年分の所得税等の更正処分は、その一部を取り消すべきであるが、加算税の基礎となるべき税額について変動はない。

　なお、上記(5)のとおり、請求人には、通則法第68条第1項に規定する「隠蔽し、又は仮装し」に該当する事実があると認められることから、重加算税の賦課要件を満たしている。

　また、当該更正処分により納付すべき税額の計算の基礎となった事実が更正前の税額の計算の基礎とされていなかったことについて、通則法第65条第4項に規定する正当な理由があるとは認められないから、同条第1項及び第2項並びに同法第68条第1項の規定に基づきなされた平成28年分の所得税等に係る各賦課決定処分（令和3年10月27日付でされた変更決定によりその一部が取り消された後のもの。）は適法である。

㈡　平成29年分について

　上記ロ(ロ)のとおり、平成29年分の所得税等の更正処分は適法であり、再更正処分は、その一部を取り消すべきであるが、加算税の基礎となるべき税額について変動はない。

　なお、上記(5)のとおり、請求人には、通則法第68条第1項に規定する「隠蔽し、又は仮装し」に該当する事実があると認められることから、重加算税の賦課要件を満たしている。

　また、過少申告加算税については、上記(9)のとおり争点についてこれを取り消すべき理由はなく、その他、当該更正処分及び再更正処分により納付すべき税額の計算の基礎となった事実が更正前の税額の計算の基礎とされていなかったことについて、通則法第65条第4項に規定する正当な理由があるとは認められないから、同条第1項及び第2項並びに同法第68条第1項の規定に基づきなされた平成29年分の所得税等に係る各賦課決定処分は適法である。

㈢　平成30年分について

　上記ロ(ロ)のとおり、平成30年分の所得税等の更正処分は適法であり、再更正処分は、その一部を取り消すべきであるが、加算税の基礎となるべき税額について変動はない。

　なお、上記(5)のとおり、請求人には、通則法第68条第1項に規定する「隠蔽し、又は仮装し」に該当する事実があると認められることから、重加算税の賦

課要件を満たしている。

　また、過少申告加算税については、上記(9)のとおり争点についてこれを取り消すべき理由はなく、その他、当該更正処分及び再更正処分により納付すべき税額の計算の基礎となった事実が更正前の税額の計算の基礎とされていなかったことについて、通則法第65条第4項に規定する正当な理由があるとは認められないから、同法第68条第1項の規定に基づきなされた平成30年分の所得税等の重加算税の賦課決定処分は適法であるが、過少申告加算税については、同法第65条第2項が適用される金額はなく、同条第1項の規定に基づく過少申告加算税の額は、別表6の「審判所認定額」欄のとおり○○○○円が正当であるから、当該過少申告加算税に係る賦課決定処分の一部については別紙3の「取消額等計算書」のとおり取り消すべきである。

(ハ)　令和元年分について

　上記ロ(ロ)のとおり、令和元年分の所得税等の更正処分は適法であり、上記(5)のとおり、請求人には、通則法第68条第1項に規定する「隠蔽し、又は仮装し」に該当する事実があると認められることから、重加算税の賦課要件を満たしている。

　そして、当該更正処分により納付すべき税額の計算の基礎となった事実が更正前の税額の計算の基礎とされていなかったことについて、通則法第65条第4項に規定する正当な理由があるとは認められないから、同条第1項及び第2項並びに同法第68条第1項の規定に基づきなされた令和元年分の所得税等に係る各賦課決定処分は適法である。

ヘ　本件消費税等各賦課決定処分の適法性について

(イ)　平成26年課税期間について

　上記ハ(イ)のとおり、平成26年課税期間の消費税等の更正処分については、その一部を取り消すべきである。

　なお、上記(6)のとおり、請求人には通則法第70条第5項第1号に規定する偽りその他不正の行為があったと認められ、請求人は当該行為によりその一部の消費税等の税額を免れたのであるから、消費税等に係る加算税の賦課決定は、その納税義務の成立の日から7年を経過する日まですることができる。

　また、上記(5)のとおり、請求人には、通則法第68条第1項に規定する「隠蔽

— 226 —

し、又は仮装し」に該当する事実があると認められることから、重加算税の賦
課要件を満たしている。

　そして、平成26年課税期間の消費税等の更正処分により納付すべき税額の計
算の基礎となった事実が当該更正処分前の税額の計算の基礎とされていなかっ
たことについて、通則法第65条第4項に規定する正当な理由があるとは認めら
れない。

　これらに基づき、平成26年課税期間の消費税等に係る過少申告加算税及び重
加算税の額を計算すると、別表8の各「審判所認定額」欄のとおりとなり、い
ずれも「原処分の額」欄の各金額を下回る。

　したがって、平成26年課税期間の消費税等に係る各賦課決定処分は、その一
部を別紙5の「取消額等計算書」のとおり取り消すべきである。

(ロ)　平成27年課税期間について

　上記ハ(ロ)のとおり、平成27年課税期間の消費税等の更正処分は適法であり、
また、上記(6)のとおり、請求人には通則法第70条第5項第1号に規定する偽り
その他不正の行為があったと認められ、請求人は当該行為によりその一部の消
費税等の税額を免れたのであるから、消費税等に係る加算税の賦課決定は、そ
の納税義務の成立の日から7年を経過する日まですることができる。

　なお、上記(5)のとおり、請求人には、通則法第68条第1項に規定する「隠蔽
し、又は仮装し」に該当する事実があると認められることから、重加算税の賦
課要件を満たしている。

　また、平成27年課税期間の消費税等の更正処分により納付すべき税額の計算
の基礎となった事実が当該更正処分前の税額の計算の基礎とされていなかった
ことについて、通則法第65条第4項に規定する正当な理由があるとは認められ
ないから、同条第1項及び第2項並びに同法第68条第1項の規定に基づきなさ
れた平成27年課税期間の消費税等に係る賦課決定処分は適法である。

(ハ)　平成28年課税期間について

　上記ハ(ロ)のとおり、平成28年課税期間の消費税等の更正処分は適法であり、
また、上記(5)のとおり、請求人には、通則法第68条第1項に規定する「隠蔽し、
又は仮装し」に該当する事実があると認められることから、重加算税の賦課要
件を満たしている。

そして、平成28年課税期間の消費税等の更正処分により納付すべき税額の計算の基礎となった事実が当該更正処分前の税額の計算の基礎とされていなかったことについて、通則法第65条第4項に規定する正当な理由があるとは認められないから、同条第1項及び第2項並びに同法第68条第1項の規定に基づきなされた平成28年課税期間の消費税等に係る賦課決定処分は適法である。

㈡　平成29年課税期間及び平成30年課税期間について

上記ハ㈥のとおり、平成29年課税期間及び平成30年課税期間の消費税等の各更正処分はいずれも適法であり、また、上記(5)のとおり、請求人には、通則法第68条第1項に規定する「隠蔽し、又は仮装し」に該当する事実があると認められることから、重加算税の賦課要件を満たしている。

したがって、通則法第68条第1項の規定に基づきなされた平成29年課税期間及び平成30年課税期間の消費税等に係る各賦課決定処分は、いずれも適法である。

ト　本件源泉所得税等各賦課決定処分の適法性について

上記ニのとおり、本件各納税告知処分については、いずれもその一部を取り消すべきである。

なお、上記(6)のとおり、請求人には通則法第70条第5項第1号及び同法第73条第3項に規定する偽りその他不正の行為があったと認められ、請求人は当該行為によりその一部の源泉所得税等の税額を免れたのであるから、同法第70条第5項第1号の規定により、源泉所得税等に係る加算税の賦課決定は、その納税義務の成立の日から7年を経過する日まですることができる。

また、上記(5)のとおり、請求人には、通則法第68条第3項に規定する「隠蔽し、又は仮装し」に該当する事実があると認められることから、重加算税の賦課要件を満たしている。そして、当該源泉所得税等を法定納期限までに納付しなかったことについて、通則法第67条第1項ただし書に規定する正当な理由があるとは認められない。

これらに基づき、本件源泉所得税等各賦課決定処分に係る重加算税の額を計算すると別表9の「重加算税」欄の「審判所認定額」欄のとおりとなり、平成31年1月分から令和元年6月分までの期間の重加算税の金額は、「原処分の額」欄の金額と同額となるから、当該期間についてなされた賦課決定処分は適法であるが、

その他の各期間の重加算税の金額は、「原処分の額」欄の各金額を下回るから、当該各期間の各賦課決定処分は、いずれもその一部を別紙6の「取消額等計算書」のとおり取り消すべきである。

(11) 結論

よって、審査請求のうち、主文第1項及び第2項記載の各処分の取消しを求める部分は不適法であるからこれらを却下し、第3項から第7項までに記載の各処分の取消しを求める部分は理由があるから、その一部を取り消すこととし、その他の部分はいずれも理由がないからこれらを棄却することとする。

別表1　審査請求に至る経緯（所得税等）（省略）

別表2　審査請求に至る経緯（消費税等）（省略）

別表3　審査請求に至る経緯（源泉所得税等）（省略）

別表4　本件各年分における本件弟農協口座からの現金引出明細（省略）

別表5　本件各年分における本件弟農協口座から本件弟信金口座への振込明細（省略）

別表6　審判所認定額（所得税等）（省略）

別表7　本件各年分の雑収入勘定に記載された利子所得の金額（省略）

別表8　審判所認定額（消費税等）（省略）

別表9　審判所認定額（源泉所得税等）（省略）

別紙1から6　取消額等計算書（省略）

別紙7　関係法令等

# 関係法令等

1　調査の手続について

(1)　国税通則法（以下「通則法」という。）第26条《再更正》は、税務署長は、通則法第24条《更正》、第25条《決定》又はこの条の規定による更正又は決定をした後、その更正又は決定をした課税標準等又は税額等が過大又は過少であることを知ったときは、その調査により、当該更正又は決定に係る課税標準等又は税額等を更正する旨規定している。

(2)　通則法第74条の11《調査の終了の際の手続》（令和2年法律第8号による改正前のもの。以下同じ。）第6項は、更正決定等をすべきと認められない旨の通知をした後又は国税に関する調査の結果につき納税義務者から修正申告書若しくは期限後申告書の提出若しくは源泉徴収等による国税の納付があった後若しくは更正決定等をした後においても、当該職員は、新たに得られた情報に照らし非違があると認めるときは、通則法第74条の2《当該職員の所得税等に関する調査に係る質問検査権》から第74条の6《当該職員の航空機燃料税等に関する調査に係る質問検査権》までの規定に基づき、当該通知を受け、又は修正申告書若しくは期限後申告書の提出若しくは源泉徴収等による国税の納付をし、若しくは更正決定等を受けた納税義務者に対し、質問検査等（通則法第74条の2から第74条の6までの規定による質問、検査又は提示若しくは提出の要求をいう。以下同じ。）を行うことができる旨規定している。

2　収益及び資産の譲渡等の帰属について

(1)　所得税法第12条《実質所得者課税の原則》は、資産又は事業から生ずる収益の法律上帰属するとみられる者が単なる名義人であって、その収益を享受せず、その者以外の者がその収益を享受する場合には、その収益は、これを享受する者に帰属するものとして、この法律の規定を適用する旨規定している。

(2)　消費税法第13条《資産の譲渡等又は特定仕入れを行った者の実質判定》第1項は、法律上資産の譲渡等を行ったとみられる者が単なる名義人であって、その資産の譲渡等に係る対価を享受せず、その者以外の者がその資産の譲渡等に係る対価を享受

する場合には、当該資産の譲渡等は、当該対価を享受する者が行ったものとして、この法律の規定を適用する旨規定している。

3　青色申告の承認の取消しについて

　　所得税法第150条《青色申告の承認の取消し》第1項第3号は、同法第143条《青色申告》の承認を受けた居住者につきその年における事業所得を生ずべき業務に係る帳簿書類に取引の全部又は一部を隠蔽し又は仮装して記載し又は記録し、その他その記載又は記録した事項の全体についてその真実性を疑うに足りる相当の理由がある場合には、納税地の所轄税務署長は、当該年まで遡って、その承認を取り消すことができる旨規定している。

4　給与等について

(1)　所得税法第28条《給与所得》第1項は、給与所得とは、俸給、給料、賃金、歳費及び賞与並びにこれらの性質を有する給与（以下「給与等」という。）に係る所得をいう旨規定している。

(2)　所得税法第183条《源泉徴収義務》第1項は、居住者に対し国内において給与等の支払をする者は、その支払の際、その給与等について所得税を徴収し、その徴収の日の属する月の翌月10日までに、これを国に納付しなければならない旨規定している。

5　仕入れに係る消費税額の控除について

(1)　消費税法第30条《仕入れに係る消費税額の控除》第1項は、事業者が、国内において課税仕入れを行った場合には、当該課税仕入れを行った日の属する課税期間の課税標準額に対する消費税額から、当該課税期間中に国内において行った課税仕入れに係る消費税額を控除する旨規定している（以下、当該規定に基づく控除を「仕入税額控除」という。）。

(2)　消費税法第30条第7項は、同条第1項の規定は、事業者が当該課税期間の仕入税額控除に係る帳簿（以下「法定帳簿」という。）及び請求書等（以下「法定請求書等」といい、法定帳簿と併せて「法定帳簿等」という。）（課税仕入れに係る支払対価の額の合計額が少額である場合その他の政令で定める場合における当該課税仕入れに係る消費税額については法定帳簿）を保存しない場合には、当該保存がない課税仕入れの税額については適用しないが、災害その他やむを得ない事情により、当該保存をすることができなかったことを当該事業者において証明した場合は、この

限りでない旨規定している。

(3)　消費税法施行令第49条《課税仕入れ等の税額の控除に係る帳簿等の記載事項等》
第1項は、消費税法第30条第7項に規定する政令で定める場合について、課税仕入
れに係る支払対価の額の合計額が3万円未満である場合又は当該支払対価の額の合
計額が3万円以上である場合において、法定請求書等の交付を受けなかったことに
つきやむを得ない理由があるとき（法定帳簿に当該やむを得ない理由及び当該課税
仕入れの相手方の住所又は所在地を記載している場合に限る。）とする旨規定して
いる。

(4)　租税特別措置法施行令第46条の2《個人事業者に係る中間申告等の特例》第2項
（平成29年4月1日前は平成29年政令第114号による改正前の租税特別措置法施行令
第46条の4《個人事業者に係る中間申告等の特例》第2項。以下同じ。）の規定に
よる読み替え後の消費税法施行令第50条《課税仕入れ等の税額の控除に係る帳簿等
の保存期間等》第1項は、仕入税額控除の適用を受けようとする事業者は、法定帳
簿及び法定請求書等を整理し、租税特別措置法第86条の4《個人事業者に係る消費
税の課税資産の譲渡等及び特定課税仕入れについての確定申告期限の特例》第1項
に規定する申告書の提出期限の翌日から7年間、これを納税地等に保存しなければ
ならない旨規定し、ただし書において、財務省令で定める場合に該当する法定帳簿
又は法定請求書等については、同日から5年間を超えて保存することを要しない旨
規定している。

(5)　消費税法施行規則第15条の3《帳簿等の保存期間の特例》（令和4年財務省令第
18号による改正前のもの。以下同じ。）は、消費税法施行令第50条第1項ただし書
に規定する財務省令で定める場合は、法定帳簿にあっては当該帳簿に記載された事
項に係る法定請求書等を同項本文の規定に基づいて保存する場合とし、法定請求書
等にあっては当該請求書等に記載された事項に係る法定帳簿を同項本文の規定に基
づいて保存する場合とする旨規定している。

(6)　消費税法基本通達11－6－7《帳簿及び請求書等の保存期間》は、仕入税額控除
を受けようとする事業者は、消費税法施行令第50条第1項ただし書、消費税法施行
規則第15条の3の規定により、法定帳簿及び法定請求書等の保存期間のうち6年目
及び7年目は、法定帳簿又は法定請求書等のいずれかを保存すればよい旨定めてい
る。

6 過少申告加算税について

　　通則法第65条《過少申告加算税》（平成28年12月31日以前に法定申告期限が到来する国税については、平成28年法律第15号による改正前のもの。以下同じ。）第1項は、期限内申告書が提出された場合において、更正があったときは、当該納税者に対し、その更正に基づき納付すべき税額に100分の10の割合を乗じて計算した金額に相当する過少申告加算税を課する旨規定し、同条第2項は、同条第1項の規定に該当する場合において、同項に規定する納付すべき税額がその国税に係る期限内申告税額に相当する金額と50万円とのいずれか多い金額を超えるときは、同項の過少申告加算税の額は、同項の規定にかかわらず、同項の規定により計算した金額に、当該超える部分に相当する税額に100分の5の割合を乗じて計算した金額を加算した金額とする旨、それぞれ規定している。

　　そして、通則法第65条第4項は、同条第1項又は第2項に規定する納付すべき税額の計算の基礎となった事実のうちにその更正前の税額の計算の基礎とされていなかったことについて正当な理由があると認められるものがある場合には、その正当な理由があると認められる事実に基づく税額については、過少申告加算税を課さない旨規定している。

7 不納付加算税について

　　通則法第67条《不納付加算税》第1項は、源泉徴収等による国税がその法定納期限までに完納されなかった場合には、税務署長は、当該納税者から、通則法第36条《納税の告知》第1項の規定による納税の告知に係る税額又はその法定納期限後に当該告知を受けることなく納付された税額に100分の10の割合を乗じて計算した金額に相当する不納付加算税を徴収する旨規定し、ただし書において、当該告知又は納付に係る国税を法定納期限までに納付しなかったことについて正当な理由があると認められる場合は、この限りでない旨規定している。

8 重加算税について

(1) 通則法第68条《重加算税》第1項は、通則法第65条第1項の規定に該当する場合において、納税者がその国税の課税標準等又は税額等の計算の基礎となるべき事実の全部又は一部を隠蔽し、又は仮装し、その隠蔽し、又は仮装したところに基づき納税申告書を提出していたときは、当該納税者に対し、政令で定めるところにより、過少申告加算税の額の計算の基礎となるべき税額に係る過少申告加算税に代え、当

該基礎となるべき税額に100分の35の割合を乗じて計算した金額に相当する重加算税を課する旨規定している。

(2) 通則法第68条第3項は、通則法第67条第1項の規定に該当する場合において、納税者が事実の全部又は一部を隠蔽し、又は仮装し、その隠蔽し、又は仮装したところに基づきその国税をその法定納期限までに納付しなかったときは、税務署長は、当該納税者から、不納付加算税の額の計算の基礎となるべき税額に係る不納付加算税に代え、当該基礎となるべき税額に100分の35の割合を乗じて計算した金額に相当する重加算税を徴収する旨規定している。

9 偽りその他不正の行為について

(1) 通則法第70条《国税の更正、決定等の期間制限》第1項は、更正はその更正に係る国税の法定申告期限から5年を経過した日以後においては、することができない旨規定し、同条第5項第1号は、偽りその他不正の行為によりその全部若しくは一部の税額を免れ、又はその全部若しくは一部の税額の還付を受けた国税（当該国税に係る加算税を含む。）についての更正決定等は、同条第1項の規定にかかわらず、その更正に係る国税の法定申告期限から7年を経過する日まで、することができる旨規定している。

(2) 通則法第73条《時効の完成猶予及び更新》第3項は、国税の徴収権で、偽りその他不正の行為によりその全部又は一部の税額を免れた国税に係るものの時効は、当該国税の法定納期限から2年間は、進行しない旨規定している。

# 五　国税徴収法関係

〈令和 4 年10月〜12月分〉

国税徴収法

事例8 （換価の猶予）

> **請求人には国税を一時に納付することにより、その事業の継続を困難にするおそれが
> あるとは認められないとした事例**（換価の猶予不許可処分・棄却・令和4年12月9日
> 裁決）
>
> 《ポイント》
> 　本事例は、当座資金の額から納付すべき国税の金額を控除した残額はつなぎ資金の
> 額を上回るため、国税を一時に納付することにより事後の決済資金に不足を生じると
> 認められないのであるから、国税徴収法第151条の2第1項に規定する事業の継続を
> 困難にするおそれがあるとは認められないとしたものである。

《要旨》
　請求人は、原処分庁が行った換価の猶予不許可処分に対し、コロナ禍が長期間にわた
っているため、つなぎ資金の額を1年間の収支状況で考慮すると、国税徴収法第152条
《換価の猶予に係る分割納付、通知等》第1項に規定する納付を困難とする金額が算定
され、納付すべき国税を一時に納付することにより事業の継続を困難にするおそれがあ
ると主張する。

　しかしながら、申請による換価の猶予は納税者救済のための例外的な制度であるから、
つなぎ資金は必要最小限度の期間を基礎として計算するものであり、1年間の収支状況
を考慮すべきではない。そして、同法第151条の2第1項に規定する事業の継続を困難
にするおそれがあると認められる場合とは、事業に不要不急の資産を処分するなど事業
経営の合理化を行った後においても、なお国税を一時に納付することにより事後の決済
資金に不足を生じ、その結果、滞納者がその事業を休廃止せざるを得ない状態に至るお
それがあると認められる場合をいうものと解されるところ、本件では当座資金の額から
納付すべき国税の金額を控除した残額はつなぎ資金の額を上回ることから、国税を一時
に納付することにより事後の決済資金に不足が生じるとは認められない。したがって、
請求人には国税を一時に納付することにより、その事業の継続を困難にするおそれがあ
るとは認められない。

《参照条文等》

　国税徴収法第151条の2第1項

（令和４年12月９日裁決）

《裁決書（抄）》

1　事　実

（1）　事案の概要

　　　本件は、審査請求人（以下「請求人」という。）が、Ｅ税務署長及び原処分庁に対し、新型コロナウイルス感染症の影響による売上の減少により、納税資金を捻出することが困難であるとして換価の猶予の申請を行ったところ、原処分庁が、請求人は申請に係る国税等を一時に納付することができないとは認められないとして不許可処分を行ったことから、請求人がこれを不服としてその全部の取消しを求めた事案である。

（2）　関係法令等の要旨

　　イ　国税徴収法（以下「徴収法」という。）第151条の２第１項は、税務署長は、滞納者がその国税を一時に納付することによりその事業の継続又はその生活の維持を困難にするおそれがあると認められる場合において、その者が納税について誠実な意思を有すると認められるときは、その国税の納期限から６月以内にされたその者の申請に基づき、１年以内の期間を限り、その納付すべき国税につき滞納処分による財産の換価を猶予することができる旨規定している。

　　ロ　徴収法第152条《換価の猶予に係る分割納付、通知等》第１項は、税務署長は、換価の猶予をする場合には、その猶予に係る金額（その納付を困難とする金額として政令で定める額を限度とする。）をその猶予をする期間内の各月に分割して納付させるものとする旨規定している。

　　ハ　徴収法第184条《国税局長が徴収する場合の読替規定》は、国税通則法（以下「通則法」という。）第43条《国税の徴収の所轄庁》第３項の規定により国税局長が徴収の引継ぎを受けた場合における徴収法の規定の適用については、「税務署長」とあるのは、「国税局長」とする旨規定している。

　　ニ　国税徴収法施行令（以下「徴収法施行令」という。）第53条《換価の猶予の申請手続等》第３項は、徴収法第152条第１項に規定する納付を困難とする金額は、滞納者が法人の場合には、納付すべき国税の金額から、換価の猶予をしようとする日の前日において滞納者が有する現金、預貯金その他換価の容易な財産の価額に相当する金額から事業の継続のために当面必要な運転資金（以下、当該事業の

— 241 —

継続のために当面必要な運転資金を単に「運転資金」という。）の額を控除した残額とする旨規定している。

ホ　納税の猶予等の取扱要領（平成27年3月2日付徴徴5-10ほか1課共同「納税の猶予等の取扱要領の制定について」（事務運営指針）の別冊。以下「猶予取扱要領」という。）21《申請による換価の猶予の対象となる国税及び猶予をする金額》は、申請による換価の猶予の対象となる国税については猶予取扱要領17《職権による換価の猶予の対象となる国税及び猶予をする金額》(1)、猶予をする金額については同(2)と同様である旨、それぞれ定めている。

ヘ　猶予取扱要領17(2)は、職権による換価の猶予をすることができる金額は、納付を困難とする金額として、以下の(イ)の額から(ロ)の額を控除した残額を限度とし、具体的には、猶予取扱要領第7章第2節《現在納付能力調査》に定める現在納付能力調査によって判定した納付困難と認められる金額とする旨定めている。

　(イ)　納付すべき国税の額

　(ロ)　滞納者が法人の場合には、滞納者の納付能力を判定した日において滞納者が有する現金、預貯金その他換価の容易な財産の価額に相当する金額から、運転資金の額を控除した残額

ト　猶予取扱要領22《申請による換価の猶予をする期間等》(2)は、猶予期間の始期は、換価の猶予の申請書が提出された日とし、ただし、その日が申請に係る国税の法定納期限以前の日であるときは、法定納期限の日の翌日とする旨定めている。

チ　猶予取扱要領61《調査日》は、調査日とは、ある一定時点において納税者の納付能力を判定した日をいい、換価の猶予の申請においては、その申請に係る猶予期間の始期の前日とする旨、また、調査日現在における状況の調査が困難であるときは、調査を行った日の状況から、適宜その調査日現在の状況を推定するものとする旨、それぞれ定めている。

リ　猶予取扱要領第7章第2節は、現在納付能力調査は、調査日における納税者の現金、預貯金等の直ちに支払に充てることができる当座資金のほか、当面の事業の継続のために真に必要と認められるつなぎ資金の額とを把握し、それらを勘案して納付すべき国税のうち、直ちに納付することができる額（以下「現在納付可能資金額」という。）及び納付困難な額を判定するための調査である旨定めている。

ヌ　猶予取扱要領63《当座資金》は、当座資金の額は、調査日現在における現金、預貯金その他換価の容易な財産であって、直ちに支払に充てることのできる資金（以下「当座資金」という。）の合計額とする旨定めている。

ル　猶予取扱要領64《つなぎ資金》は、つなぎ資金の額は、納税者が法人である場合には調査日からおおむね1月以内の期間（以下「計算期間」という。）における運転資金の額とする旨、その運転資金の額は、計算期間における納税者の事業の継続のために必要不可欠な支出の額から計算期間における事業収入その他の収入に係る金額を控除した残額（ただし、当該残額が0円に満たない場合は0円とする。）をいう旨、また、見込納付能力調査において算出した納税者の事業等による収入などの状況を踏まえ、商品の仕入れから販売までの期間が長期にわたる場合、事業維持に必要不可欠な資産の買換えのための資金の積立てを要する場合その他支出が収入を超過するため収支状況にそごを来す時期があると見込まれる場合等において、計算期間後のために資金手当てをしておかなければ、事業を継続することができなくなると認められるときは、必要最小限度の所要資金（以下、当該必要最小限度の所要資金を単に「所要資金」という。）を算定して、運転資金の額に加算することができる（以下、運転資金の額に所要資金の額を加算した額を「つなぎ資金」という。）旨、それぞれ定めている。

ヲ　猶予取扱要領65《現在納付可能資金額及び納付困難な額の算定》は、現在納付可能資金額は、当座資金の額からつなぎ資金の額を控除した金額とする旨、納付困難な額は、換価の猶予の申請に係る国税の額から、現在納付可能資金額を控除した金額とする旨、それぞれ定めている。

ワ　猶予取扱要領第7章第3節《見込納付能力調査》は、見込納付能力調査は、猶予期間、分割納付の方法による場合の分割納付期限及び分割納付金額を判定するための調査である旨定めている。

カ　猶予取扱要領67《支出見込金額等の調整》は、見込納付能力調査においては、不要不急の資産の売却による収入を臨時的な収入に加えるほか、事業の継続のために必要不可欠な支出以外は支出見込金額に含めないこととする旨定めている。

(3)　基礎事実及び審査請求に至る経緯

当審判所の調査及び審理の結果によれば、次の事実が認められる。

イ　請求人の概要及び帳票関係

(イ)　請求人は、昭和45年に設立された、紳士、婦人及び子供用衣類の製造及び販売等を目的とする株式会社である。

　　請求人の本店所在地は、令和3年2月25日、e市f町〇－〇からb市d町〇－〇に移転した。

(ロ)　請求人の貸借対照表の令和3年4月度残高試算表（月次・期間）上、同月30日現在の現金・預金合計の額はXXX,000,000円である。

(ハ)　請求人の令和2年度損益計算書の残高試算表（年間推移）上、令和3年5月度の運転資金の額はXX,000,000円である。

(ニ)　請求人の貸借対照表の令和3年7月度残高試算表（月次・期間）上、同月31日現在の現金・預金合計の額はXXX,000,000円である。

(ホ)　請求人の令和3年度損益計算書の残高試算表（年間推移）上、令和3年8月度の運転資金の額はX,000,000円である。

(ヘ)　請求人の令和3年5月から同年10月の資金繰り表上、各月の売上高、総合収支の額及び現金預金翌月繰越の額は別表1のとおりである。

ロ　審査請求に至る経緯等

(イ)　請求人は、令和3年1月18日、請求人の徴収の所轄庁であったF税務署長に対し、別表2の順号1の国税（以下「本件消費税中間2回目分」という。）について、新型コロナウイルス感染症等の影響に対応するための国税関係法律の臨時特例に関する法律第3条《納税の猶予の特例》の規定に基づき、納税の猶予の申請をした。

(ロ)　F税務署長は、令和3年2月17日、本件消費税中間2回目分について、通則法第43条第3項の規定に基づき、原処分庁へ徴収の引継ぎをした。

(ハ)　原処分庁は、令和3年2月24日、上記(イ)の納税の猶予の申請について、猶予期間を同年2月2日から同年8月2日までとする納税の猶予を許可した。

(ニ)　請求人は、令和3年4月26日、請求人の徴収の所轄庁であったE税務署長に対し、別表2の順号2の国税（以下「本件消費税中間3回目分」という。）について、徴収法第151条の2の規定に基づき、換価の猶予申請書を提出し、換価の猶予の申請（以下「本件第一猶予申請」という。）をした。

　　本件第一猶予申請に係る調査日は、本件消費税中間3回目分の法定納期限の令和3年4月30日であった。また、本件第一猶予申請に係る請求人の当座資金

の額は、上記イの(ロ)の額以外に直ちに支払に充てることができる資金がないため、XXX,000,000円、運転資金の額は、同(ハ)のとおり XX,000,000円であった。

(ホ)　請求人は、令和3年7月29日、原処分庁に対し、本件消費税中間2回目分について、徴収法第151条の2の規定に基づき、換価の猶予申請書を提出し、換価の猶予の申請（以下、「本件第二猶予申請」といい、本件第一猶予申請と併せて「本件各猶予申請」という。）をした。

　　　本件第二猶予申請に係る調査日は、上記(ハ)の納税の猶予の許可の猶予期間の最終日である令和3年8月2日であった。また、本件第二猶予申請に係る請求人の当座資金及び運転資金の額は、上記(2)のチのとおり、猶予取扱要領61の定めに基づき上記イの(ニ)及び(ホ)の令和3年7月31日現在の請求人の現金及び預金の合計額並びに損益計算書から推定すると、当座資金の額は、上記イの(ニ)以外に直ちに支払に充てることができる資金がないため、XXX,000,000円、運転資金の額は、同(ホ)のとおり X,000,000円であった。

(ヘ)　E税務署長は、令和3年8月12日、本件消費税中間3回目分について、通則法第43条第3項の規定に基づき、原処分庁へ徴収の引継ぎをした。

(ト)　原処分庁は、令和3年11月1日、本件各猶予申請について、請求人が本件各猶予申請に係る国税等を一時に納付することができないとは認められないとして、いずれも不許可処分をした（以下、これらの不許可処分を「本件各不許可処分」という。）。

(チ)　請求人は、令和3年12月27日、本件各不許可処分を不服として審査請求をした。

2　争　点

　　請求人は、本件各猶予申請において、納付すべき国税を一時に納付することによりその事業の継続を困難にするおそれがあったと認められるか否か。

3　争点についての主張

| 請求人 | 原処分庁 |
| --- | --- |
| 事業の継続を困難にするおそれがあったと認められるか否かは、猶予取扱要領64の定めに従って計算するつなぎ資金の額を、 | 当座資金の額から滞納税金の金額を控除した残額が、調査日から1月以内の支出金額から収入金額を差し引いた金額を上回る |

1月という短期間ではなく、コロナ禍が長期間にわたっている現状においては換価の猶予の趣旨に鑑み1年間の収支状況を考慮して算定した上で判断すべきである。

そして、請求人には、次のとおり、納付困難な額が算定されるから、納付すべき国税を一時に納付することによりその事業の継続を困難にするおそれがあったと認められる。

(1) 本件第一猶予申請

　つなぎ資金の額のうち運転資金の額は、令和3年4月末からの1月以内における請求人の支出金額（実績額）から収入金額（実績額）を差し引いて算出したXX,000,000円となる。しかし、コロナ禍において長期間にわたり運転資金の確保に苦しんでいる状況においては、手もとの当座資金の額XXX,000,000円を所要資金の額として運転資金の額に加算することが相当である。そうすると、つなぎ資金の額は、XXX,000,000円となる。

イ　当座資金の額
　　XXX,000,000円

ロ　つなぎ資金の額
　(イ)　運転資金の額
　　　XX,000,000円
　(ロ)　所要資金の額

場合には、猶予取扱要領64の定めに従って計算するつなぎ資金の額を確保していることとなり、国税の納付によって事業の休廃止などの事業の継続を困難にするおそれがあるとはいえない。

そして、請求人には、次のとおり、納付困難な額が算定されないから、納付すべき国税を一時に納付することによりその事業の継続を困難にするおそれがあったとは認められない。

(1) 本件第一猶予申請

　つなぎ資金の額のうち運転資金の額は、令和3年4月末からの1月以内における請求人の支出金額（実績額）から収入金額（実績額）を差し引いて算出したXX,000,000円となる。また、請求人には潤沢な資金があり、猶予の調査によっても上記のXX,000,000円以外に資金手当てをしておかなければ、事業を継続することができなくなるとは認められないことから、上記に加算すべき所要資金の額は認められない。そうすると、つなぎ資金の額はXX,000,000円となる。

イ　当座資金の額
　　XXX,000,000円

ロ　つなぎ資金の額
　(イ)　運転資金の額
　　　XX,000,000円
　(ロ)　所要資金の額

| | |
|---|---|
| XXX,000,000円 | 0円 |
| (イ)+(ロ)＝ XXX,000,000円 | (イ)+(ロ)＝ XX,000,000円 |
| ハ　現在納付可能資金額（イ－ロ） | ハ　現在納付可能資金額（イ－ロ） |
| △ XX,000,000円 | XXX,000,000円 |
| ニ　納付困難な額 | ニ　納付困難な額 |
| X,000,000円 | 0円 |

| | |
|---|---|
| (2)　本件第二猶予申請 | (2)　本件第二猶予申請 |
| 　つなぎ資金の額のうち運転資金の額は、令和3年7月末からの1月以内における請求人の支出金額（実績額）から収入金額（実績額）を差し引いて算出したX,000,000円となる。しかし、上記(1)のとおり、手もとの当座資金の額XXX,000,000円を所要資金の額として運転資金の額に加算することが相当である。そうすると、つなぎ資金の額は、XXX,000,000円となる。 | 　つなぎ資金の額のうち運転資金の額は、令和3年7月末からの1月以内における請求人の支出金額（実績額）から収入金額（実績額）を差し引いて算出したX,000,000円となる。また、上記(1)のとおり、上記に加算すべき所要資金の額は認められない。そうすると、つなぎ資金の額はX,000,000円となる。 |
| イ　当座資金の額 | イ　当座資金の額 |
| XXX,000,000円 | XXX,000,000円 |
| ロ　つなぎ資金の額 | ロ　つなぎ資金の額 |
| (イ)　運転資金の額 | (イ)　運転資金の額 |
| X,000,000円 | X,000,000円 |
| (ロ)　所要資金の額 | (ロ)　所要資金の額 |
| XXX,000,000円 | 0円 |
| (イ)+(ロ)＝ XXX,000,000円 | (イ)+(ロ)＝ X,000,000円 |
| ハ　現在納付可能資金額（イ－ロ） | ハ　現在納付可能資金額（イ－ロ） |
| △ X,000,000円 | XXX,000,000円 |
| ニ　納付困難な額 | ニ　納付困難な額 |
| X,000,000円 | 0円 |

4 当審判所の判断

(1) 法令解釈

イ 徴収法第151条の2が規定する換価の猶予の制度は、滞納者につき国税を一時に納付することによりその事業の継続又はその生活の維持を困難にするおそれがあると認められる場合において、その者が納税について誠実な意思を有すると認められるときは、税務署長（徴収法第184条の規定による読み替え後の国税局長を含む。以下同じ。）が納付を困難とする金額を限度として、その申請に基づき、1年以内の期間を限り、その納付すべき国税につき滞納処分による財産の換価を猶予することができるというものである。これは本来、納税者がその国税を納期限までに完納しない場合には、納付の督促を経て滞納処分が行われることになるところ、納税者の負担の軽減を図るとともに、早期かつ的確な納税の履行を確保する観点から、原則毎月の分割納付を条件として、申請による換価の猶予の期間内は換価を猶予できるとしたものであり、納税者を救済するための例外的な制度であるということができる。

ロ そして、納税者が法人であるときにおいて、上記イのおそれがあると認められる場合とは、事業に不要不急の資産を処分するなど事業経営の合理化を行った後においても、なお国税を一時に納付することにより事後の決済資金に不足を生じ、その結果、滞納者がその事業を休止若しくは廃止せざるを得ない又はこれと同等の状態に至るおそれがあると認められる場合をいうものと解される。さらに、国税を一時に納付することにより事後の決済資金に不足を生じる場合とは、決済資金の不足が事業の継続に影響を与えないなどの特段の事情のない限り、当座資金の額から納付すべき国税の金額を控除した残額がつなぎ資金の額に満たない状態であることをいうものと解される。

ハ このように申請による換価の猶予が納税者救済のための例外的な制度であることからすると、同制度の適用に当たっては、納税者間において不公平が生じることを回避し、税務行政の適正妥当な執行を確保する必要があるところ、猶予取扱要領が一定の判断基準及び運用方針を定めているのは、かかる趣旨によるものであると解される。このような猶予取扱要領が定められた趣旨に鑑みると、猶予取扱要領の定めが合理性を有するものと認められる場合には、これを当該事案に適用することが不合理であるという特段の事情がない限り、当該定めに従った判断

— 248 —

は相当であるというべきである。

　　この点、上記１の(2)のホないしカに記載の猶予取扱要領の各定めは、いずれも、徴収法第151条の２及び第152条の規定に基づき、税務署長が換価の猶予をする場合に、その猶予に係る金額、すなわち、納付を困難とする金額を算定するために委任された徴収法施行令第53条の規定に沿うものであるから、合理性を有するものであると認められ、当審判所においてもその取扱いは相当であると認められる。

(2) 認定事実

　　請求人提出資料並びに当審判所の調査及び審理の結果によれば、次の事実が認められる。

　イ　本件各猶予申請に際し、換価の猶予を申請した各期間において、商品の仕入れから販売までの期間が長期にわたる場合や事業維持に必要不可欠な資産の買換えのための資金の積立てを要する場合に該当する等の具体的な事実の申出や書類等の提出はない。

　ロ　令和３年５月から同年10月までの請求人の総合収支は、別表１のとおり、毎月損失を計上しており現金預金翌月繰越額は減少し続けたが、○千万円を下回ることはなかった。

(3) 検討

　イ　上記(1)のロのとおり、国税を一時に納付することによりその事業の継続を困難にするおそれがあると認められる場合に該当するか否かについては、その前提として、当座資金の額から納付すべき国税の金額を控除した残額がつなぎ資金の額に満たない状態であるか否かを判断する必要があるところ、本件各猶予申請に係る当座資金及び運転資金の額に当事者間の争いはなく（上記３）、当審判所においても相当と認められる。したがって、上記判断に当たっては、上記１の(2)のルの猶予取扱要領64の定めに従うと、つなぎ資金のうち所要資金の額が算定されるか否かの検討が必要となる。

　ロ　そして、上記イのとおり、猶予取扱要領の定めに従って検討したところ、本件各猶予申請に当たり、商品の仕入れから販売までの期間が長期にわたる場合や事業維持に必要不可欠な資産の買換えのための資金の積立てを要する場合などの事情については、上記(2)のイのとおり、請求人から具体的な事実の申出や書類等の提出はなく、当審判所の調査によっても確認できない。また、請求人の総合収支

が毎月損失を計上しており、現金預金翌月繰越額は減少し続ける状況であったことは認められるが、現金預金翌月繰越額が〇千万円を下回ることはなかったのは上記(2)のロのとおりであるから、いずれにしても計算期間後のために資金手当てをしておかなければ事業を継続することができなくなると認められる場合に該当しない。したがって、つなぎ資金の額の算定に当たり加算すべき所要資金の額は認められない。

　以上のことを踏まえ、本件各猶予申請について、請求人が国税を一時に納付することによりその事業の継続を困難にするおそれがあると認められる場合に該当するか否かについて判断すると次のとおりである。

ハ　本件第一猶予申請

　(イ)　調査日における当座資金の額

　　　XXX,000,000円（上記１の(3)のロの(ニ)）

　(ロ)　納付すべき国税の金額

　　　X,000,000円（別表２の順号２）

　(ハ)　当座資金の額から納付すべき国税の金額を控除した残額

　　　XXX,000,000円（上記(イ) XXX,000,000円 − 上記(ロ) X,000,000円）

　(ニ)　つなぎ資金の額

　　　XX,000,000円（上記１の(3)のロの(ニ)の運転資金の額（所要資金の額はなし））

　(ホ)　判定

　　　上記(ハ)の額＞上記(ニ)の額

ニ　本件第二猶予申請

　(イ)　調査日における当座資金の額

　　　XXX,000,000円（上記１の(3)のロの(ホ)）

　(ロ)　納付すべき国税の金額

　　　X,000,000円（別表２の順号１）

　(ハ)　当座資金の額から納付すべき国税の金額を控除した残額

　　　XXX,000,000円（上記(イ) XXX,000,000円 − 上記(ロ) X,000,000円）

　(ニ)　つなぎ資金の額

　　　X,000,000円（上記１の(3)のロの(ホ)の運転資金の額（所要資金の額はなし））

　(ホ)　判定

　　　　上記㈢の額＞上記㈣の額

　ホ　まとめ

　　　以上によれば、本件各猶予申請とも、当座資金の額から納付すべき国税の金額
　　を控除した残額はつなぎ資金の額を上回り、国税を一時に納付することにより事
　　後の決済資金に不足が生じるとは認められないから、請求人には国税を一時に納
　　付することによりその事業の継続を困難にするおそれがあったとは認められない。

⑷　請求人の主張について

　　　請求人は、上記３の「請求人」欄のとおり、運転資金の額を１月という短期間で
　　はなく、コロナ禍が長期間にわたっている現状においては換価の猶予の趣旨に鑑み
　　１年間の収支状況を考慮して算定すべきであるところ、本件においては、手もとの
　　当座資金の額を所要資金の額として運転資金の額に加算して計算すると、本件各猶
　　予申請については、納付を困難とする金額が算定される旨主張する。

　　　しかしながら、上記１の⑵のルのとおり、納税者が法人である場合のつなぎ資金
　　の額が計算期間を基礎として算定することとされているのは、事柄の性質上、一定
　　の期間を設けて判断するのが相当であるところ、上記⑴のイのとおり、申請による
　　換価の猶予が納税者救済のための例外的な制度であることから必要最小限度の期間
　　を基礎にすることによるものである。また、申請による換価の猶予の許否は、国税
　　を一時に納付することによりその事業の継続を困難にするおそれの有無について調
　　査日の時点で判断することとなるため、１年間の収支状況を考慮すべきではない。
　　そして、運転資金の額の計算は、上記１の⑵のル及びカのとおり、加算することが
　　できる所要資金の額が必要最小限度とされており、また、事業の継続のために必要
　　不可欠な支出以外は支出見込金額に含めないことからしても、計算期間の運転資金
　　の額に加算することができる額があるか否かの判断には客観的な事実の存在が必要
　　である。しかしながら、請求人は、上記⑵のイのとおり、手もとの当座資金の額と
　　同額を所要資金の額とすべき具体的な事実の申出や書類等の提出をせず、また、所
　　要資金の額を加算すべき客観的な事実の存在は認められない。そうすると、請求人
　　には、上記⑶のロないしホのとおり、本件各猶予申請について、加算すべき所要資
　　金の額はなく、また、当座資金の額から納付すべき国税の金額を控除した残額はつ
　　なぎ資金の額を上回っていることから、納付を困難とする金額も算定されない。

　　　したがって、請求人の主張には理由がない。

(5) 請求人のその他の主張について

　　請求人は、国税を一時に納付することによりその事業の継続を困難にするおそれがあったと認められる事情として、次のとおり主張する。

　イ　平時の場合は、売上の2月分から3月分を必要な運転資金として手もとに置いておくが、災害やコロナ禍のような非常時は、売上の半年から1年分を必要資金として手もとに置いておかなければ正常な経営はできない。本件各猶予申請の時において資金繰りの予想を立てたが、実際には予想以上のキャッシュアウトが生じたから、令和3年11月に保険の取崩し（○○万円）及び翌月に融資（○○万円）により資金調達を行ったところ、仮に当該資金調達ができなかったときは、税金（計○○万円）を支払った場合、翌年1月から2月の預金残高が○○万円程度になる。

　ロ　新型コロナウイルス感染症拡大の影響により、工場の操業を休止せざるを得なくなった日が毎月生じており、特に、令和3年2月21日から同年3月20日までの約1月間、工場の操業を休止していた。

　　しかしながら、上記(3)のホのとおり、請求人は国税を一時に納付することによりその事業の継続を困難にするおそれがあったとは認められないところ、請求人の主張する上記各事情は、いずれも上記(3)のホの判断に影響するとは認められない。

　　このほか、請求人は、納付すべき税額が500万円を超える場合においては、見込納付能力調査表を作成し、調査後の一定期間内の各月の支払に充てることができる資金の額を算定すべきであった旨主張するが、徴収法上、見込納付能力調査表の作成をした上で換価の猶予の不許可処分を行わなければならない旨の規定は設けられておらず、猶予取扱要領上もその定めはない。

　　したがって、これらの請求人の主張にはいずれも理由がない。

(6) 原処分の適法性について

　　上記(3)のロないしホのとおり、本件各不許可処分は猶予取扱要領に従って判断されており、それが不合理であるという特段の事情は認められないから、その判断は相当である。また、本件各不許可処分のその他の部分については、請求人は争わず、当審判所に提出された証拠資料等によっても、これを不相当とする理由は認められない。

　　以上のとおりであるから、本件各不許可処分は、いずれも適法である。

(7) 結論

　　よって、審査請求は理由がないから、これを棄却することとする。

別表1　令和3年5月から同年10月までの資金繰り表（省略）

別表2　国税の内訳（省略）

## 裁決事例集 （第129集）

令和5年8月15日　初版印刷
令和5年8月31日　初版発行

不　許
複　製

（一財）大蔵財務協会　理事長

発行者　　木 村 幸 俊

発行所　　一般財団法人　大 蔵 財 務 協 会

〔郵便番号　130-8585〕
東京都墨田区東駒形1丁目14番1号
（販 売 部）TEL 03(3829)4141・FAX 03(3829)4001
（出版編集部）TEL 03(3829)4142・FAX 03(3829)4005
URL　http://www.zaikyo.or.jp

本書は、国税不服審判所ホームページ掲載の『裁決事例集No.129』より転載・編集したものです。

落丁・乱丁は、お取替えいたします。　　　　　　印刷　㈱恵友社
ISBN978-4-7547-3144-1